11개국 언어로 말하는

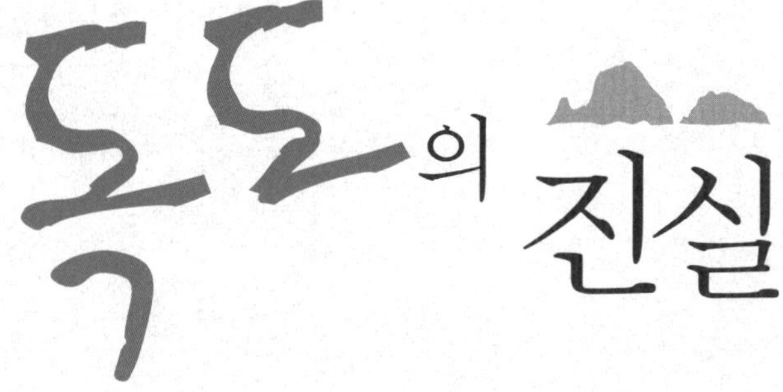

독도의 진실

정윤성 지음

어문학사

한국의 영토

독도

'799-805' 대한민국의 가장 동쪽에 있는 섬.
조선시대에는 독도를 '우산도(于山島)', '삼봉도(三峰島)', '가지도(可支島)'라 불렀으며,
울릉도 주민들은 돌(石)을 '독'이라고 하고 돌섬을 '독섬'이라고 하였다.

『11개국 언어로 말하는 독도의 진실』 발간사

독도는 현재 대한민국이 실효 지배하고 있으며, 대한민국의 주민이 실제 거주하고 있는 곳이다. 그리고 이곳이 역사적, 지리적, 국제법적으로 대한민국의 영토라는 것은 누구나 잘 알고 있다.

그러나 일본외무성은 「독도(다케시마)문제를 이해하기 위한 10포인트」라는 주제를 10개 국어로 설명하고 있으며, 이를 바탕으로 일본문부과학성은 일본 역사교과서에 한국이 독도를 불법으로 점거하고 있다고 언급하고 있다. 그런데 그 근거가 도저히 납득할 수 없는 것들이다. 일본 외무성은 독도가 한국 영토임을 밝히는 일본 국가의 공문서인 공적 자료는 오히려 누락시키고, 대신 신뢰성과 객관성이 결여된 개인의 편지, 보고서 등 사적 자료를 주장의 근거로 삼고 있다. 따라서 이를 정당한 주장으로 받아들일 수 없음은 당연하다.

이와 같은 일본의 허위 주장을 우리가 간과한다면, 앞으로 자라나는 일본 학생들은 왜곡된 교과서로 역사를 배우게 될 것이다. 그런 그들이 한국에 대해서 어떤 생각을 할까 심히 걱정이 되며, 여기에 한·일 관계의 심각성이 있다 하겠다.

이에 일관성과 신뢰성이 없는 자료에 근거한 일본외무성의 부당한 논리와 왜곡된 일본 역사교과서를 조속히 시정하기를 촉구한다. 나아가 과거 한·일 역사에 대해 일본이 반성하고, 정확한 정보를 국민에게 제공하여 올바른 한·일 관계를 유지하도록 노력해줄 것을 당부한다.

필자는 일본외무성의 부당한 논리에 대응하고자 베트남어를 추가하여 『11개국 언어로 말하는 독도의 진실』을 발간하게 되었다. 이는 정확한 역사적 사실을 전 세계에 알리기 위하여 함께 뜻을 같이하는 번역자들의 강한 의지의 표현이기도 하다.

끝으로 재능기부 차원에서 번역에 참여해주신 분들께 거듭 감사의 말씀을 드리며, 참여자는 고등학교 학생, 대학생, 교사, 교수, 일반인, 회사 사장님에 이르기까지 다양하다. 여기에 직함을 생략하고 무순으로 성함만 소개하면, 기경숙, 김영혜, 노은경, 오정림, 유순자, 정다현, 김남경, 민병필, 조경호, 박진형, 강혜원, 임수영, 김주만, 노순희, 김동배, 강민규, 최미영, 박성태, 데릭, 용인외고 스페인어 동아리 'Spanish Honor Society' 18명 멤버들, 프랑스어과 'French Honor Society' 2명 멤버들, 아오모리 쓰요시, LeThi Kim Anh(Le Thi Kim Anh GA) 님께서 수고해 주셨다. 자세한 소개는 별도의 지면으로 소개하기로 한다.

Remarks on the Publication of "The Truth of Dokdo Presented in 11 Languages"

The Island "Dokdo" is physically occupied by South Korea and the present occupants of Dokdo are Koreans. It is a general idea that Korea holds sovereignty over Dokdo in terms of history, international law and geography.

However, the Ministry of Foreign Affairs of Japan ("MFA") published the new brochure for Dokdo ("Takeshima") in Feb. 2008, which was referred to '10 points to understand Takeshima issue' with 10 languages transcription. Based on this, Ministry of Education, Culture and Science states that the Republic of Korea is illegally occupying Dokdo ("Takeshima") in Japanese history textbooks. The expressions such as "illegal occupation" or "Japanese territory" are not acceptable and convincing. As grounded on personal letters, reports and documents devoid of objective and logical evidence, they can hardly be justified as a righteous demand.

If we make little of this injustice, it is highly likely that Japanese students will be taught by the guidance of Curriculum referring to distortion of our history. I'm so concerned about relationship between Korea and Japan, which will lead to a stumbling block to peace and prosperity for both countries.

I hereby strongly urge that "MFA" should correct the unreasonable ideas and distortions of history. For further steps, Japan is asked to repent deeply for that and keep trying to maintain better relations between both countries.

As an attempt to counteract illogical ideas of "10 issues of MFA", I am publishing "The Truth of Dokdo Presented in 11 Languages" with addition of Vietnamese language. This is to give a correct information on a true history to people all around us including interpreters sharing ideas with myself, and the expression of a strong will facing future-oriented concerns as well.

Finally, I would like to express my sincere gratitude to all the expert translators who volunteered to participate in this work as part of their talent donations. They include high school and college students, teachers, professors, and CEOs: Ki Kyung Sook, Kim Young Hae, Noh Eun Kyung, Oh Jeong Lim, Yoo Soon Ja, Chung Da Hyun, Kim Nam Kyung, Min Byoung Phill, Cho Kyung Ho, Bahk Jinhyoung, Kang Hye Won, Lim Soo Young, Kim Ju Man, Roh Soon Hee, Kim Dong Bae, Kang Min Kyu, Choi Mi Young, Park Seong Tae, Derek Street, 18 Members of 'Spanish Honor Society' and 2 members of 'French Honor Society' in Hankuk Academy of Foreign Studies, AOMORI Tsuyoshi and LeThi Kim Anh(Le Thi Kim Anh GA). More details are introduced to the appendix attached.

11か国の言語で語る「独島の真実」発刊の辞

独島は現在、韓国が実効支配しており、韓国の住民が実際に居住している。そして、歴史的、地理的、国際法的に韓国の領土であるということは、誰もがよく知っている事実である。

ところが、日本の外務省は「独島(竹島)問題を理解するための10のポイント」というテーマを10か国の言語で説明している。これを基にして、日本の文部科学省は、日本の歴史教科書において韓国が独島を不法に占拠していると言及している。しかし、その根拠は到底納得できるものではない。

日本外務省は、独島が韓国領土であると示された日本の国家の公文書である公的資料は掲示しないで、信頼性や客観性のない私信や報告書などの私的資料を主張の根拠としているからである。そのため、正当な主張と受け入れられないのは当然である。

このような日本の虚偽の主張を私たちが見逃せば、日本の学生たちは歪曲された教科書で歴史を学ぶことになり、彼らが韓国に対してどのような考えを抱くのかが危惧される。したがって、ここに韓·日関係の肝要がある。まず、一貫性や信頼性のないデータに基づく日本の外務省の不当な論理と歪曲された日本の歴史教科書を早急に是正するように促すべきである。そしてさらに、過去の韓·日の歴史について日本が反省し、正確な情報を日本国民に提供することによって良好な韓·日関係を維持するように努めることを要請する。

日本の外務省が10か国の言語に翻訳したことに対抗するため、ベトナム語を追加して「11か国の言語で語る『独島の真実』」を発刊することにした。これは、著者と志を同じくする翻訳者と共に、正確な歴史的事実を全世界に知らしめるためである。また、未来を憂慮し、共に対処するという強い意志の表れでもある。

最後に、拙著の翻訳に協力していただいた方々に感謝の意を表す。各国語に翻訳してくださったのは、高校生、大学生、教師、教授、一般人、会社社長に至るまでさまざまである。ここにお名前だけ順不同、敬称略でご紹介すると、奇敬淑、金玲惠、盧恩暻、吳貞林、柳順子、鄭多現、金南京、閔炳弼、趙敬浩、朴鎭亨、姜蕙媛、林秀英、金周晩、盧順姫、金同培、姜旻圭、崔美英、朴成泰、Derek Street，龍仁外国語高校スペイン語サークル「Spanish Honor Society」の18人のメンバー、フランス語のサークル「French Honor Society」の2人のメンバー、青森剛、LeThi Kim Anh(Le Thi Kim Anh GA)である。これらの方々に、この場を借りてお礼申し上げる。

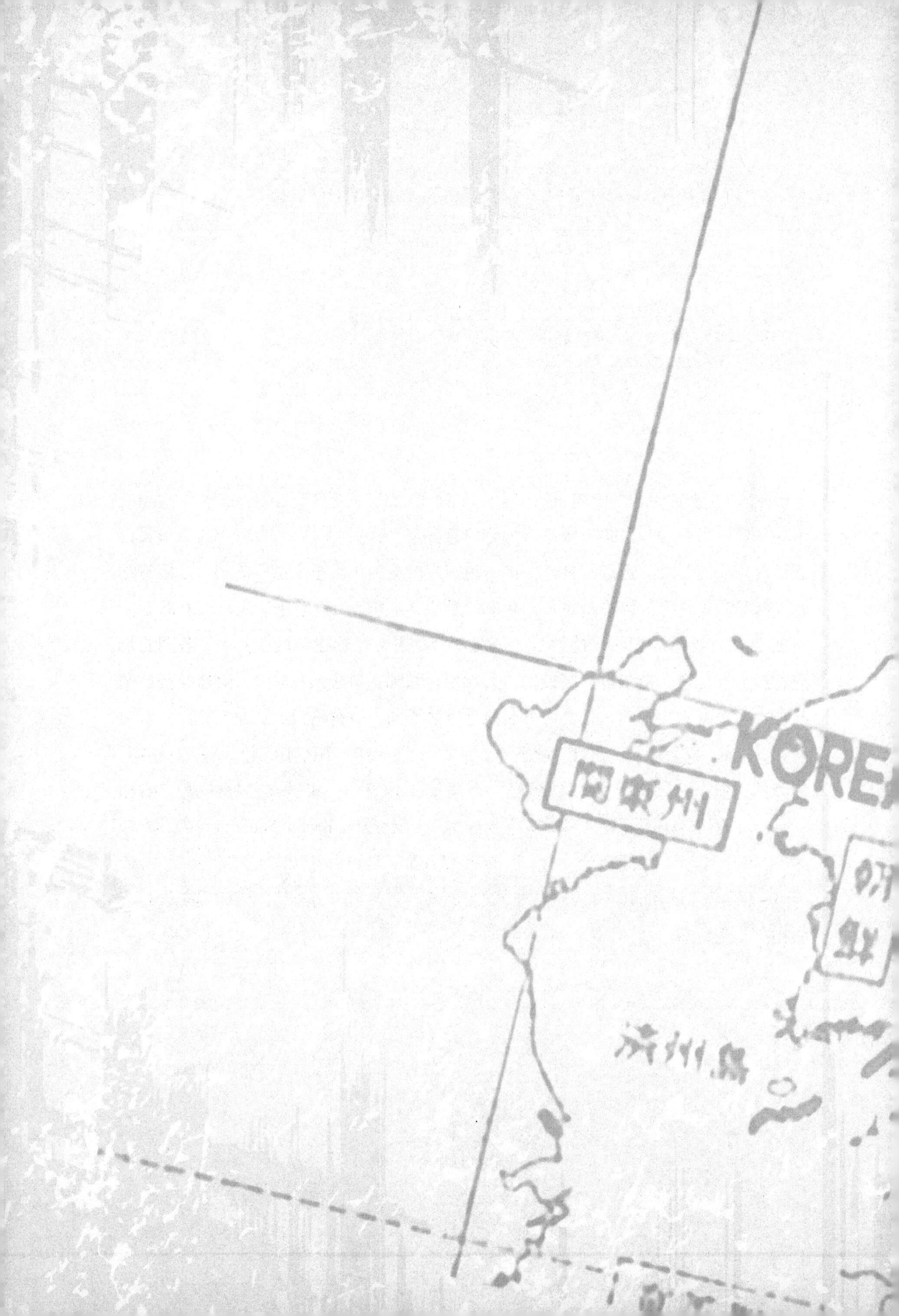
關東州
濟州島

독도 소개자료

* 자료 출처: 외교통상부

구성

2개의 큰 섬인 동도와 서도, 그리고 주변의 89개 부속도서로 구성(총면적:187,554m²)

	면적	좌표	높이	둘레	비고
동도	73,297m²	북위 37°14′26.8″동경 131°52′10.4″	98.6m	2.8km	동도와 서도간 거리 151m(간조시 해안선 기준 최단거리)
서도	88,740m²	북위 37°14′30.6″동경 131°51′54.6″	168.5m	2.6km	

※ 기타 89개 부속도서 총면적: 25,517m²

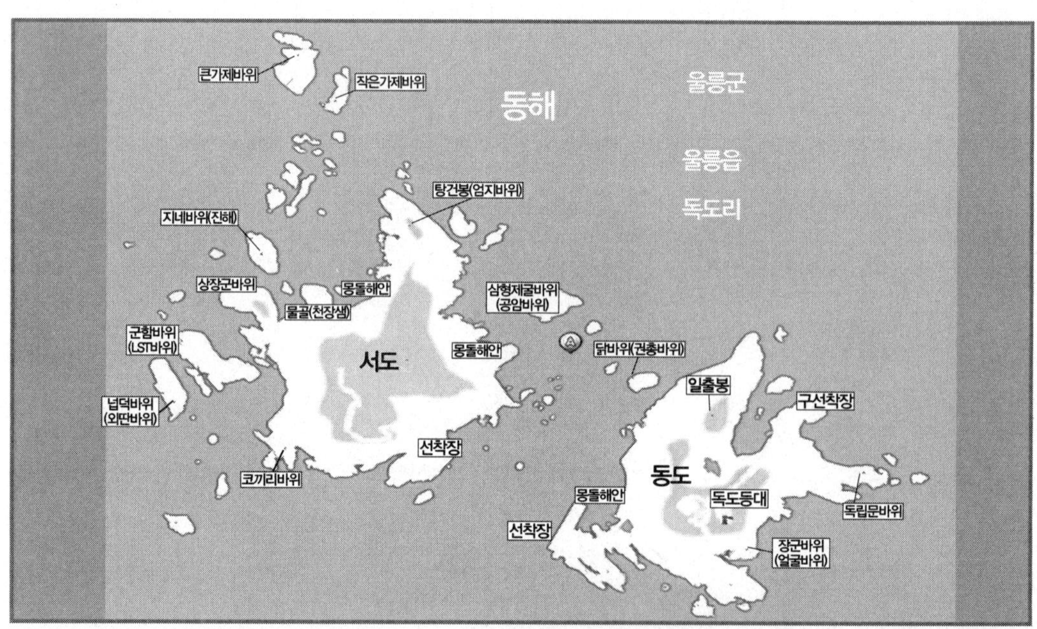

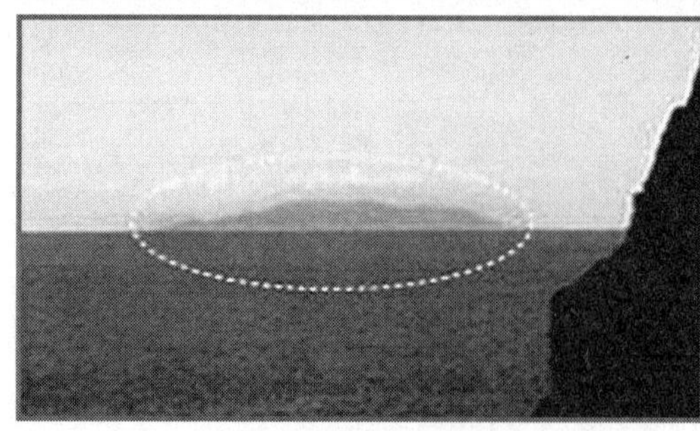

독도에서 바라본 울릉도

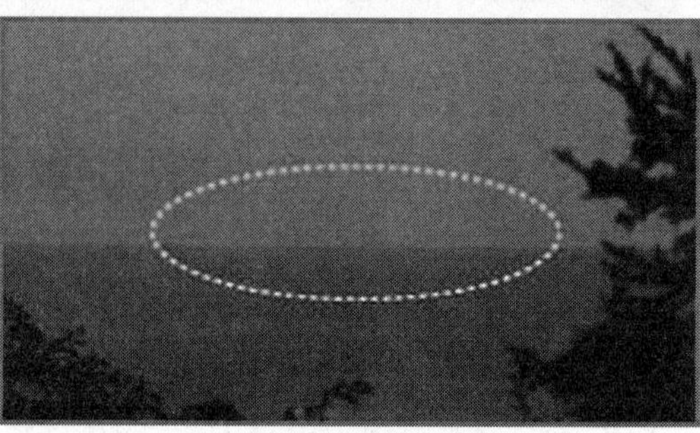

울릉도에서 바라본 독도

위치

현주소 :

(우편번호) 799-805 경상북도 울릉군 울릉읍 독도리 1~96번지

새주소 :

동도: 경상북도 울릉군 울릉읍 독도리 이사부길 55 (독도경비대)경상북도 울릉군 울릉읍 독도리 이사부길 63 (독도등대)

서도: 경상북도 울릉군 울릉읍 독도리 안용복길 3 (주민숙소)

독도와 주요 항간 거리

주요항	울릉도	동해	죽변-울릉	죽변	포항	부산	오키섬
거리(km)	87.4	243.8	130.3	216.8	258.3	348.4	157.5

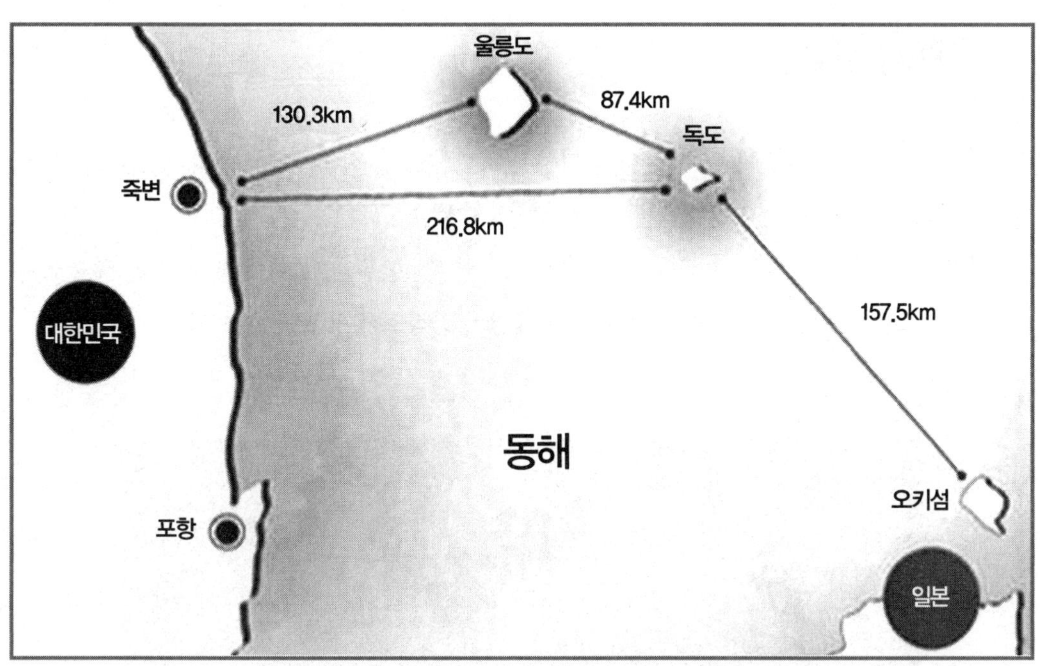

독도와 주요 항간 거리독도에 있는 시설물

기 온 연평균 12℃

강수량 연평균 1,240mm(겨울철 강수는 대부분 적설의 형태)난류의 영향을 많이 받는 전형적인 해양성 기후안개가 잦고 연중 흐린 날이 약 160일 이상, 강우일수는 약 150일.

서도의 봄

서도의 가을

지형과 지질

해저 2,000m에서 솟은 용암이 굳어져 형성된 화산섬으로, 신생대 3기 플라이오세 전기부터 후기 사이, 약 460만 년 전부터 250만 년 전 사이에 형성.

지질은 화산활동에 의하여 분출된 알칼리성 화산암인 현무암, 조면암 및 응회암 등으로 구성되어 있고, 토양은 산 정상부에서 풍화하여 생성된 잔적토이며, 토성은 사양질.

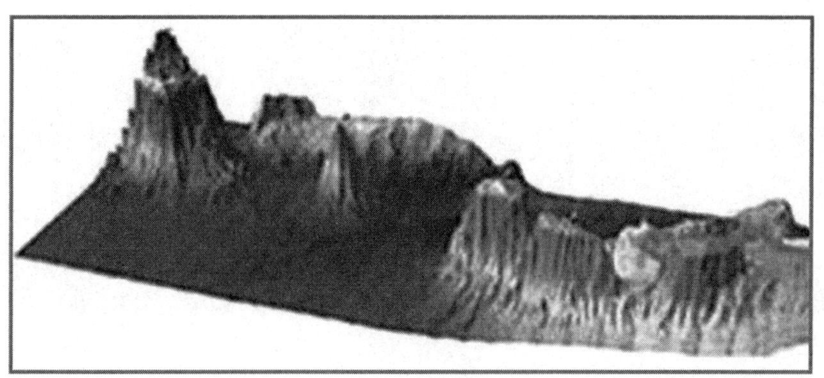

독도 해저지형

생태

독도는 철새 이동경로의 중간 피난처 및 휴식처로 우리나라 생물의 기원과 분포를 연구할 수 있어 섬 생물지리학적(island biogeography)으로 중요

구분	종류
식물	독도에서 조사된 식물은 약 60종 - 초본류 : 민들레, 괭이밥, 섬장대, 강아지풀, 바랭이, 쑥, 쇠비름, 명아주, 질경이, 땅채송화, 해국, 섬기린초, 갯까치수염, 왕호장근 등- 목본류 : 곰솔(해송), 섬괴불나무, 붉은가시딸기(곰딸기), 줄사철, 박주가리, 동백, 보리밥나무 등
곤충	된장잠자리, 민집게벌레, 메뚜기, 딱정벌레, 파리, 작은멋쟁이나비 등 약 130종
조류	바다제비, 슴새, 괭이갈매기, 황조롱이, 물수리, 노랑지빠귀, 흰갈매기, 흑비둘기, 까마귀, 딱새, 노랑부리백로 등 약 160종
해양생물	주요어류 : 꽁치, 방어, 복어, 전어, 붕장어, 가자미, 도루묵, 임연수어, 조피볼락, 오징어 등 패류 : 전복, 소라, 홍합 등 해조류 : 미역, 다시마, 김, 우뭇가사리, 톳 등기타 수산물 : 해삼, 새우, 홍게 및 성게 등

독도에서 볼 수 있는 동식물

주민

주민은 울릉도 주민인 故 최종덕 씨가 1965년 3월 최초로 거주하였고, 현재 김성도 씨 부부가 독도에 주민등록을 두고 어업을 생계로 거주하고 있으며, 독도경비대원 30명과 등대관리원 3명, 울릉군청 독도관리사무소 직원 2명 근무(2010.11월 기준).

1999년 일본인 호적등재 보도 이후에 '범국민 독도 호적 옮기기 운동'이 전개되어 2,211명(2010.6월)이 독도에 등록기준지(구 호적법의 본적)를 두고 있는 상황.

독도 등대 영토 표석

한국령 표석 선착장

입도 관련

종전에는 「천연기념물 제336호 독도관리지침」(문화재청고시, 1999.6월)에 의거, 독도 전체에 입도허가제를 실시.

최근 독도에 대한 국민인식 제고를 위한 입도 완화조치에 따라 '동도 및 서도 주민숙소'는 허가제에서 신고제로 전환(천연기념물 제336호 독도천연보호구역 관리기준).

2005년 3월, 동도 입도에 대한 신고제 도입2009년 6월, '1일 입도제한' 폐지(주민숙소 제외한 서도는 입도허가제 유지).

차례

일본어 Japanese

중국어 Chinese

프랑스어 French

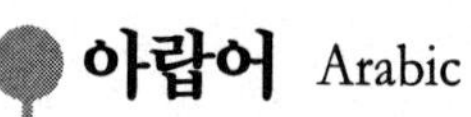

아랍어 Arabic

포르투갈어 Portugese

베트남어 Vietnamese

번역자 소개 • 270

한국어

Korean

- 일본 외무성 홈페이지의 독도 관련 자료에 나타난 문제점과 허구성
- 객관성과 신뢰성 없는 일본 외무성 자료와 하늘과 땅이 잘 알고 있는 한·일 역사
- 이웃 일본의 역사 교육을 걱정한다
  – 대한민국의 독도는 더 이상 논란의 대상이 아니다 –

일본 외무성 홈페이지의 독도 관련 자료에 나타난 문제점과 허구성

한국의 영토인 독도를 일본 문부과학성은 2006년 아베 신조(安倍晉二) 내각 때 '애국심 교육을 강화하는' 교육기본법을 개정한 이후 2008년과 2009년에는 개정된 법률에 근거해 학습지도요령과 해설서에, 2010년에는 초등학교 교과서에, 2011년 3월 30일에는 중학교 교과서에, 2012년 3월 27일 고교 교과서에 일본 땅이라고 기술했으며, 2014년까지 나머지 교과서도 모두 검정할 계획이라고 한다. 또한 일본 도쿄도(東京都)는 올해 4월부터 필수가 되는 공립고교 일본사 교과서에 이미 독도 영유권 주장을 기술했다. 게다가 4월 11일에는 독도는 일본 땅이라는 도쿄(東京)집회까지 열었다고 한다. 이처럼 일본 정부는 한·일 역사 교육의 조직적인 거짓 매뉴얼 만들기를 통해 거짓을 진실처럼 만드는 마법을 가지고 이웃 한국 영토를 좌지우지 하고 있다.

이러한 왜곡된 교과서 및 매뉴얼의 근간이 되고 있는 것은 일본 외무성이 제공한 신뢰성과 객관성이 전혀 없는 왜곡된 자료에 있다.

일본 외무성 홈페이지에 게재된 독도 관련 자료를 보면, 공인된 공문서 자료와 사적인 사문서 자료가 있다. 적어도 국가의 영토를 논하는 근거는 공문서 자료이어야 한다. 공문서는 출처와 함께, 확실하게 서명이 되어 있기에 객관성과 신뢰성이 있다고 할 수 있다.

그러나 일본 외무성 홈페이지에 제시한 독도관련 자료를 검토해 보면, 문제점과 허구성을 발견할 수 있다.

(1) 1905년 2월 시마네현 고시 40호

1905년 2월, 일본은 독도를 강탈해 간 후 독도를 시마네현(島根縣)에 편입했다고 고시했다.

그러나 이것은 영토 편입의 국제고시를 무시한 것이며, 한국도 모르게 이루어진 일이다. 더구나 시마네현(島根縣)고시(告示)에는 시마네현 지사(知事 松永武吉)의 날인도 없다. 따라서 이 문서를 영토 주장의 근거로 활용하는 것은 전혀 객관성과 신뢰성이 없다.

시마네현 고시 40호 : 날인도 없고, 영토 편입 국제고시 무시. 몰래 강탈

島根県告示第四十号

北緯三十七度九分三十秒東経百三十一度五十五分隠岐島ヲ距ル西北八十五浬ニ在ル島嶼ヲ竹島ト称シ自今本県所属隠岐島司ノ所管ト定メラル

明治三十八年二月二十二日

島根県知事 松永武吉

(2) 연합국 최고 사령부 지령(1946년 1월. SCANPIN 677)

이 자료는 확실한 서명이 있고, 공문서로서 인정할 수 있는 자료이다. 여기에는 '연합국은 일본이 정치 및 행정을 할 수 없는 지역으로 울릉도, 제주도, 독도(다케시마), 이즈(伊豆), 오가사

와라 군도(小笠原群島) 등을 지정했다'는 내용이 언급되어 있다.

SCAPIN-677(공인된 공문서) - 공문서로서 근거자료로 인정

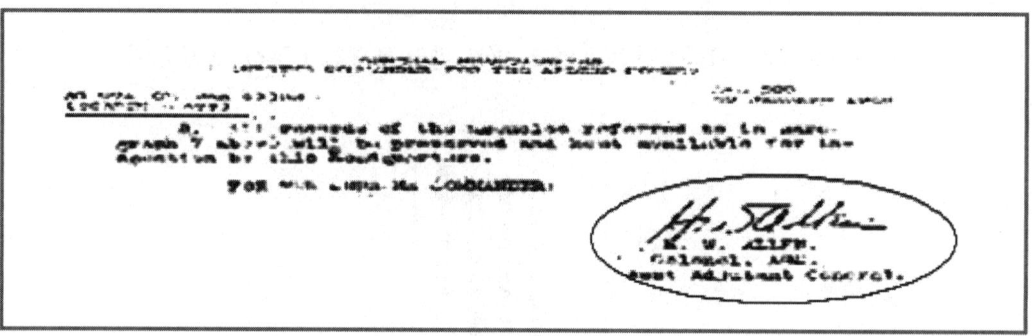

FOR THE SUPREME COMMANDER:

H. W. ALLEN,
Colonel, AGD,
Asst Adjutant General.

(3) 연합국 최고 사령부 지령(1946년.6월. SCANPIN-1033)

이 자료도 확실한 서명이 있고 공문서로서 인정할 수 있는 자료이다. "연합국은 소위 '맥아더 라인'을 규정, 일본선박 또는 그 승조원은 독도에서 12마일 이내로는 접근이 금지된 사실"이 언급되어 있다.

SCAPIN-1033(공인된 공문서) - 공문서로서 근거자료로 인정

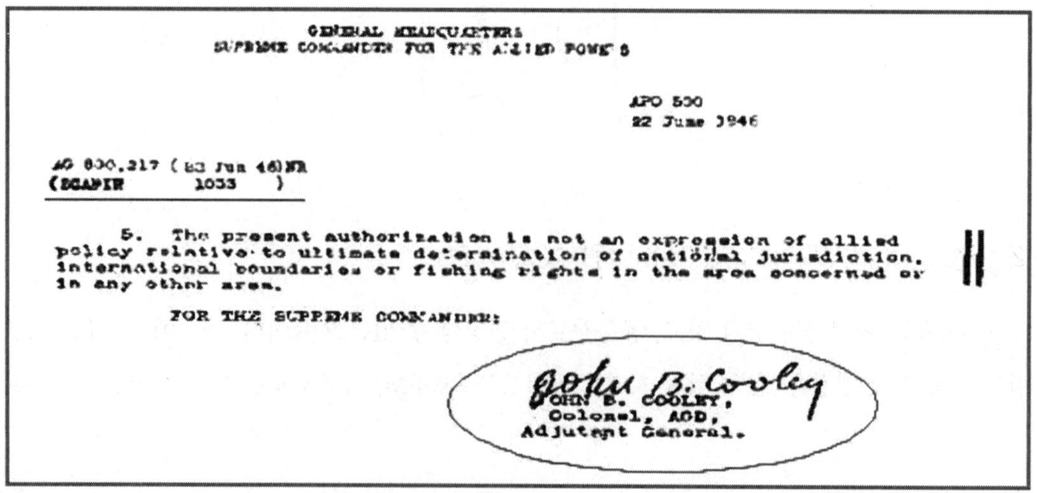

GENERAL HEADQUARTERS
SUPREME COMMANDER FOR THE ALLIED POWERS

APO 500
22 June 1946

AG 800.217 (22 Jun 46)NR
(SCAPIN 1033)

5. The present authorization is not an expression of allied policy relative to ultimate determination of national jurisdiction, international boundaries or fishing rights in the area concerned or in any other area.

FOR THE SUPREME COMMANDER:

JOHN B. COOLEY,
Colonel, AGD,
Adjutant General.

⑷ 1951년 6월 19일 양유찬 주미한국대사가 애치슨 미국무장관에게 보낸 서신

'———, 독도 및 파랑도'를 포함해 달라는 내용, 이것은 개인의 편지로서 공문서가 아니고, 출처의 근거도 없고, 서명도 없다. 따라서 국가의 영토를 논할 수 있는 자료로서의 자격이 없는 자료이다.

You Chan Yang

His Excellency
Dean G. Acheson
Secretary of State
Washington D C

⑸ 딘 러스크 극동 담당 국무차관보가 양유찬 주미한국대사에게 보낸 서신

1951년 8월 9일 딘 러스크(Dean Rusk) 극동담당 국무차관보가 양유찬 주미한국대사에게 보낸 서신은 개인의 편지로서 공문서가 아니고, 출처의 근거도 없고, 서명도 없다. 이 자료 역시 국가의 영토를 논할 수 있는 자료로서의 자격이 없다. 그런데 일본은 이 자료를 근거로 독도 영유권을 주장하고 있다.

특히, 이 자료에서 딘 러스크(Dean Rusk)의 이름은 본문 내용과 전혀 다른 필체로서 도장처럼 찍혀 있다. 이것은 미국인의 관습에서 크게 벗어난 사례로서 객관성과 신뢰성이 가장 부족한 자료임이 분명하다.

Japanese nationals it would not seem appropriate that they obtain compensation for damage to their property as a result of the war.

Accept, Excellency, the renewed assurances of my highest consideration.

For the Secretary of State:

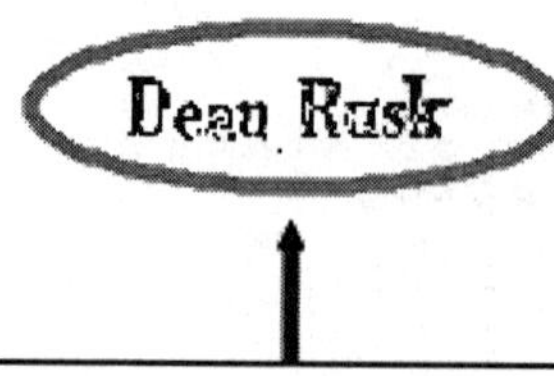

〈문제점〉

1. 개인의 편지(사신)는 국가의 공문서가 아니므로 국가의 공적인 근거 자료로서 가치가 없다.
2. Dean Rusk 이름의 경우는 본문과 다른 글자체로서 도장처럼 찍혀 있고, 미국인의 관습에서 크게 벗어나 있으며, 또한 서명도 없다.
3. 출처가 불명확하다.
4. 따라서 국가의 영토를 논할 수 있는 자료가 될 수 없다.

(6) 1954년 밴플리트 대사의 한국방문 후 귀국보고서 (1986년 공개)

"다케시마는 일본영토라는 생각, 국제사법재판소에 의뢰하는 것이 적절하다" 는 입장을 주장했다는 밴플리트 대사의 귀국보고서를 보면, 이 Ownership of Dokto Island의 자료에서 Dokto(Dokdo)가 주 명칭으로 표기되어 있다. 그 밖에 Liancourt(리앙쿠르트), Taka Shima(다케시마)로 언급하고 있다. 이것은 독도가 확실한 한국 영토임을 증명하고 있는 자료이다.

Dokto와 Taka Shima 표기는 철자가 틀리며, Dokdo와 Take Shima로 정정이 요구된다.

이 자료는 한국과 일본에 보낸 공문서도 아니다. 또, 왜 이 보고서를 1986년에 공개했는지도 알 수 없다. 따라서 이 시점에서 이 자료를 국가 영토를 논하는 근거 자료로 사용할 수 없다.

4. Ownership of Dokto Island

The Island of Dokto (otherwise called Liancourt and Taka Shima) is in the Sea of Japan approximately midway between Korea and Honshu (131.80E, 36.20N). This Island is, in fact, only a group of barren, uninhabited rocks. When the Treaty of Peace with Japan was being drafted, the Republic of Korea asserted its claims to Dokto but the United States concluded that they remained under Japanese sovereignty and the Island was not included among the

〈문제점〉

밴플리트 대사의 귀국보고(1986년 공개) Ownership of Dokto Island의 자료에 대하여

1. Dokto(Dokdo)가 **주명칭**으로 표기되어 있다.
   이 표현은 한국 영토임이 분명함을 증명하고 있다.
2. 그 밖에(다른 표현으로) Liancourt(리앙쿠르트), Taka Shima(다케시마)로 언급하고 있다. 이 표현 역시 한국 영토임이 확실함을 증명하고 있다.
3. Dokto와 Taka Shima 표기는 철자가 틀리며, Dokdo와 Take Shima로 정정이 요구된다.
4. 자료의 출처도 불확실하고, 서명도 없다. 이 보고서는 근거 자료로서 가치가 없다.
5. 따라서 대사의 귀국 보고서가 국가 영토를 논할 근거 자료가 될 수 없으며, 이 시기에 국가의 영토를 논할 수 있는 위치에 있지 않다.

이상과 같이 일본 외무성 홈페이지의 독도관련 자료에 대해서 검토해 본 결과, 문제점과 허구성을 발견할 수 있다. 이 자료들 중에서 1946년 연합국 최고 사령부 지령(SCANPIN -677, SCANPIN-1033)의 2가지 자료만 가장 공신력 있는 자료로서 확실한 출처와 서명이 있다. 따라서 연합국이 내린 조치 "일본이 정치 및 행정을 할 수 없는 지역으로 울릉도, 제주도, 독도(다케시마)"를 포함한 것과, "일본선박 또는 그 승조원은 독도에서 12마일 이내로는 접근이 금지된 사

실"은 유효하며, 이것은 독도가 한국 영토임을 증명하는 내용들이다. 그러나 나머지 자료들은 국가의 공식적인 공문서가 아니고, 개인적인 편지(사신), 보고서로서, 서명도 없으며, 근거 자료의 출처도 명확하지 않다. 즉 국가의 영토를 논할 수 있는 공신력이 있는 자료가 아니다.

일본이 독도 영유권을 주장하는 데 가장 큰 비중을 두고 있는 것은 딘 러스크(Dean Rusk) 극동담당 국무차관보를 통해 양유찬 주미한국대사에게 회신한 자료인데, 이 딘 러스크(Dean Rusk)의 이름이 본문과 다른 글자체로서 도장처럼 찍혀 있고, 미국인의 관습에서 크게 벗어난 서명이 없는 자료이다. 더구나 양국이 공유한 공문서도 아닌 개인의 편지(사신)가 한 국가의 영토 소유권 주장의 자료로 활용될 수 없다는 것은 세상의 이치이다.

이제 아래 두 가지 자료를 살펴보자. 이 자료들은 일본이 소장한 국립공문서관의 공문서로 1900년 이전의 자료임에도 불구하고 생산 연도, 월일의 기록, 내용 설명, 확실한 출처, 서명 등이 포함되어 있다.

(1) 태정관(일본 총리훈령, 출처 : 일본 국립공문서관 소장, 독도학회자료 인용)

1877년 "울릉도와 독도를 일본 시마네현(島根縣)의 지적(地籍)에 올려야 하는가?"하는 시마네현(島根縣)의 질의에 대해, 태정관(일본 총리훈령)은 독도는 **일본과 관계없음**을 알리고 있다. 이 자료는 1877년 이전과 이후의 독도에 대한 논란, 즉 과거와 근대의 논란에 대한 확실한 근거 자료로서 독도는 한국 영토라는 명확한 증거가 되고 있다.

"元祿伍年 朝鮮人 入嶋以來(1692년 울릉도에서 안용복 등 양국 어민 충돌사건 이래), 竹嶋外一嶋(울릉도와 독도) 本邦關係無(일본과 관계없음)"라고 하달한 것이다.

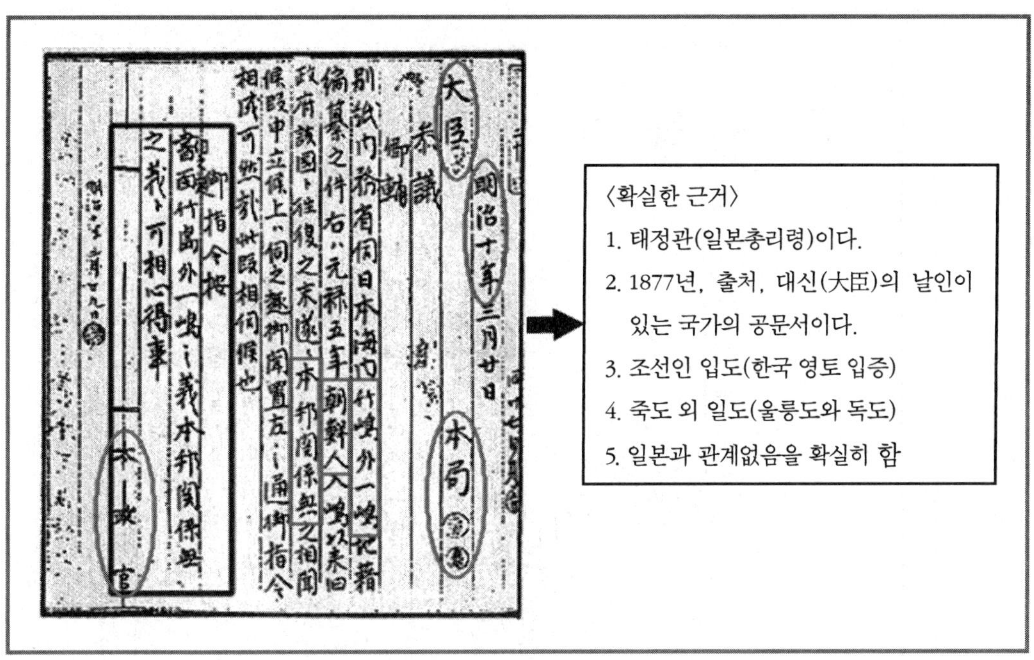

〈확실한 근거〉
1. 태정관(일본총리령)이다.
2. 1877년, 출처, 대신(大臣)의 날인이 있는 국가의 공문서이다.
3. 조선인 입도(한국 영토 입증)
4. 죽도 외 일도(울릉도와 독도)
5. 일본과 관계없음을 확실히 함

(출처: 일본국립공문서관 소장, 독도학회자료 인용)

(2) 일본영역도

1951년 9월 미국 샌프란시스코에서 연합국의 대(對)일본 평화조약이 체결된 후, 일본 마이니치 신문사(日本 每日新聞社)가 1952년 5월 25일 총 616쪽의 해설서에 제시한 자료에 「일본영역도(日本領域圖)」가 있다. 여기에는 독도(일본명: 竹島)가 **한국 영토**로 확실하게 표시되어 있어, 1951년 이전과 이후의 어떠한 논란에도 불구하고 독도가 한국 영토라는 확실한 증거가 되고 있다.

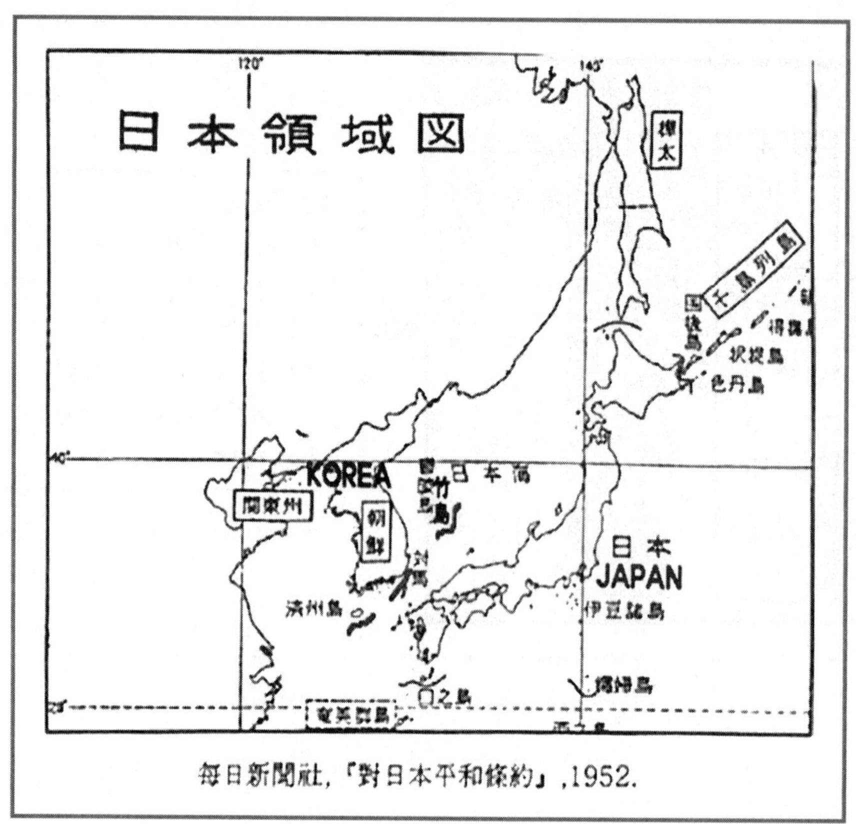

每日新聞社, 「對日本平和條約」, 1952.

그런데 일본은 소장한 공식기록 1877년 「태정관」 기록과 1952년 대일본평화조약(對日本平和條約)의 「일본영역도」와 같은 공인된 공문서에 독도가 한국 영토라는 사실을 인정한 기록은 누락시키고, 개인의 편지, 본문 내용과 다른 위조된 이름, 서명 없는 자료를 제시하면서 독도 영유권을 주장하고 있다. 이것은 신뢰성과 객관성이 전혀 없는 자료를 근거로 한 주장인 것이다. 이 「태정관」 기록과 「일본영역도」는 1877년 이전과 이후의 논란과 1951년 이전과 이후의 논란에 대해서 독도가 한국 영토라는 명확한 답을 주고 있다. 따라서 일본의 주장처럼 한국은 일본의 영토를 불법 점거한 것이 아니라, 본래의 한국 영토인 독도를 보존하고 있을 뿐이다.

최근에는 더욱 노골적으로 일본 정부가 주동이 되어 왜곡된 한·일 역사 교육과 함께 자국민을 선동하고 있다. 이제 일본 정부의 독도 관련 자료는 모든 것이 거짓 자료로 만들어지고 있는 현실을 우리는 직시하고 있다. 하나의 거짓이 또 다른 거짓을 만들 듯이, 일본 역사 교과서의 근간을 이루고 있는 일본 외무성의 허위 자료는 일본을 거짓 국가로 만들어 가고 있을 뿐이다. 이것은 일본 정부의 부끄러운 행위이며, 일본은 스스로 무덤을 파고 있는 것이다.

일본이 한·일 역사에 있어서 사실에 근거한 과정과 결과를 통해서 진정으로 반성하는 마음이 없다면 국제사회에서 외톨이가 될 것이다. 또, 왜곡된 교과서를 통해서 배워온 학생과 집단이 점점 늘어 간다면, 앞으로 초래할 결과는 인간성 파괴일 뿐이다. 여기에 한·일 관계에 있어서 간과할 수 없는 심각한 문제점이 있다.

일본 정부가 주동이 되어 한·일 관계를 더욱 악화시키고 있다면 이제 좋은 이웃으로 생각할 수 없다, 평화를 사랑하는 대한민국은 이제 냉정하고 차분하게 다양한 대응책을 모색하고 준비해야 할 때가 되었다. 아직도 가깝고도 먼 이웃 나라이다. 일본!!!!!

앞서 살펴본 바와 같이 일본외무성이 홈페이지에 제시한 자료는 신뢰성과 객관성이 전혀 없는 것이 대부분이다. 일본은 독도가 한국 영토로 기록된 일본이 소장한 공식문서 1877년 「태정관」기록과 1952년 대일본평화조약(對日本平和條約)의 「일본영역도」와 같은 공인된 공문서를 홈페이지에 등재하고, 허위와 억지 주장을 하루 빨리 철회해야 할 것이다. 일본이 정말로 한·일 관계를 중요하게 생각한다면, 추한 모습을 버리고 참모습을 되찾아야 할 것이다.

〈참고문헌〉

– 한국독도학회 편 '독도 영유권에 대한 일본주장은 왜 오류인가?'

– 일본 외무성 홈페이지 「다케시마(竹島) 문제」

2012. 5. 11

양영디지털고등학교

교장 정윤성

객관성과 신뢰성 없는 일본 외무성 자료와 하늘과 땅이 잘 알고 있는 한·일 역사

2011년 3월 11일, 일본 동북부에 불어닥친 대지진과 쓰나미, 원전 방사능 누출! 이로 인해 어려움을 겪는 이웃의 모습에 나도 모르게 인간애가 발동되던 순간이 있었다. 더구나 어려움 속에서도 질서를 지켜 가며 남을 배려하는 일본인의 모습에서는 진한 감동까지 받았다.

그러나 그 어려움에 대한 일본 정부의 대처에는 실망하지 않을 수 없었다. 일본 정부가 과연 국민을 위한 정부인가 하는 생각이 들 정도로 대응 의지가 없어 보였기 때문이다. 피해 지역 주민에게 20km, 30km 밖으로 이동하도록 주문만 할 뿐 적절하고 신속한 위기관리 모습을 보이지 않았다. 결국 사태가 점점 더 확대되고 장기화 되었다.

일본을 '철두철미한 매뉴얼 사회'라고들 한다. 그러나 지금의 사태는 대지진과 쓰나미, 방사능 누출로 연결되는 대재앙에 걸맞는 매뉴얼이 마련되지 않아서였을까? 그렇다면 지금이라도 재난 극복을 위한 노력을 경주해야 할 때가 아닌가 생각한다. 또한 국경을 초월하여 피해를 주는 방사능 누출과 같은 중대한 사태 발생에 대해 피해를 최소화하기 위한 노력으로 인접국과 서로 정보를 공유하면서 협력하고 공동 대응하는 자세가 필요한 시점에 있었다.

그러나 이 시점에서 일본 정부는 어처구니없게도 엉뚱한 매뉴얼을 만들어 발표했다. 2011년 3월 31일 일본 문부과학성은 중학교 교과서에 한국의 영토인 독도를 일본 것이라고 주장하는 내용의 매뉴얼을 만들었다. 또 4월 1일 일본 각의는 독도 영유권을 주장하는 2011년 외교청서(外交青書)를 발표하면서, 일본 외무성은 '독도는 우리의 땅이므로 독도가 미사일 공격을 받으면 당연히 우리가 대응하겠다.'는 어린애 같은 매뉴얼을 발표했다.

위기에 대처하려는 노력보다는 한국의 고유의 땅 독도에 대해 미사일 공격 운운하는 것을 보면서 함량 미달 수준의 일본 각료가 있다는 것을 분명히 알게 되었다. 어려운 여건에서도 각료들을 믿고 따르던 순수한 일본인들을 대상으로 싹텄던 나의 순수한 인간애는, 억지 논리를 펼치는 일본 정부의 태도를 보고 국격에 맞지 않는 나쁜 이웃이 있다는 것을 새삼 깨닫게 되었다.

이런 상황에서 필자는 독도에 관해 무지하거나 또는 잘못 알고 있는 일본인들을 대상으로 하는 한·일 역사교육의 필요성을 실감하게 되었다. 그런데 여기에는 반드시 독도에 대한 명확한 정보와 인식이 전제되어야 한다. 이에 필자는 일본 교과서의 근간을 이루고 있으며 일본 외무성이 제시하고 있는 「독도 문제를 이해하기 위한 10포인트」에서 제시한 자료는 객관성과 신뢰성이 없음을 밝히고, 아울러 하늘과 땅이 잘 알고 있는 한·일 역사를 객관적이고 신뢰성 있는 자료를 바탕으로 역사의 흐름 속에서 살펴보고자 한다.

먼저 확실한 서명과 함께 객관성과 신뢰성이 확보된 1946년 연합국 최고 사령부지령(SCAPIN 제677호, SCAPIN 제1033호)을 제외하고, 제시된 나머지 자료는 객관성과 신뢰성이 전혀 없다. 그 이유는 국가의 영토와 관련된 자료가 한국과 일본이 공유한 공문서가 아닌 비공식적인 개인의 서신이고, 출처도 명확하지 않으며, 서신의 주인은 국가의 대표자가 아닌 점을 지적한다. 그리고 제시한 「도해면허」는 자국이 아닌 타국으로의 이동에 관한 허가를 증명한 것으로 볼 수 있으나 역시 객관성과 신뢰성이 없는 자료이다.

따라서 일본 외무성이 제시한 자료는 국가운영에서 공적인 것과 사적인 것을 구별 못하는 상식이 결여된 자료로서 객관성과 신뢰성이 전혀 없다는 점을 거듭 지적해 둔다.

다음으로 독도의 영유권을 주장하기 위해서 일본 측에서는 샌프란시스코 조약을 언급하고 있다. 하지만 그 조약의 체결 과정을 고찰하면 그들의 주장이 옳지 않음을 알 수 있다.

이것만으로 독도를 우리나라 영토라고 주장한다면 일본과 똑같은 우를 범하는 것이기에, 이제 객관성과 신뢰성이 있는 몇 가지 자료를 살펴 독도가 우리 땅임을 확실히 하고자 한다.

(1) 객관성과 신뢰성이 있는 확실한 자료인 1877년(明治10年, 高宗24年)의 태정관지령(太政官指令)문에 나타난 "竹嶋外一嶋 (울릉도와 독도) 本邦關係無(일본과 관계 없음)"라고 하달한 객관적인 자료가 있다. 태정관 지령은 오늘날의 일본총리훈령에 해당한 자료이다. (참고자료 1참조)

(2) 1894년 청·일전쟁 중 일본군이 한국의 경복궁을 무단 침입하여 국왕, 왕후를 감금하였고 1895년 10월 밤중에 궁궐을 난입하여 왕후를 잔혹하게 시해하였던 사건이 있었다.

(3) 1900년 10월 24일 대한제국은 독도의 소속을 분명히 하기 위해 독도와 울릉도를 강원도에 편입시켰다. 대한제국 관보(1900년 10월 27일자)에 실려 있다.

(4) 1904년 2월, 러·일전쟁 직후 일본군은 서울을 점령하였고, 황제(皇帝), 대신(大臣)들 을 협박하는 등 일본인 고문관을 파견하여 한국의 재무, 외교, 경찰권을 장악하였다.

(5) 1905년 2월, 일본 시마네현 지적(地籍)에 독도를 등재하여 지방신문에 몰래 고시(告示)하였다.

(6) 1905년 11월, 대한제국 황제(皇帝), 대신(大臣)들을 협박하여 외교권을 박탈하고 통감부 설치와 함께 국정을 장악하여, 사실상 식민통치를 하였다.

이와 같이 왕후를 시해하고, 황제와 대신들을 협박하여, 1904년 러·일전쟁 발발과 함께 일본군의 한반도 점령기간 중에 강탈해간 땅이 바로 독도(일본 표현, 竹島)인 것이다.

(7) 1910년 8월, 한·일 병합으로 전 국토가 강탈되었고, 대대적인 역사말살 정책이 36년간 진행되었던 것이다.

(8) 1943년의 카이로 선언에 의해서, 일본의 침략전쟁 기간 중, 즉 1905년에 강탈당한 독도를 되찾을 수 있었으며, 1946년에는 연합국 최고 사령부지령(Supreme Commander for the Allied Powers Instruction Notes, SCAPIN)을 선포하여, 독도를 일본 영토에서 제외시켰고(SCAPIN 제677호), 독도 12마일 이내 일본 어선의 접근을 금지(SCAPIN 제1033호)하였던 역사적 사실이 있다.

(9) 독도는 1945년 8월 15일 해방(解放)이후 연합국 최고사령부에 의해 한반도의 부속도서로서 관리되었던 섬으로 1948년 8월 15일 대한민국 건국과 함께 미군정으로 부터 합법적으로 인수받았던 영토인 것이다.

(10) 이렇게 국제적으로 확실하게 인정된 독도는 현재 경상북도 울릉군 울릉읍 독도리 산 1-37의 주소를 갖고 있고, 주민과 독도경비대가 영토를 지키고 있다.

따라서 국제적으로 인정된 대한민국의 독도는 1948년 8월 15일을 기점으로 더 이상 논란의 대상이 될 수 없음을 분명히 알 수 있다.

(11) 일본이 주장하고 있는 1951년 샌프란시스코 조약과 러스크 서한에 대해서는, 먼저, 샌프란시스코 조약을 위한 당초 미국 초안1에서 초안5까지 독도(Liancourt Rock. Takeshima)가 한국 영토로 표기되었고, 일본 로비에 의해 초안6이 일본 것으로 표기되었으나, 미국 내 반대 의견과 영국, 오스트레일리아, 뉴질랜드 등 많은 다른 나라의 반대로 초안7에서 초안9까지는 독도의 내용이 누락되었다. 이러한 과정에서 최종적으로 독도가 누락되었고, 수정에 실패하였는데, 과정상의 문제점을 무시하고, 누락된 것이 일본 것이라는 주장은 누구도 납득할 수 없는 억지 주장이다.

두 번째 양유찬 주미 대사에게 보낸 편지(1951.7.19)와 미 국무부 차관 딘 러스크(Dean Rusk) 서한(1951.8.10)은 연합국의 대표가 아닌 정확한 출처를 알 수 없는 비공개 개인적인 편지에 불과하며 서명도 없다. 이 자료 역시 공식적인 공문서가 아니기에, 객관성과 신뢰성이 없다.

(12) 1952년 5월 25일에 일본 마이니치 신문사가 일본 외무성의 도움을 받으며 '대(對)일본 평화조약' 이라는 해설서를 발행했는데, 그 첫 장에 샌프란시스코 평화 조약에서 승인받은 일본영역도(日本領域圖)를 보면, 사실대로 독도(獨島, 日本名: 竹島)를 한국 영토로 명백하게 표시하고 있다.(참고자료 2참조)

(13) 1954년 한국을 방문한 밴플리트 대사의 귀국보고(1986년 공개)를 보면, 독도의 소유(Owership of Dokto Island)에서는 역시 한국과 일본이 공유한 공적인 문서가 아니다. The Island of Dokto (otherwise called Liancourt and Taka Shima) is로 시작되어 있다. 독도가 핵심 명칭이고, 다른 표현이 리앙코르, 다케시마인 점은 올바른 표현이나 철차도 틀린 문장이다. 자료에 신뢰성과 객관성이 없다.

(14) 2010년 8월 10일 한·일 병합 100년이 되던 해 일본은 과거의 잘못을 인정하면서, 그동안 빼앗아간 문화재를 되돌려 주겠다고 약속했다. 이와 같이 일본은 한국의 침략을 인정하고 있다. 한국은 일본 땅을 불법적으로 점거할 만한 힘과 능력이 없으며, 또한 그럴 의도도 없다.

다만 독도라는 한국의 고유 영토를 지키고 있을 뿐이다.

(15) 현재 일본의 원전 방사능 누출 사례를 통해서 알 수 있듯이, 무력 공격이 발생하면 어느 쪽이든 다소 생명의 연장에 차이는 있을지 모르나 공멸한다는 것을 잘 알아야 하겠다. 1923년 간토 대지진(關東大地震) 때는 일본의 악화된 민심을 한국인 탓으로 돌려 많은 한국인을 대학살한 사실을 잘 기억하고 있는지 모르겠다.

위에서 살펴본 바와 같이 일본 외무성이 제시한 자료는 억지 주장만 내세울 뿐 객관성과 신뢰성이 없는 자료이다. 또 국제법이 요구한 영토편입은 '국제고시'인데, 독도만은 예외적으로 지방의 '현보'에 게재하였다. 국가차원의 관보는 주일본한국공사관, 각국 대사관과 공사관에 알려지게 되기 때문에 사실상 비밀에 붙였던 것이다. 이것은 국제법상 성립되지 않은 무효임이 분명하다. 더구나 역사의 흐름 속에서 살펴본 한·일 관계는 일본의 많은 반성이 요구되고 있는 실정임에도 불구하고, 독도에 대한 조치 등을 고려할 때 독도에 대한 영토권 논란은, 논란이 있다는 사실 자체가 너무나 우스운 일이 아닐 수 없다.

대재앙 속에서도 일본이 독도에 미사일 공격 운운하는 데는 인내의 한계성을 느끼게 된다. 한·일 역사에 대해서 잘 알고 있는 일본인도 많을 텐데, 그들의 목소리는 제대로 들을 수 없으며, 예의 바르고 정직하며 남을 배려하는 일본인이 한·일 역사에 대해서만은 부도덕하고 비양심적인 모습을 보이고 있다. 더구나 자라나는 학생에게 거짓 역사의 매뉴얼을 만들어 가르치고 있으니 대단히 부끄럽고 안타까움마저 들게 한다. 그들이 왜 이웃나라에 대해서 적개심을 부추기며 평화를 파괴하려고 하는지 도무지 이해할 수 없다. 하늘과 땅이라는 확실한 증인이 분노하지 않게 한·일 역사 앞에서 일본이 깊이 있게 성찰한 후 일본인에게 올바른 역사의식을 심어주는 정책을 수립함과 동시에 거짓 역사교육의 매뉴얼을 과감히 버릴 것을 촉구한다.

〈참고문헌〉

– 독도학회 편 ‘독도 영유권에 대한 일본주장은 왜 오류인가?’

– 일본 외무성 홈페이지 「다케시마(竹島) 문제」

〈참고자료〉

1. 태정관은 1877년 “울릉도와 독도를 일본 시마네현의 지적에 올려야 하는가?” 하는 시마네현의 질의에 대해, 일본 총리훈령(태정관지령)은 일본과 관계 없음을 알리고 있다.

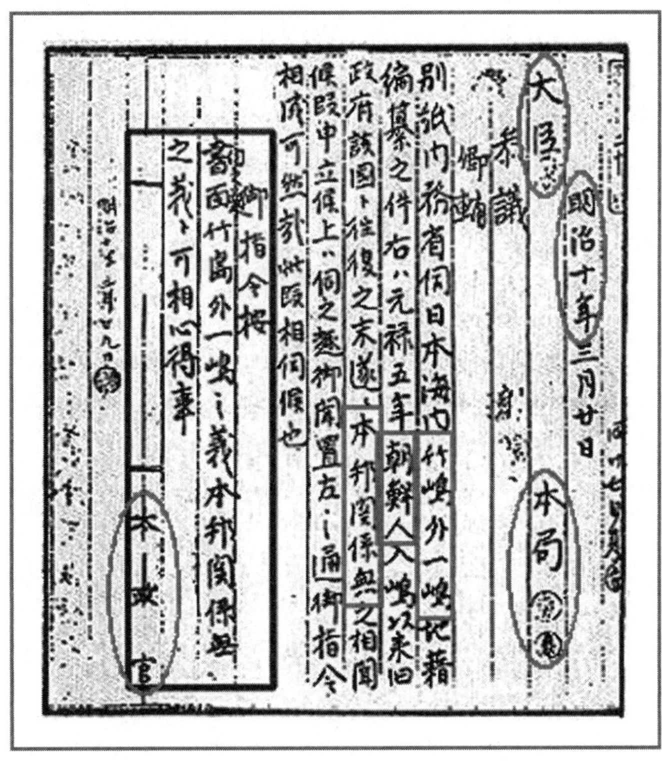
大臣

明治十年三月廿日

本局

参議

別紙内務省伺日本海内竹嶋外一嶋地籍編纂之件右ハ元禄五年朝鮮人入嶋以来旧政府該国ト往復之末遂ニ本邦関係無之相聞候段申立候上ハ伺之趣御聞置左之通御指令相成可然哉此段相伺候也

御指令按

伺之趣竹島外一嶋之義本邦関係無之義ト可相心得事

(출처: 일본국립공문서관 소장, 독도학회자료 인용)

2. 1951년 9월 미국 샌프란시스코에서 연합국의 대(對)일본 강화조약이 체결된 후, 일본 마이니치신문사(毎日新聞社)가 1952년 5월 25일 총 616쪽의 해설서에 제시한 자료(일본영역도)에 죽도(일본명 : 竹島)는 한국령으로 표시되어 있다(독도학회자료 인용).

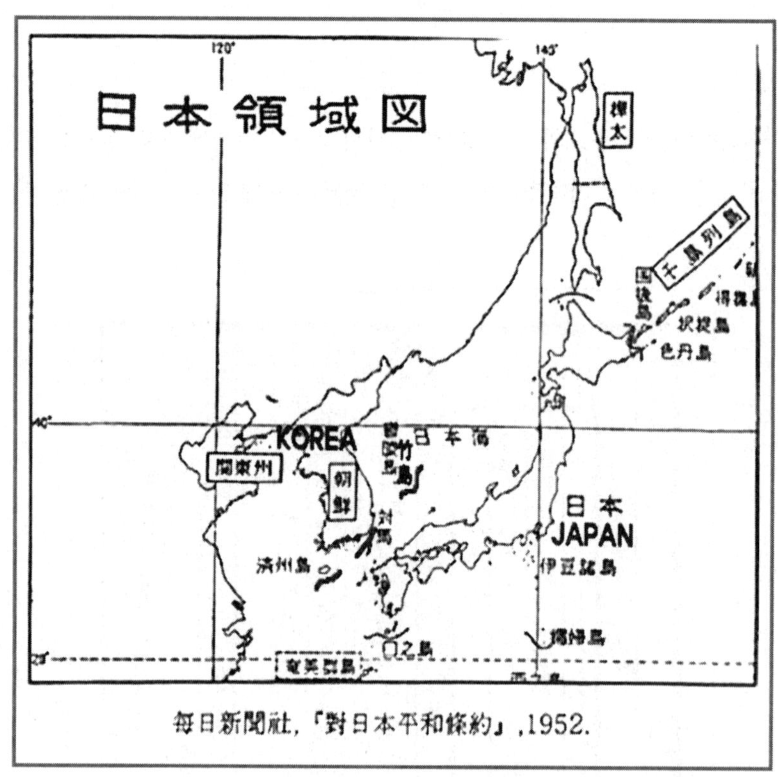

毎日新聞社,「對日本平和條約」,1952.

2011.4.17

양영디지털고등학교

교장 정윤성

이웃 일본의 역사 교육을 걱정한다
– 대한민국의 독도는 더 이상 논란의 대상이 아니다 –

최근 우리는 일본 도요타 자동차 리콜 사태를 보면서 일본 대표 기업의 품질관리와 위기관리의 문제점을 지적하지 않을 수 없다. 결함이 있는 자동차에 대해 출하, 판매한 부적절한 품질관리, 이런 결함이 있는 자동차에 대한 사실을 부인으로 일관하다 미국 내 비난 여론이 팽배해지자 사태의 심각성을 그제서야 간파하고 늑장 대응과 때늦은 사과를 하는 등 여러 면에서 위기관리의 문제점이 드러났다. 그 결과 어려움에 빠진 도요타 자동차는 물론 일본의 모습을 볼 수 있었다.

이와 유사하게 대한민국의 독도를 둘러싼 일본의 한·일 역사교육에 있어서, 역사적 사실을 부정하는 왜곡된 역사교육이 몰고 올 미래 한·일 관계의 엄청난 파장과 심각한 문제점을 지적하지 않을 수 없다.

한·일 양국은 2002년 월드컵 한·일 공동개최를 통해 과거 불행했던 역사 관계를 청산하고 선린 우호의 21세기 미래지향적 관계를 추구하고 있다. 그러나 최근 이와 달리 일본의 역사교육만은 과거로 회귀하려는 모습으로 비춰져 심히 우려하지 않을 수 없다. 2008년 7월 14일 중학교와 2009년 12월 25일 고등학교 교과서 학습지도 요령 해설서, 2010년 3월 30일 초등학교 사회교과서에 한국의 독도(일본명: 竹島)를 일본 영토로 포함하도록 한 5종 모두 검정을 통과하였다. 따라서 초·중·고 학생이 배우는 교과서 14종 중 2010년 현재 7종이 검정을 통과하였고, 2011년에는 14종 모두가 왜곡된 역사로 기술하게 될 것이라 한다. 이렇게 치밀한 일본문부과학성의 왜곡된 한·일 역사 교육관을 지켜보며, 일본의 자만과 그 부당성을 전 세계에 알리고, 양식 있는 일본인들이 인류애를 발휘하여 올바른 역사교육을 실시할 것을 촉구한다.

여러분의 이해를 돕기 위해 독도를 둘러싼 과거 한·일 역사적 사실을 간단히 설명하고자 한다.

한국은 오래전 신라시대부터 독도에 대한 소유권을 갖고 있었고, 1877년 일본 최고 국가기관 태정관(太政官)에는, "독도는 우리와 관계없다"는 내용의 지령문을 작성해 내무성에 보낸 근거자료가 있다. 그 후 1894년 청·일전쟁 중 일본군이 한국의 경복궁을 침입하여 국왕, 왕후를 감금하였고, 1895년 밤중에 궁궐을 난입하여 왕후를 잔혹하게 시해하였던 사건도 있었다. 이때부터 일본은 살인 협박 강탈의 역사를 갖게 되었다.

1904년 2월, 러·일전쟁 직후 일본군은 서울을 점령하였고, 황제(皇帝), 대신(大臣)들을 협박하는 등 일본인 고문관을 파견하여 한국의 재무, 외교, 경찰권을 장악하였다.

1905년 2월, 일본 시마네현 지적에 독도를 등재하여 지방신문에 몰래 고시하였고, 1905년 11월 대한제국 황제(皇帝), 대신(大臣)들을 협박하여 외교권 박탈과 통감부 설치와 함께 국정을 장악하여, 사실상 식민통치를 하였다. 1910년 8월 한·일 병합으로 전 국토가 강탈당하였고, 많은 고문헌 등이 약탈 소각되었다. 이때부터 조직적이고 대대적인 역사 말살 정책이 36년간 진행되었던 것이다.

이와 같이 왕후를 시해하고, 황제와 대신들을 협박하여, 1904년 러·일전쟁 발발과 함께 일본군의 한반도 점령기간 중에 강탈해간 땅이 바로 독도(일본명: 竹島)이다.

그 후 1943년의 카이로 선언에 의해서, 일본의 침략전쟁 기간 중, 즉 1905년에 강탈당한 독도(일본명: 竹島)를 되찾을 수 있었으며, 1946년에는 연합국 최고 사령부지령(Supreme Commander for the Allied Powers Instruction Notes, SCAPIN)을 선포하여, 독도를 일본 영토에서 제외시켰고(SCAPIN 제677호), 독도 12해리 이내 일본 어선의 접근을 금지(SCAPIN 제1033호)하였던 역사적 사실이 있다. 그 후 독도는 1945년 8·15 해방(解放) 이후 연합국 최고사령부에 의해 한반도의 부속도서로서 관리되었던 섬으로 1948년 8월 15일 대한민국 건국과 함께 미군정으로부터 합법적으로 인수받았던 영토인 것이다. 이렇게 국제적으로 확실하게 인정된 독도는 현재 경상북도 울릉군 울릉읍 독도리 산 1-37의 주소를 갖고 있고, 주민과 수비대가 영토를 지키고 있다. 따라서 국제적으로 인정된 대한민국의 독도는 1948년 8월 15일을 기점으로 더 이상 논란의 대상이 될 수 없음을 분명히 알 수 있다.

만약 1948년 8월 15일 이후의 독도 관련 다른 자료가 있다는 것은 한·일 역사를 잘 모르는 무지(無知)의 표현이며, 오기(誤記)일 뿐이다. 특히, 한·일 역사관계는 하늘과 땅이 잘 알고 있다.

이와 같이 국제적으로 인정하는 확실한 역사적 사실을 가지고 있음에도 불구하고, 21세기에 사는 현시점에서 과거의 솔직한 반성이 없이, 독도를 일본의 영토에 포함시키는 비양심적인 일본인의 사고와 왜곡된 역사교과서를 만들어 교육하고자 하는 비양심적인 일본 교육자를 보면서 대한민국의 교육자 입장에서 한·일의 양국의 미래를 걱정하지 않을 수 없다.

일반적으로 일본인은 친절하고, 예의 바르고, 솔직하며, 정직하다고 알고 있다. 그런데 과거 한·일 역사관계에 대해서만은 이상하게도 일본의 솔직하고 정직한 면을 찾아볼 수 없어 안타깝다. 그리고 가끔 위정자들이 정치적으로 불리한 입장에 처할 때면, 소위 국수주의자를 자극하는 언행과 한국의 독도를 자국의 영토라고 자극하는 것을 자주 볼 수 있었다.

세계 최고의 기업이 자만에 빠져, 사실을 부정하고 늑장 대응을 하면서 초래한 도요타 자동차 리콜 사태를 보면서 역사적 사실을 부정하고 자만에 빠진 현재의 일본 교육, 이러한 잘못된 교육을 받은 후 몰고 올 엄청난 파장에 대하여 진지하게 돌아보는 자세가 필요하다. 다시 말해서, 품질관리와 위기관리의 기본은 사실에 의한 관리, 신속한 대응과 재발 방지를 위한 대응인 것이다. 이 문제의 대상은 물건이 아닌 인간이며, 인간 교육이 잘못되었을 때의 결과는 인간성 파괴로 이어진다는 것을 명심해야 할 것이다.

일본 국민들이여!

이제 일본 국민이 나서서 올바른 교육이 이루어지도록 위정자도 바르게 선출하고, 바른 역사교육을 할 수 있도록 정치인, 교육자들에게 시정을 촉구해야 할 것이다. 객관적 사실에 입각한 역사교육이 되도록 양심적인 일본인, 양심적인 교육자의 목소리가 필요한 때이다.

나는 일본이 경제대국에 걸맞게 글로벌 리더 국가가 되어야 한다고 생각하며, 한국과 가까

우면서도 먼 일본이 아닌, 가깝고도 더욱 가까운 이웃이 되기를 희망한다.

그 조건은 품질 좋은 역사 교육, 즉 사실에 입각한 역사교과서를 일본 학생들에게 제공하는 것이며, 미래 한·일 관계의 분쟁을 조장하는 일본 교육자는 없어야 하고, 적어도 이웃 대한민국을 자극하는 언행을 일삼는 국수주의자는 배제되어야 한다는 것이다. 이웃을 배려하고 동양평화를 수호하는 글로벌 리더의 탄생을 희망하며, 열린 사고를 지닌 국가 경영자로서 글로벌 리더가 될 위대한 위정자를 선출하는 선거혁명이 있어야 한다고 감히 제언하는 바이다.

끝으로, 진정 21세기 미래 지향적인 한·일 관계를 희망한다면, 역지사지 입장에서 솔직한 반성과 사실에 근거한 한·일 역사 교육이 있어야 할 것이며, 객관적인 시야를 지닌 양식 있는 일본인들이 검증된 자료에 의해 진실을 말해야 할 것이다. 인류애를 갖고, 이웃을 사랑하고, 세계평화를 지향하는 올바른 일본 교육으로 거듭나기를 바라는 바이다.

2010. 5. 6

양영디지털고등학교

교장 정윤성

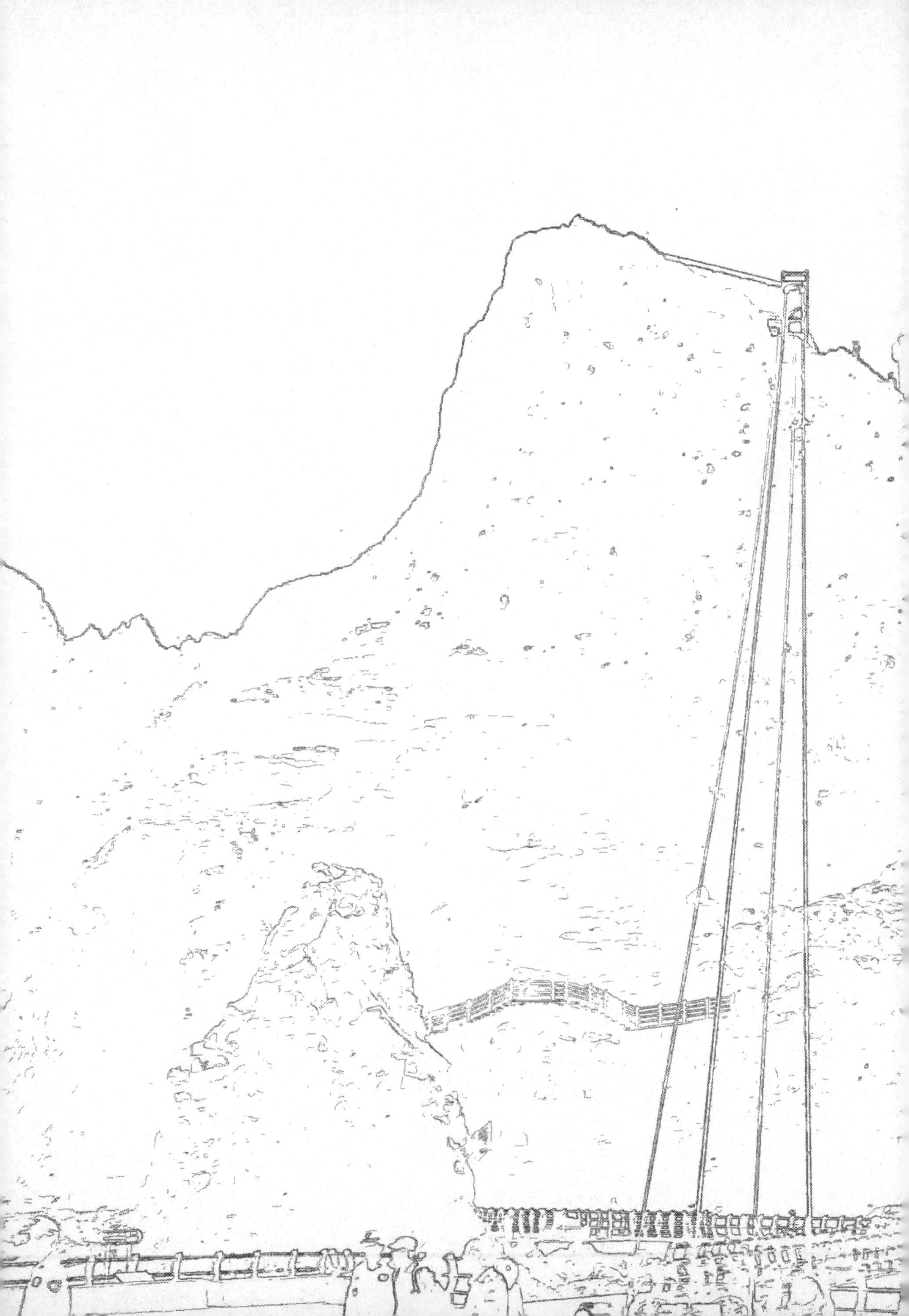

English

The Problems and Falsehoods Appeared in Material about Dokdo on Foreign Affairs' Homepage of Japan.

Heaven and Earth know Japan's Ministry of Foreign Affairs is neither reliable nor objective in its data of Dokdo.

Japanese History Education Problem Arouses Anxiety About Korea and Japan's Future
—Korea's Dokdo should never be an Issue—

The Problems and Falsehoods Appeared in Material about Dokdo on Foreign Affairs' Homepage of Japan.

After revising basic education law strengthening 'patriotism education' during Abe Shinjo administration in 2006, the Ministry of Education, Culture, Sports and Technology of Japan has described Dokdo which is a Korean island as Japanese territory in teaching guide books and explanation books based on revised law in 2008 and 2009. Elementary textbooks in 2010, middle school textbooks on March 30th 2011, high school textbooks on March 27th, 2012 have the same ideas. Japan also has a plan to examine and approve other textbooks by 2014. Furthermore, Tokyo province described its insistence on sovereignty over Dokdo in public high schools' Japanese history books which became a mandatory subject from this April. Moreover, a Tokyo Rally was held insisting Dokdo was Japanese territory on April 11th.

Like this, the Japanese government has been domineering Korean territory through making systematic false manual that they have conjured up, showing false truth.

The falsehood textbooks or manuals are based on skewed materials with no objectivity and reliability offered by the Japanese Foreign Affairs Department.

There are official documents and private documents when we see materials related Dokdo from the Japan Foreign Affairs' Homepage.

At least, the sources concerning national territory must be official documents. Official documents are reliable and objective because they have definite signatures and sources. However, when we examine material related to Dokdo, we can find problems and falsehood.

(1) Notification No. 40 of Shimane in February, 1905

In February 1905, Japan announced Dokdo was included in Shimane after occupying Dokdo unlawfully. However, this was violating international notification about territory inclusion and it happened without Korea' s recognition. Furthermore, the notification didn' t have Shimane' s governor' s signature.

It isn' t reliable to use this document as a source to claim territory.

Notification No. 40 of Shimane : no signature, ignoring international notification for the inclusion of territory, stealing secretly

島根県告示第四十号
北緯三十七度九分三十秒東経百三十一度五十五分隠岐島ヲ距ル西北八十五浬ニ在ル島嶼ヲ竹島ト称シ自今本県所属隠岐島司ノ所管ト定メラル
明治三十八年二月二十二日
島根県知事　松永武吉

(2) Instruction from the Supreme Headquarter of Allied Nations SCAPIN-677(official document)

This material has a reliable signature and so it is considered an official document. This document mentioning that the Allied Powers designated that Japan couldn't influence political control and administrate for UlreungDo, Dokdo(Takesima), Iz, and Ogasawra island.

SCAPIN-677(official document) — recognized as the based material for an official document

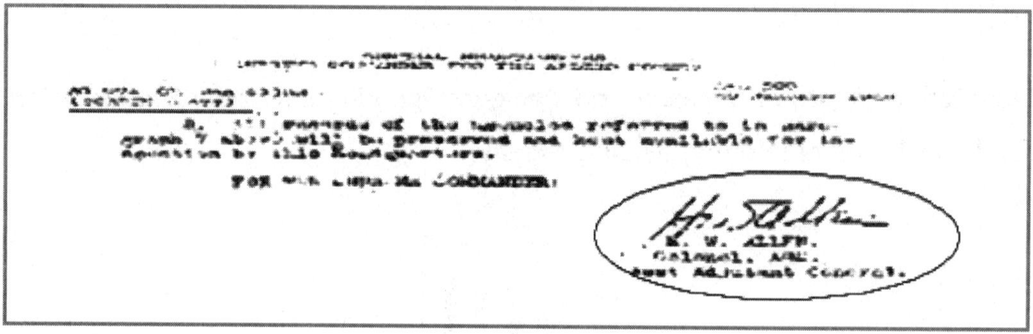

(3) Instructions from the Supreme Headquarter of the Allied Nations (June 1946. SCANPIN-1033)

This document has a reliable signature, so it can be authorized as an official document. The Allied Nations regulated the Macarthur line and banned Japanese ships or shipman to approach within 12miles around Dokdo.

SCANPIN-1033 (official document) - recognized as the based material for an official document

GENERAL HEADQUARTERS
SUPREME COMMANDER FOR THE ALLIED POWERS

APO 500
22 June 1946

AG 800.217 (22 Jun 46)NR
(SCAPIN 1033)

5. The present authorization is not an expression of allied policy relative to ultimate determination of national jurisdiction, international boundaries or fishing rights in the area concerned or in any other area.

FOR THE SUPREME COMMANDER:

John B. Cooley
JOHN B. COOLEY,
Colonel, AGD,
Adjutant General.

(4) Yang You Chan' s letter, who was a Korean ambassador in America, to Achison, the secretary of Defense on June 19th, 1951

'———, the letter requesting the inclusion of Dokdo and Parang island.

This is a private letter, not an official letter. There is no source about the origin, no signature. This document doesn't qualify as an official letter to discuss national territory.

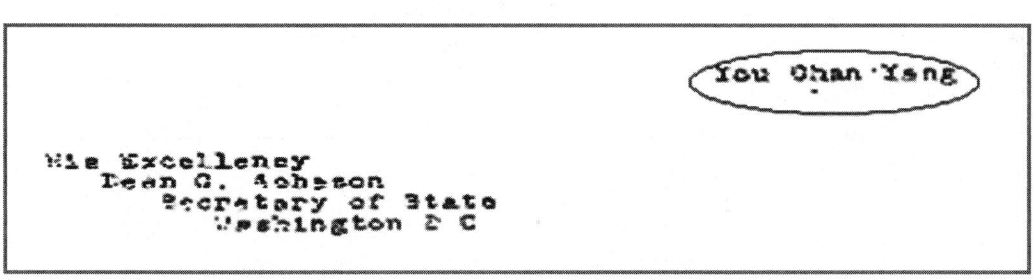

You Chan Yang

His Excellency
Dean G. Acheson
Secretary of State
Washington D C

(5) Dean Rusk' s letter, who was Undersecretary of Defense for East Asia, sent to Yang You Chan, who was a Korean ambassador in America.

Dean Rusk's letter, which was sent to Yang You Chan on August ninth 1951, is not an official letter because it has no basis about its source and no signature. This document is material which doesn't qualify as an official letter discussing national territory. However, the Japanese government insists it has the right to control over Dokdo based on this material. Especially, Din Rusk's name was stamped not a signature. It was also different from the writing of the letter.

This is totally different from America's customs. so it is definite that this letter lacks objectivity and reliability.

Japanese nationals it would not deem appropriate that they obtain compensation for damage to their property as a result of the war.

Accept, Excellency, the renewed assurances of my highest consideration.

For the Secretary of State:

〈Problems〉

1. Personal letter is not a national document because it doesn't have any worth for as official material
2. Dean Rusk's signature was stamped not a signature. It was also different from the writing in the letter.
3. The Sources is not clear.
4. Therefore, this letter doesn't qualify as material to discuss national territory.

(6) Returning report of Van Fleet the Ambassador after the Korean visitation in 1954(disclosed in 1986)

According to the returning report of Van Fleet saying that the bill in which Takeshima is the territory of Japan must go to the international Court of Justice for claiming, Dokdo (Dokdo) is marked as the main name from the data on Ownership of Dokdo Island. Also Dokdo is marked as Liancourt, Take Shima. So, this data shows that Dokdo is certainly the territory of Korea. In addition, its official name should be corrected into Dokdo and Take Shima, not Dokdo and Taka Shima. Considering this point, this data is not the official document which was sent to Korea and Japan. Therefore, we have no doubt that this data should not be used as data for national territory.

4. Ownership of Dokto Island

The Island of Dokto (otherwise called Liancourt and Taka Shima) is in the Sea of Japan approximately midway between Korea and Honshu (131.80E, 36.20N). This Island is, in fact, only a group of barren, uninhabited rocks. When the Treaty of Peace with Japan was being drafted, the Republic of Korea asserted its claims to Dokto but the United States concluded that they remained under Japanese sovereignty and the Island was not included among the

〈Problems〉

On the returning report of Van Fleet the ambassador (disclosed in 1986) / On the data of Ownership of Dokto Island

(1) Dokdo is marked as the main name. So it proves that Dokdo is the territory of Korea.
(2) Expressed in another way, Dokdo is called as Liancourt or Taka Shima, which proves that Dokdo is the territory of Korea.
(3) Again, the names should be corrected into Dokdo and Take Shima, not Dokdo and Taka Shima.
(4) This data does not prove the truth of the Territory Dominium of Dokdo of Korea as it is not certain about the signature and sources in it.
(5) Therefore, the returning report cannot be the evidentiary material for discussion about the national territory. Also it is not in the position to decide about the national territory.

As the result of looking into the data on Dokdo from the homepage of the Japanese Ministry of Foreign Affairs, it can be found there are some problems and falsehood in it. Namely, two of them indicates the clear source and signature for the officially reliable material in the Supreme Command Order of the Allied Nations (SCANPIN-677, SCANPIN-1033) in 1946. Thus, it is true that the Allied Nation was proclaimed that Japan can not govern UleungDo, JejuDo and Dokdo(TakeShima) in politics and administration. In addition, it is regarded as a valid declaration that Japanese ships and their crew are not allowed to access the area within 12 miles from Dokdo. This obviously demonstrates that Dokdo is the territory of Korea. However, the rest of the data should be regarded as personal letters or reports, not as official documents because they do not have official signatures and clear sources of data in it. In other words, this data is not considered as official documents.

It is certain that the data replied to Mr Yang, You Chan, the Ambassador of the Republic of Korea to the United Nations, through Dean Rusk, who is Assistant Undersecretary Cabinet of State for Far Eastern Affairs with regard to the claim about Dokdo dominium of Japan, has the heaviest reliance. However, this data is not considered as reliable, for the name of Dean Rusk in the data is simply written just as a stamped seal, ending up with different handwriting that was written in the main passage. Additionally, it is obvious that the personal letters cannot be used as an important data for the claim of territory dominium of a nation.

Now, when looking into two kinds of data below. This data which is an official document of National Archives of Japan, and which is held by Japan, includes production year and date, details, clear sources, and signature although it is written before 1900.

(1) *Taejunggwan* (Prime Minister Directive of Japan, source: held by National Archives of Japan, quoted in the reference of Dokdo Society)

Taejunggwan (Prime Minister Directive) declares that Dokdo has nothing to do with Japan in relation to the argument that UlreungDo and Dokdo should be put on the the record of land registration of Shimane in 1877. This data clearly demonstrates that Dokdo is a territory of Korea in addition to the fact that it is an obvious evidentiary material when considering the argument about Dokdo before and after 1877, and connecting the past and later-day together. This also says that UlreungDo and Dokdo do not have any relation with Japan after the collision of fishermen including An Yong Bok between Korea and Japan in UlreungDo in 1692.

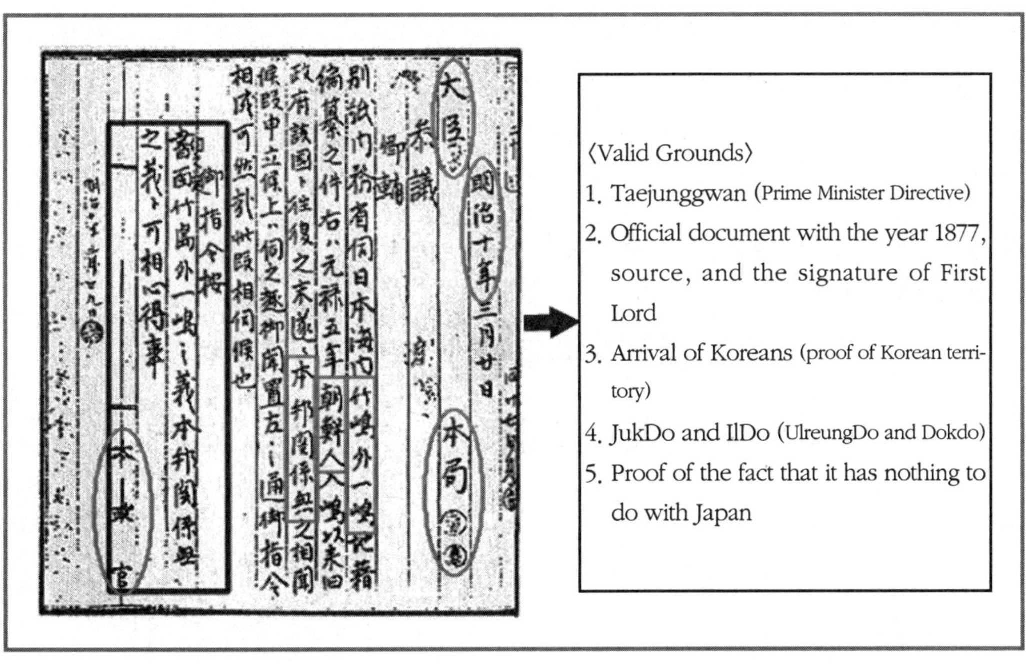

〈Valid Grounds〉
1. Taejunggwan (Prime Minister Directive)
2. Official document with the year 1877, source, and the signature of First Lord
3. Arrival of Koreans (proof of Korean territory)
4. JukDo and IlDo (UlreungDo and Dokdo)
5. Proof of the fact that it has nothing to do with Japan

(2) Territory Map of Japan

Mainizzi Newspaper of Japan presented the data relating to the territory map of Japan in the manual explanation of a total pages 616 in total on May 25th 1952 after the San Francisco Peace Treaty Signatory in September 1951. In this data by Mainizzi Newspaper, it is clearly marked that Dokdo (JukDo in Japanese) is the territory of Korea. This shows apparently that Dokdo is the territory of Korea in spite of the collision before and after 1951.

Nevertheless, Japan has claimed Dokdo Territory Dominium by presenting the data with personal letters, counterfeit names which are different from the ones in the main passage, and no signature, ending up excluding the record that Dokdo is the territory of Korea in official documents such as Taejunggwan Record in 1877 held by Japan and Territory map of Japan of a San Francisco Peace Treaty Signatory in 1952. This is claimed by the source which does not have reliability and objectivity. The Taejunggwan Record and the Territory Map of Japan clearly show that Dokdo is the territory of Korea against the dispute caused before and after 1877, and 1951. Therefore, it can be considered that Korea has just preserved Dokdo which is an original territory of Korea. At the same time, the claims by Japan that Korea has illegally occupied Dokdo and that Dokdo is territory of Japan are not true.

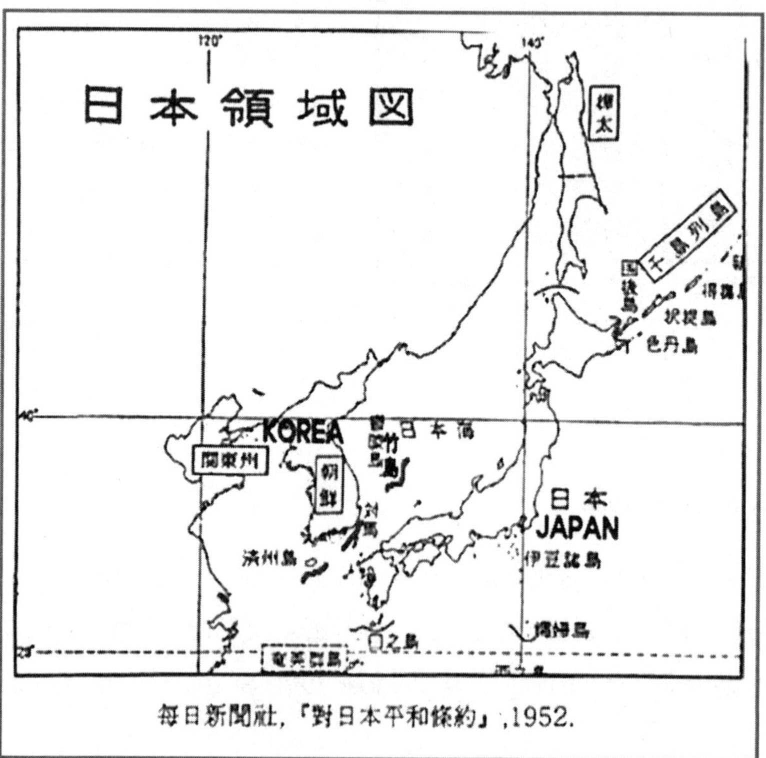

毎日新聞社,「對日本平和條約」,1952.

Recently, the Japanese government has been eagerly instigating its citizens by educating its people with false Japanese and Korean history. Now we face the reality that the Japanese government is making materials related to Dokdo with false information. Like one falsehood is made from another, the falsehood materials from Japanese Foreign Affairs, which are the basis for Japanese history books, make Japan just a falsehood nation. If Japan doesn't have self-introspection through the process and produce results based on the facts about Japanese and Korean history, it will be left alone in the world. Furthermore, if more students or groups learn from incorrect history books, the future result from this situation will be the destruction of humanity. There is a serious problem which cannot be neglected about the relationship between Japan and Korea.

If Japan is deteriorating the relationship between Japan and Korea, we can't consider Japan a good neighbor. Korea, which loves peace, should be prepared for a variety of countermeasures calmly and cooly. Japan, a country that is not far away, cannot be called a close neighbor.

Most of the materials from the homepage of Japan Foreign Affairs lack reliability and objectivity. Japan should remove official documents, such as Japan's Area Map from the Japanese Peace Treaty in 1952, the Taejunggwan document and take back false and unreasonable claims. Japan should abandon ugly appearance and regain its integrity appearance by regarding Japan and Korea's relationship as important.

〈Reference〉

— a Korea - Dokdo society volume 'why is the Japanese claim over the sovereignty on Dokdo error?

— Foreign Affairs' Homepage of Japan「The problem of Taka Shima」

2012. 5. 11

Yang Young Digital High School

Principal Jeong Yoon Seong

Heaven and Earth know Japan's Ministry of Foreign Affairs is neither reliable nor objective in its data of Dokdo.

I have had a sense of humanism as well as huge sympathy for the neighboring country Japan and their people who have had a time of crisis and are in despair from the awful experiences of the recent earthquakes, tsunami and radiation exposure which happened in March 2011. At the same time, I was greatly impressed by the personal response of calmness of the public in order to deal with the situation. As well as this, I greatly appreciated the fact that the Japanese showed consideration for others before their own needs during the troubles and pains.

Having said that, I am disappointed in the way the Japanese government responded to this difficult situation. I doubt that the Japanese government had a good intention to cope with all the difficult situations from the natural disaster for their people. As for me, it was strange that the Japanese government did not have the willingness to properly respond to overcome the national disaster for their people. For example the Japanese government guided people to evacuate to 20km to 40km away from the residential areas which were affected by the radiation and they did not demonstrate a suitable or prompt response to cope with the urgent crisis. Therefore it can be said that the danger from the radiation and earthquakes was becoming worse and resulted in more long-term problems.

It is known that Japan is regarded as a 'manual society' where society is based on order and instructions given. However I am skeptical that the problem solving approach that the Japanese government took to deal with the crisis was objective and reliable. The best efforts to cope with the national crisis would be to inform the public and guide them promptly and immediately. There should also be efficient communication and cooperation with neighboring countries so an effective solution against the large scale damages from radiation can be developed as soon as possible.

Despite this, it was officially announced by the Culture and Science Department of the Japanese government on 31st March 2011 that Dokdo, which has historically been owned as a territory of Korea, is the territory of Japan through history textbooks for middle school.

In addition, on the 1st of April, an irrational statement was announced again that Dokdo is the territory of Japan. In other words, the Japanese cabinet council claimed the dominium of Dokdo declaring that Japan will defend themselves if the territory of Dokdo is attacked by missiles. Rather than endeavoring to cope during a time of crisis from the natural disaster, it is a pity that there are some Japanese members of the cabinet who would argue instead that Dokdo belongs to their own territory. I have sympathy for the Japanese public who believe that the attitude of the Japanese government which is insisting on having their own way is reasonable for their international status.

In this respect, it should be acknowledged that the historical education about Korea and Japan is required for the Japanese public who do not have relevant knowledge or have known wrong facts about Dokdo. However I agree that there should be definitive evidence and understanding about Dokdo prior to making this conclusion. I believe that the reference shown by '10 things to understand about Dokdo', which the Japanese school textbooks are based on and studied by the Japanese foreign affairs, lacks of objectivity and reliability. I will then look into the history of Korea and Japan with objectivity and reliability.

Most of the data does not show their reliability and objectivity, except the documents for order from the head of the duty officer of the allied power *(SCAPIN 677-Ho, SCAPIN 1033-Ho)* which demonstrated objectivity and reliability with the guaranteed signature in 1946. It pointed out that most of the data related in the national territory was written in person, not in official documents. In addition to this, it also points out that the source of all data is unknown. Therefore I argue that the personal owner of the document does not represent the policy of the country. Furthermore Dohaemyeonheo which is a license for fishing operation between Korea and Japan does not demonstrate reliability, although it guarantees the movement into foreign land. Once again, the data from the foreign affairs which was declared does not show objectivity and reliability in respect of being unable to distinguish the importance between an official document and a private one. Moreover, it is absurd that the Japanese government has claimed the dominium of Dokdo by mentioning the San Francisco convention.

In this respect, I will argue that Dokdo is in fact Korean's territory by looking into some data with objectivity and reliability.

(1) A very reliable data source, *The Taejeongkwan Government Document (1877)*, says that UlleungDo and Dokdo are not related to Japan. *The Taejeongkwan Government Document* has the authority to the authority as the Japanese Prime Minister's documents.

(2) Japanese troops invaded *the Kyeongbokgung Palace* of Korea in 1894 during the war between Chung-Dynasty and Japan, and also the Empress of the Korean Empire was caught and finally assassinated by the Japanese Troops in 1895.

(3) To clarify the position of Dokdo, on the 24th of October in 1990, the Korean Empire included Dokdo and Uleungdo in the Kangwon province

There is an official gazette from the Korean Empire(on the 27th of October in 1900) documenting this fact.

(4) In February 1904, the authority of the Korean financial department, the foreign affairs and the police power were dominated by a Japanese advisor who was sent from Japan after Seoul was occupied, All the heads of the government cabinet were threatened by Japan just after the war between Russia and Japan.

(5) Dokdo was registered unofficially in the record of land registration of *Shimane Hyun* in the public regional newspaper in February 1905.

(6) Japan enforced its rule over the colonies of Korea and deprived the diplomatic right (November 1905) by threatening the Korean emperor and ministersl as well as assassinating the empress of the Korean Empire Period, and by taking the reins of government administration through the Residency-General. Raging the war between Russia and Japan in 1904, it was Dokdo that was seized during the period of occupation of the Korean peninsula by Japan.

(7) The whole territory of Korea was seized after the Korea-Japan Annexation (August 1910) and the policy of Korean history obliteration was made for further thirty six years.

(8) There are some historical truths, which Dokdo was seized in 1905 when it was found during the period of invasion by Japan through the 'Cairo Declaration'. In 1943, Dokdo was made exempt from Japanese territory (*SCAPIN 677-Ho*) through declaring the Supreme Commander for the Allied Powers Instruction Notes. (*SCAPIN*). Furthermore, it is also a factual history that approaching Japanese fishing vessel was prohibited within 12

nautical miles.

(9) Dokdo is Korean territory that has currently being managed as a part of the affiliated islands of the Korean peninsula by the Declaration of Supreme of the Allied Power since independence from Japan on the 15 of August in 1945. Also it obviously belongs to the territory of Korea which was legally taken over from the American government at the same time when the government of the Republic of Korea was found on the 15th of August in 1948.

(10) Therefore, Dokdo has been approved internationally and is addressed *Kyungsangbuk-Do Ulleung-gun Ulleung-eup Dokdo-Ri San 1-37* and has been being conserved by its residents and their safeguards. Thus, it cannot be a controversial issue since Dokdo is internationally recognized to be owned by the Republic of Korea from the date it was formed.

(11) In 1951, On the San Francisco Convention and the Rusk epistle which Japanese government insisted, it is firstly argued that the 1st through 5th of drafts of America for the San Francisco convention at that time demonstrated that Dokdo (Liancourt Rock, Takeshima) was the territory of Korea. On the other hand, the 6th draft says that Dokdo belongs to Japan on account of the Japanese political lobby. Due to this, America as well as England, Australia and New Zealand were against the convention of 6th draft regarding Dokdo. This has led to the omission of Dokdo in the 7th to 9th drafts. In these series of incidents, Dokdo was not mentioned. It is not understandable that the omission means that Dokdo belongs to Japan, and not to Korea.

Secondly, on the 19th of July in 1951, the letters sent to the ambassador of the United States and to Dean Rusk, the vice-minister of state department (10 August 1951) were nothing but private letters without a signature. Therefore in this respect these letters which do not have any representatives cannot be approved to be objective and reliable because they are not considered to be official documents.

(12) On the 25th of May in 1954, the Peace Treaty for Japan as a handbook was published by the Japanese *Mainichi* newspaper with help from the Foreign Affairs. It is found to state that Dokdo is clearly the territory of Korea in the first chapter of the *dominium map of Japan* which was approved in the San Francisco Peace Treaty.

(13) According to the report (discovered in 1986) which Van Fleet the ambassador wrote after his visit to Korea in 1954, it is clear that it must not be regarded as official document that Korea and Japan share, in particular, considering the issue of the ownership of Dokto. It also starts with the sentence, 'The Island of Dokto (otherwise called *Liancourt* and *Taka Shima*) is'. In this sentence, it is right that Dokdo is the official name and other expressions of names are *Liancourt* and *Taka Shima*. However, it cannot be regarded as an official document in considering the wrong-spelling of Dokto, and also as a data which is objective and reliable.

(14) Acknowledging their wrong-doing against Korea in the past, Japan promised us to return all the Korean cultural assets on the 10th of August in 2010, the 100 year anniversary of the Korea-Japan Annexation of 1910. The assets had been forcedly deprived by Japan. Japan has been openly recognizing the invasion of Korea. We Koreans do not have the political power, ability, or even the intention to unlawfully occupy the territory of Japan. However, Korea has just the pride to keep the island of Dokdo from Japan.

(15) As we know through the case of the original radioactivity release of Japan, both Korea and Japan can be faced with the same damages, harm and destruction. Here it should be remembered that a great number of Korean people had been massacred in order for Japan to ascribe their anger from the huge earthquake in *kwandong* in 1923 and blamed Korea.

From the evidence on Dokdo investigated above, every data which the Japanese foreign affairs reported or declared is not considered as objective or reliable at all. Only the issue of Dokdo is reported in the local regional paper even though the issue of territory should be incorporated based on the international official announcement. The truth about Dokdo had been kept a secret on the accounts that the official gazette required by the international law should be informed to the legation of Korea resided in Japan and embassy and legation of each country. Therefore, this is not obviously valid by international law.

Moreover, when looking into the relationship between Korea and Japan historically, it is true that the introspection and an apology from Japan should be required immediately without hesitation. Therefore it is ridiculously pitiful that there is a conflict between Korea and Japan about the Dokdo issue.

It is a great disappointment that the Japanese government tried to mention how Dokdo had been said *'attacked by missiles'* during the recent natural disaster. It is pitiful that the Japanese also show their absurd and insensible attitudes, in particular only about the issue of Dokdo, although it is agreed that the Japanese are generally well-educated enough to know the history about Korea and Japan. Also their national characters are known to be honest and considerate with good manners towards others. Moreover, it is a shame that the Japanese government has introduced school children with the wrong historical facts through the school history education. It is not understandable that they have been showing hostility towards the neighboring country, Korea, which may result in the destruction of peace between Japan and Korea

Therefore, I strongly urge that the Japanese government should establish a mature and honest education policy so that school children can benefit from a history education which can contribute to their future for the country of fairs in this global time as well as the history education for children and adults who exhibit prejudice through false knowledge of the history. I am convinced that the true, real peace, trust and respect towards each other between Korea and Japan can be fruitfully achieved before long in future, which may contribute to the peace and justice for all.

〈Reference Data〉

1. *The Taejeongkwan* (1877), the Order of the Japanese Prime Minister (*the Taejeongkwan Order*) disagreed that UlleungDo and Dokdo should be registered to the record of land registration of *Shimane Hyun*, and declared that they are not related to *Shimane Hyun*.

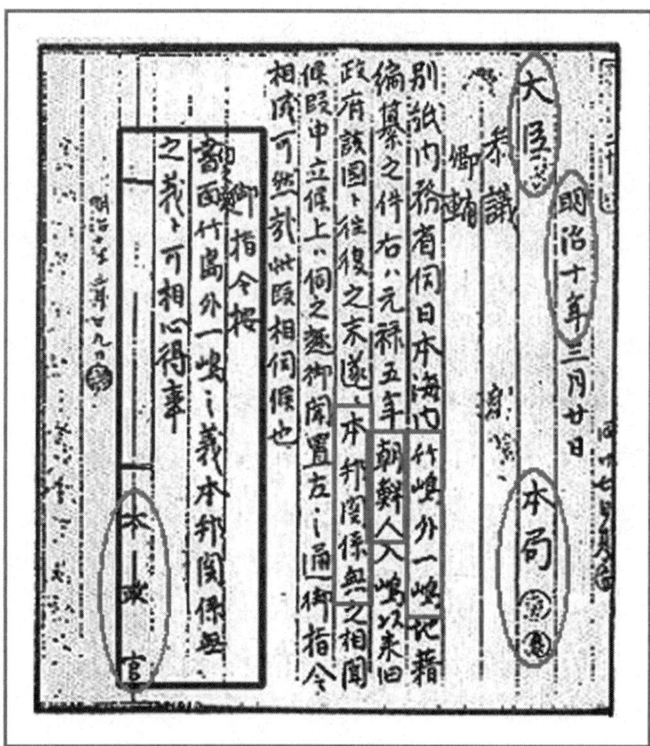

明治十年三月廿日

大臣 本局

参議

卿輔

別紙内務省伺日本海内竹島外一島地籍編纂之件右ハ元禄五年朝鮮人入島以来旧政府該国ト往復之末遂ニ本邦関係無之相聞候段申立候上ハ伺之趣御聞置左之通御指令相成可然哉此段相伺候也

御指令按

伺之趣竹島外一島之義本邦関係無之義ト可相心得事

(Source: owned by the Director of National Archives of Japan)

2. The data demonstrated in the handbook of 616 pages in total by the Japanese Mainichi Newspaper on 25 May 1952 after the allied power signed the 'treaty of peace' for Japan in San Francisco, America, in September 1951

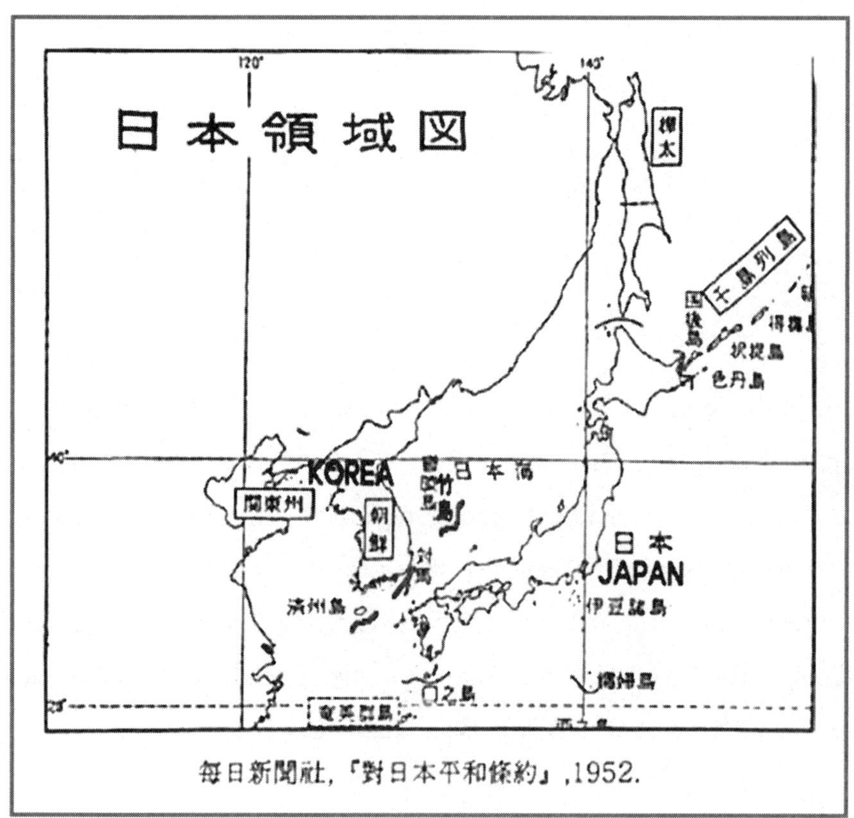

毎日新聞社,「對日本平和條約」,1952.

2011.7.16

Principal Jeong Yoon Seong

Yang Young Digital High School

316 Seohyeon-dong Bundang-gu Seongnam-City

Gyeonggi-do Republic of Korea 463-819

Japanese History Education Problem Arouses Anxiety About Korea and Japan's Future
— Korea's Dokdo should never be an Issue —

Looking at the recent Toyota recall, we notice an irresponsible practice on the part of this Japanese company. There was a problem with their product, but they manufactured, mass produced, and sold this product regardless. They didn't provide the necessary information to the public. There was little care and quality control. Later, the car's flaws became exposed, and the public became enraged. The problem occurred earlier on, but the apology came afterwards. They were then forced, due to public pressure, to apologize. Such is the case with Dokdo Island in the East Sea.

Just like the Toyota crisis, there is a problem with information. The problem is much more serious though because it affects the future generations, and it attacks the education system. We begin to see a problem forming between Korea and Japan into the future. In 2002, Korea and Japan hosted the World Cup together. But, the Japanese handling of information on Dokdo Island, is a clear step backwards from this joint effort at harmony between our two countries. I am deeply concerned

They distort history by printing and distributing textbooks with misinformation about the East Sea Island. The Middle School(July 14,2008) and High School Social Studies textbooks and manuductions(September 25, 2009) contained a new Japanese word for the Island: Takeshima. All of these books passed inspection without questions or problems. There were 5 different series of textbooks(March 30, 2010) for elementary school students, and they all passed. By 2011, there will be 14 different series of textbooks in circulation. This distorted view, perpetuated by the organization, Ministry of Education, Culture, Sports, Science and Technology Japan is selfish and unfair. I want to inspire the Japanese people to stand up for truth and to recognize the history of this great land.

I'd like to present a detailed history of the facts of Dokdo island. Korea has owned Dokdo since the Shila Dynasty. In 1877, the highest national institution Japan Tae Jung Kwan sent official and public documents to home office, saying that they had, "no ties to Dokdo." This is clear proof that Dokdo belongs to Korea. Afterwards, a negative treacherous trend began. In 1894, during the Sino-Japanese War, a Japanese soldier broke into the Korean's palace and hauled the queen and king off to jail. Then, in 1895, in the middle of the night, the soldier again broke into the palace, and murdered the queen. Since then, Japan has had a history of mugging, robbing and killing.

After the Russia-Japan War in 1904, Japanese soldiers took over Seoul. They controlled financial, diplomatic and police authorities. They threatened the emperor through a dispatching council. Then, in February of 1905, colonialism began as Japan started to make public statements about the ownership of "Dokdo". Later that year, colonialism took root as they threatened to take away diplomacy. Five years later, in August of 1910, Japan annexed Korea and in the process Japan destroyed and stole many sacred documents and artifacts. Imperialism ensued for the next 36 years as Japan tried to systematically obliterate Korean culture. Throughout this period, Japan robbed "Dokdo", an island in Korean territory.

In 1943, The Cairo Declaration gave Korea "Dokdo" again. For the first time since being stolen in 1905, The Supreme Commander for the Allied Powers Institution declared that "Dokdo" be excluded from Japanese lands. After this declaration, Japanese ships were restricted to sail in "Dokdo" waters, and ownership was officially handed over to the newly formed Republic of Korea, in 1948. Further evidence of "Dokdo's ownership" is in the address: 'San 1-37, Dokdo Ri, Ulrung Ep, Ulrung Gun, Kyungsangbuk Do'. It shouldn't be a controversial issue.

Even though this evidence exists, I have a litter of kittens that the Japanese don't shame or even apologize. I cannot stop worrying about Korea's future in the midst of this Japanese education policy. They have distorted and shamefully tainted history textbooks. Japanese people are generally kind, courteous and honest. But in this case, being frank with Japan, and in respect of history, I cannot say they are honest and courteous or kind. Whenever some politicians are at a disadvantage, they stimulate from time to time nationalists to be offended by insisting that "Dokdo", one of Korean islands, belongs to Japan; and those of us who have studied and lived in Japan find it difficult to explain and talk about our true feelings. We are very conflicted as administrators and educators over this attitude.

While I ponder the Toyota crisis once more, I see a company that was too proud to admit their mistakes. Now, it seems to be too little, too late. I believe they need to change their attitude toward history. If not, it will result in huge education problems for the next generation. They should have managed by the facts, had rapid reaction plans, and installed prevention procedures. But, they didn't. The severe issue here is not the product but the humans. When the human is at fault, the result is far worse than when the product is faulty. It causes good-natured feelings to turn sour.

Okay, Japanese people: now is the time for you to change. Change your policies about education and change your politics. It's better to choose and vote the right person for the job. Education should be based on facts. We need Japanese integrity and integrity in education. Japan is one of the most powerful economies in the world. In order to keep that status, you need to have global vision. You need to be global leaders. You need to lead with honesty and truth. Even though Japan is close to us geographically, it feels worlds away ideally. I hope we can close the gap in our ideals. Educators should not create tension between the youth of neighboring countries, they should foster harmony. They shouldn't provoke disputes. They should love their neighbors, they should respect each other, and they should keep the peace in Asia. To be open-minded is to look again at the issues and revolutionize the election process. Don't accept the status quo in government.

Finally, if you hope to move forward, Japan, try to put yourself in our shoes. Try to understand our feelings, our situation. "Dokdo" has belonged to Korea for over a century. Please apologize based on the facts. Japanese historians should tell the truth with a well-balanced view, objectively. Use the proof from the historical documents. It's simple. With love for the world and its neighbors, Japanese education has to have the power to make a new face for itself: a face of world peace.

2010. 5. 6

YANG YOUNG DIGITAL HIGH SCHOOL PRINCIPAL

Jeong Yoon Seong

日本の外務省のホームページに掲載されている独島(竹島)関連の

客観性と信頼性のない日本の外務省の資料と
天と地がよく知っている韓·日の歴史

隣国日本の歴史教育を憂う
-韓国の独島はもはや議論の対象ではない-

Japanese

日本の外務省のホームページに掲載されている独島(竹島)関連の資料にみられる問題点と虚構性

韓国の領土である独島を日本の文部科学省は、2006年の安倍晋三内閣で「愛国心教育を強化する」教育基本法を改正した後、2008年と2009年には改訂された法律に基づいて学習指導要領と解説書に、2010年には小学校の教科書に、2011年3月30日には中学校の教科書に、2012年3月27日には高校の教科書にそれぞれ独島(竹島)は日本の領土であると記載しており、2014年までに残りの教科書もすべて検定する計画であるという。また東京都は、今年の4月から必須となった公立高校の日本史の教科書に独島(竹島)の領有権主張を記述した。さらに、4月11日には独島(竹島)は日本領土であるという東京集会を開いた。このように日本政府は組織的に日韓の歴史教育に関する虚偽のマニュアルを作成して、まるで嘘を真実にする魔法を使うかのように隣国の韓国領土を思いのままにしている。このような歪曲された教科書やマニュアルの根幹となっているのは、日本の外務省がホームページに掲載している信頼性と客観性がない資料である。

日本の外務省のホームページに掲載されている独島(竹島)関連の資料を見ると、公文書と私文書にわけられる。国の領土を論じる根拠は、公文書でなければならない。公文書は、出処が明確で署名があるので、客観性と信頼性があるといえる。しかし、日本の外務省のホームページに提示されている独島(竹島)関連の資料を検討してみると、問題点と虚構性がみられる。

(1) 1905年2月の島根県告示40号

1905年2月、日本は独島(竹島)を強奪した後、島根県に編入したと告示した。しかし、これは領土編入の国際告示を無視したものであり、韓国も知らないうちに行われた。また島根県の告示には､島根県知事(松永武吉)の押印がない。したがって、この文書を領土主張の根拠とするには客観性と信頼性がない。

島根県告示40号：押印がなく、領土編入の国際告示を無視、密かに強奪。

島根県告示第四十号

北緯三十七度九分三十秒東経百三十一度五十五分隠岐島ヲ距ル西北八十五浬ニ在ル島嶼ヲ竹島ト称シ自今本県所属隠岐島司ノ所管ト定メラル

明治三十八年二月二十二日

島根県知事　松永武吉

⑵ 連合国最高司令部指令(1946年1月、SCANPIN-677)

この資料には署名があり、公文書として認めることができる。ここには「連合国は日本が政治や行政が行うことができない地域として、鬱陵島、済州島、独島（竹島)、伊豆、小笠原群島等を指定した」と記載されている。

SCAPIN-677(公文書)－資料として認定。

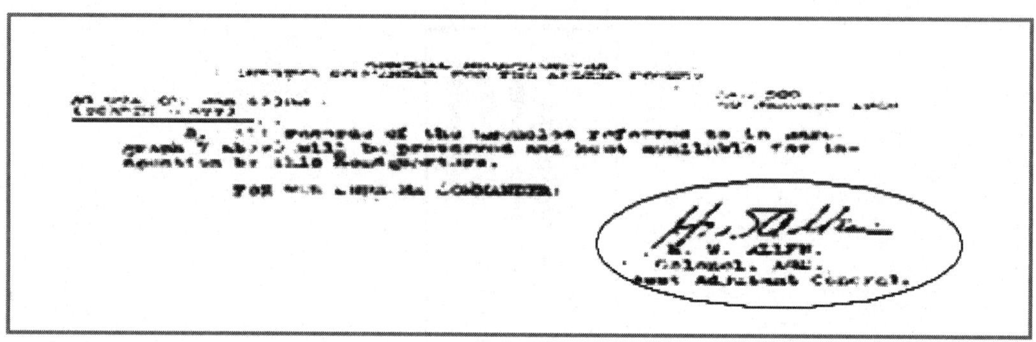

⑶ 連合国最高司令部指令(1946年6月、SCANPIN-1033)

この資料にも署名があり、公文書として認めることができる。「連合国はいわゆる『ダグラス·マッカーサー(Douglas MacArthur)ライン』を規定、日本船舶又はその乗組員は、独島から12マイル以内への接近が禁止された事実」が記載されている。

SCAPIN-1033（公文書）－ 資料として認定。

GENERAL HEADQUARTERS
SUPREME COMMANDER FOR THE ALLIED POWERS

APO 500
22 June 1946

AG 800.217 (22 Jun 46)NR
(SCAPIN 1033)

5. The present authorization is not an expression of allied policy relative to ultimate determination of national jurisdiction, international boundaries or fishing rights in the area concerned or in any other area.

FOR THE SUPREME COMMANDER:

John B. Cooley
JOHN B. COOLEY,
Colonel, AGD,
Adjutant General.

(4) 1951年6月19日に梁駐米韓国大使がアチソン米国務長官に送った書簡

「……、独島とパラン島」を含めてほしいという内容だが、これは個人的な書簡で公文書ではなく、署名がない、出処が不明である。したがって、国家の領土を論じる資料にはならない。

You Chan Yang

His Excellency
Dean G. Acheson
Secretary of State
Washington D C

(5) ディーン·ラスク極東担当国務次官補が梁駐米韓国大使に送った書簡

1951年8月9日にディーン·ラスク極東担当国務次官補が梁駐米韓国大使に送った書簡は、個人的な書簡で公文書ではなく、署名がない、出処が不明である。この資料も国の領土を論じる資料にはならない。ところが日本は、この資料を根拠に独島(竹島)の領有権を主張している。

特にこの資料では、ディーン·ラスク(Dean Rusk)の名前は、本文とは全く異なる筆跡で印鑑のように押されている。これはアメリカ人の慣習から大きく外れており、客観性と信頼性がない資料である。

Japanese nationals it would not seem appropriate that they obtain compensation for damage to their property as a result of the war.

Accept, Excellency, the renewed assurances of my highest consideration.

For the Secretary of State:

〈問題点〉

1. 個人的な書簡は公文書ではないので、国の公的な資料としての価値がない。
2. Dean Ruskは本文と異なる字体で印鑑のように押され ており、アメリカ人の慣習から大きく外れており、署名もない。
3. 出処が不明である。
4. したがって、国家の領土を論じる資料ではない。

(6) 1954年にヴァン·フリート大使の韓国訪問後の帰国報告書(1986年公開)

「独島(竹島)は日本領土という考えで、国際司法裁判所に依頼することが適切である」という立場を主張したヴァン·フリート大使の帰国報告書をみると、Ownership of Dokto Islandの資料でDokto(Dokdo)が主な名称として表記されている。別の表現として、Liancourt(リアンクール)、Taka Shima(竹島)と述べている。これは、竹島が韓国領土であることを示している。DoktoとTaka Shima表記はスペルが間違っており、それぞれDokdoとTake Shimaへの訂正が求められる。

この資料は、公文書ではない。また、なぜこの報告書を1986年に公開したのかも不明である。したがって、現時点ではこれを国家の領土を論じる資料とすることができない。

4. Ownership of Dokto Island

The Island of Dokto (otherwise called Liancourt and Taka Shima) is in the Sea of Japan approximately midway between Korea and Honshu (131.80E, 36.20N). This Island is, in fact, only a group of barren, uninhabited rocks. When the Treaty of Peace with Japan was being drafted, the Republic of Korea asserted its claims to Dokto but the United States concluded that they remained under Japanese sovereignty and the Island was not included among the

〈問題点〉

ヴァン·フリート大使の帰国報告書(1986年公開) Ownership of Dokto Islandの資料について

1. Dokto(Dokdo)が主な名称として表記されている。この表現は、韓国領土であることを示している。
2. 別の表現として、Liancourt(リアンクール)、Taka Shima(竹島)と言及している。この表現も韓国の領土であることを示している。
3. DoktoとTaka Shima表記はスペルが間違っており、それぞれDokdoとTake Shimaに訂正が必要である。
4. 資料の出処が不明で、署名がない。この報告書は、資料としての価値がない。
5. したがって、大使の帰国報告書は国の領土を論じる資料にはならず、現時点で国家の領土を論じることができるものではない。

以上のように、日本の外務省のホームページに掲載されている竹島関連の資料について検討したところ、問題点と虚構性が明らかになった。これらのうち、1946年の連合国最高司令部指令(SCANPIN-677、SCANPIN-1033)の2つの資料にのみ、署名がある。したがって、連合国が下した措置「日本が政治や行政を行うことができない地域として、鬱陵島、済州島、独島(竹島)」を含むことと、「日本船舶又はその乗組員は、独島(竹島)から12マイル以内への接近が禁止された事実」は有効であり、これらは独島(竹島)が韓国領土であることを示す内容である。一方、残りの資料は、国の正式な公文書ではなく、個人的な書簡や報告書で署名がなく、資料の出処も明確ではない。つまり、国家の領土を論じる公信力のある資料ではない。

日本が竹島の領有権を主張する際に最も大きな比重をおいているのはディーン·ラスク(Dean Rusk) 極東担当国務次官補が梁駐米韓国大使に送った書簡であるが、このディーン·ラスク(Dean Rusk)の名前が本文と異なる字体で印鑑のように押されており、アメリカ人の慣習から大きく外れていて署名がない。また、両国が共有した公文書ではなく、個人的な書簡が一国の領土の所有権を主張する資料にならないのは、世の中の理である。

ここで、次の二つの資料を見てみよう。これらの資料は、日本が所蔵する国立公文書館の公文書で1900年以前のものであるが、年月日の記録、内容の説明、出処、署名などが含まれている。

(1) 太政官(日本総理訓令、出処：日本の国立公文書館所蔵、韓国独島学会資料引用)

1877年「鬱陵島と独島(竹島)を日本の島根県の地籍に上げなければならないか」という島根県の質疑について、太政官(日本総理訓令)は、竹島は日本と関係ないと知らせている。この資料は、1877年以前と以後の竹島に対する論難、つまり過去と近代の論難の資料で、独島(竹島)は韓国領土であるという明確な証拠となっている。

「元禄五年朝鮮人入入嶋以来(1692年、鬱陵島で安龍福 等 両国漁民の衝突事件以来)、竹嶋外一嶋(鬱陵島と独島)本邦関係無(日本と関係なし)」と下達したものである。

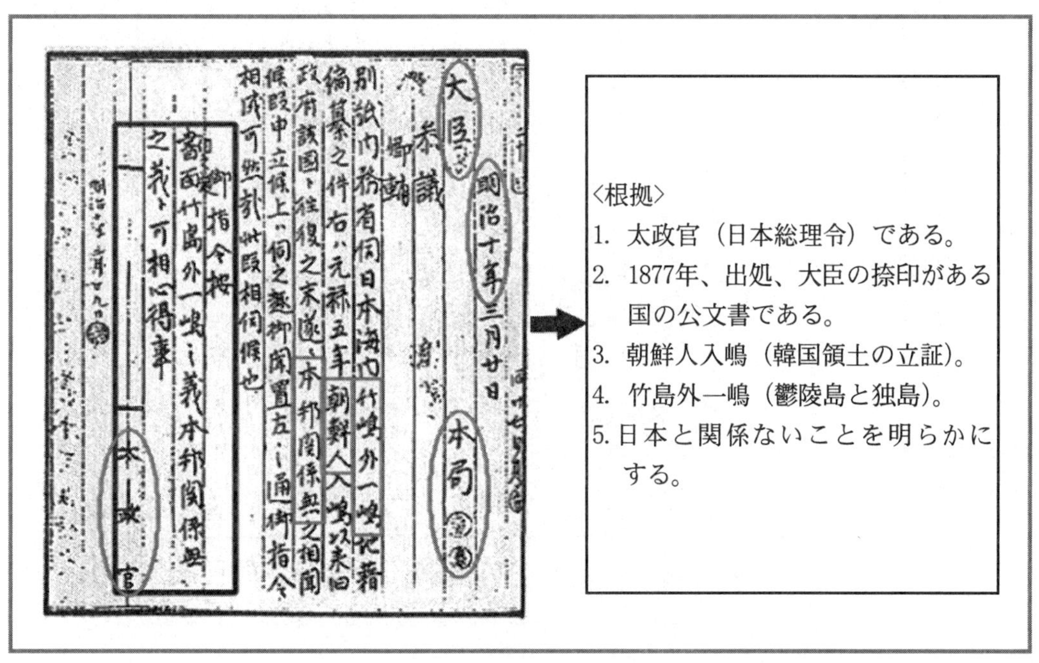

〈根拠〉
1. 太政官（日本総理令）である。
2. 1877年、出処、大臣の捺印がある国の公文書である。
3. 朝鮮人入嶋（韓国領土の立証）。
4. 竹島外一嶋（鬱陵島と独島）。
5. 日本と関係ないことを明らかにする。

(出処：日本の国立公文書館所蔵、韓国独島学会資料引用)

⑵ 日本領域図

1951年9月に米国サンフランシスコで連合国の対日平和条約が締結された後、日本の毎日新聞社が1952年5月25日に616ページの解説書を提示した資料に「日本領域図」がある。ここでは、独島(日本名：竹島)が韓国領土として表示されており、1951年以前と以後のいかなる論難にもかかわらず、竹島が韓国領土という根拠となっている。

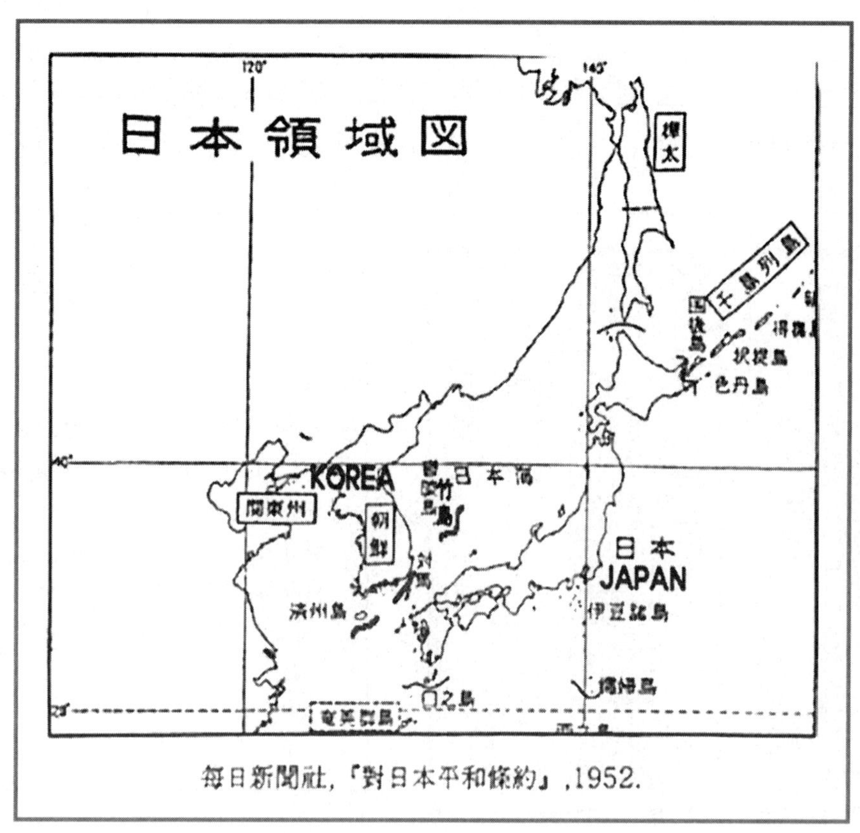

毎日新聞社,「對日本平和條約」,1952.

ところが、日本は所蔵している1877年の「太政官」の記録と1952年の対日平和条約の「日本領域図」で竹島が韓国領土であるという記録を欠落させて、個人的な書簡、本文の内容とは異なる偽の名前、署名のない資料を提示して独島(竹島)の領有権を主張している。これは、信頼性と客観性がない資料を根拠にした主張である。この「太政官」の記録と「日本領域図」は、1877年前後の論難と1951年前後の論難について、竹島が韓国領土であるという明確な回答を与えている。したがって、日本が主張するように韓国は日本の領土を不法占拠したのではなく、本来の韓国領土である独島(竹島)を実効支配しているだけである。

近年では日本政府が主導して歪曲された韓·日の歴史教育を行い、国民を煽動している。日本政府の竹島関連の資料は、すべてが虚偽の資料であるという現実を、私たちは直視している。一つの嘘がまた別の嘘を作るように、日本の歴史教科書の根幹を成している日本の外務省の虚偽の資料は、日本を偽国家にしているだけである。日本はこれが恥ずかしい行為であり、自ら墓穴を掘っていることを理解しなければならない。

韓·日の歴史において事実に基づいた過程とその結果を鑑みて真摯に反省しなければ、日本は国際社会から孤立するだろう。また、歪曲された教科書で学んだ学生が増えていけば、近い将来に、人間性の破壊を招くだけである。ここに韓·日関係において看過できない重大な問題がある。日本政府が主導して韓·日関係をさらに悪化させていくなら、平和を愛する大韓民国はさまざまな対応策を模索して準備しなければならない。近くて遠い隣国の日本!!!

前述のように、日本の外務省がホームページに掲載している資料は、信頼性と客観性がないものがほとんどである。独島(竹島)が韓国領土であると記録されている1877年の「太政官」と1952年の対日平和条約の「日本領域図」をホームページに掲載して、虚偽と強弁を一日も早く撤回しなければならない。日本が本当に韓·日関係を大切に考えるならば、醜い姿を捨てて真の姿を取り戻さなければならない。

〈参考文献〉

— 韓国独島学会編『独島領有権に対する日本の主張は、なぜ、誤謬か？』

— 日本外務省のホームページの「竹島の問題」

2012. 5. 11

養英デジタル高等学校

校長 丁潤聲

客観性と信頼性のない日本の外務省の資料と天と地がよく知っている韓·日の歴史

2011年3月11日、東日本大地震と津波、原発の放射能漏れに苦しんでいる隣りの国の様子を見て、自らも知らないうちに人間愛が出てきた瞬間があった。さらに、苦しみの中で秩序を守って他人に気を配る日本人の様子は、深い感動を与えてくれた。しかし、その苦しみに対する日本政府の対応にはがっかりせざるを得なかった。日本政府が、果たして国民のための政府かという気がするほど対応が遅れていたからである。被害地域の住民に20km、40kmの外に移動するように警告だけ出して、適切かつ迅速な危機管理の対応をしなかった。結局、事態はますます拡大して長期化した。

日本は「徹底したマニュアル社会」と言われている。しかし、今回は、大地震と津波、放射能漏れにつながる大災害に見合うだけのマニュアルが用意されていなかったのだろうか。それなら災害を克服するための努力を尽くさなければならないのではないかと考えられる。また、国境を越えて被害を及ぼす放射能漏れなどの重大な事態の発生について、被害を最小限にするために近隣諸国とお互いに情報を共有し、協力して共同で対応する姿勢が必要であった。しかし、この時点で、日本政府は、不適切なマニュアルを作成して発表した。2011年3月31日、日本で、韓国の領土である独島を日本のものだと主張する内容の中学校の教科書が検定に合格した。また、4月1日には日本の閣議で、独島の所有権を主張する2011年の外交文書を発表し、日本の外相は「独島は我々の領土であるから、独島がミサイル攻撃を受ければ、当然我々は対応する」という子供じみたマニュアルを作って発表した。

危機に対処するのではなく韓国の固有の土地、独島に対するミサイル攻撃と言うのを見て、常識不足の閣僚が日本にいるということが明らかになった。厳しい環境でも、閣僚たちを信じてついてきた純粋な日本人に対する私の純粋な人間愛が芽生えた。しかし、強引な論理を繰り広げる日本政府の態度を見て国格に合わない悪い隣人がいることに改めて気づかされた。このような状況で、筆者は、独島に関して無知、または間違っている知識を持っている日本人を対象とした韓日歴史教育の必要性を実感するようになった。ところが、ここでは、必ず独島に対する明確な情報と認識が前提とされなければならない。日本の教科書の根幹を成しており、日本の外務省が提示している「独島問題を理解するための10項目」で提示した資料は、客観性と信頼性がないことがはっきりしている。また、天と地がよく知っている韓日歴史を客観的かつ信頼性のある資料をもとにして、歴史の流れを探らなければならない。

まず、確実な書名があって客観性と信頼性が確保された1946年の連合国最高司令部令(SCAPIN第677号、SCAPIN第1033号)を除いて、提示された残りの資料は、客観性と信頼性が全くない。その理由は、国家の領土と関連した資料が韓国と日本が共有する公文書ではなく、非公式な個人の手紙であり、出所もはっきりせず、手紙の主は国民の代表者ではないからである。そして、提案された「渡海免許」は、自国以外の他国への移動についての許可を証明するものと見られるが、やはり客観性と信頼性のない資料である。したがって、日本の外務省が提示した資料は、国家運営において、公私の区別ができない常識が欠けている資料で、客観性と信頼性が全くないという点を繰り返し指摘しておく。次に、独島の領有権を主張するために、日本側はサンフランシスコ条約に言及している。しかし、その条約の締結過程を考察すると、彼らの主張が間違っていることがわかる。これだけで独島が韓国領土だと主張するならば、日本と同じ過ちを犯すことになるため、今度は客観性と信頼性のあるいくつかの資料を見て、独島が我々の領土であることを証明する。

(1) 客観性と信頼性のある確実な資料である1877年(明治10年、高宗24年)の 太政官指令文に示されている「竹嶋外一嶋(鬱陵島と独島)本邦关系無(日本と関係なし)」と伝えた客観的な資料がある。太政官指令は、今日の日本の総理訓令に該当する資料である。(参考資料1参照)

(2) 1894年、日清戦争中、日本軍が韓国の景福宮に侵入し、国王、王妃を監禁して、1895年の深夜に宮廷に乱入し、王妃を残酷に殺害した事件であった。

(3) 1900年10月24日、大韓帝国は独島の所属を明らかにするために独島と鬱陵島を江原道に編入させた。大韓帝国官報(1900年10月27日)がある。

(4) 1904年2月、日露戦争直後、日本軍はソウルを占領し、皇帝、大臣たちを脅迫するなど、日本人顧問を派遣し、韓国の財務、外交、警察権を掌握した。

(5) 1905年2月、日本の島根県の地籍台帳に独島を登載して、地方新聞に密かに告示した。

(6) 1905年11月、大韓帝国皇帝、大臣を脅迫して、外交権を剥奪し、統監府設置とともに国政を掌握し、事実上の植民地支配をした。

このように王妃を殺害し、皇帝と大臣たちを脅迫して、1904年の日露戦争勃発とともに日本軍の朝鮮半島占領期間中に奪われていった地、つまり独島（日本の表現、竹岛）なのである。

(7) 1910年8月の韓日併合で全国土を奪い、大々的な歴史抹殺政策が36年間行われていた。

(8) 1943年のカイロ宣言によって、日本の侵略戦争期間中、つまり1905年に奪った独島を取り戻すことができた。1946年には連合国最高司令部指令(Supreme

Commander for the Allied Powers Instruction Notes、SCAPIN)を宣布し、独島を日本領土から除外させ(SCAPIN第677号)、独島の12海里以内に日本漁船の接近を禁止(SCAPIN第1033号)していた歴史的事実がある。

(9) 独島は、1945年8.15解放以降の連合国最高司令部によって、朝鮮半島に付属の島として管理されていた島で、1948年8月15日、大韓民国の建国とともに米軍から合法的に引き受けた領土である。

(10) このように、国際的に確実に確認された独島には、現在、慶尚北道鬱陵郡鬱陵邑独島里山1-37の住所があり、住民と守備隊が領土を保っている。したがって、国際的に認められた大韓民国の独島は、1948年8月15日を基点に、これ以上、議論の対象ができないことが明確になった。

(11) 日本が主張している1951年のサンフランシスコ条約とラスク書簡については、まず、サンフランシスコ条約における当初の米国の草案1から5までの独島(Liancourt Rock。Takeshima)が韓国領土と表記されており、日本のロビーで草案6が日本のものとして表記された。しかし、米国内の反対意見や英国、オーストラリア、ニュージーランドなど多くの国の反対によって草案7から9までは独島の内容が失われた。このような過程で最終的に独島の記載がなくなり、編集に失敗したが、プロセス上の問題点を無視して、記載漏れが日本のものであるという主張はだれも納得できない無理矢理の主張である。

2番目のラスク書簡、駐米大使に送った手紙(1951.7.19)と、米国務省次官ディーンラスク(Dean Rusk)の書簡(1951.8.10)は、連合国の代表ではなく、正確な情報源を知ることがないので非公式の個人的な手紙に過ぎず、署名もない。この資料もやはり、正式な公文書ではないので、客観性と信頼性がない。

(12) 1952年5月25日に日本の毎日新聞社が日本の外務省の支援を受けて「対日平和条約」という解説書を発行した。その最初の章で、サンフランシスコ平和条約で承認を受けた日本の領域(日本領域图)をみると、実際に独島(日本名：竹岛)を韓国領土と明らかに表示している。(参考資料2参照)

(13) 1954年に韓国を訪問したヴァン・フリート(Van Fleet)大使の帰国報告(1986年公開)をみると、独島の所有(Owership of Dokto Island)では、やはり韓国と日本が共有した公的な文書ではない。The Island of Dokto(otherwise called Liancourt and Taka Shima) isで始まっている。独島が重要な名称であり、他の表現に、リアンコール、竹島になっていることは正しい表現であるが、つづりが間違っている文である。資料の信頼性と客観性がない。

(14) 2010年8月10日の韓日併合100年になった年、日本は過去の過ちを認めて、その間に奪って帰った文化財を戻してくれると約束したにもかかわらず、まだ実行していない。このように、日本の非紳士的な力の論理の中で、韓国は、日本の土地を不法に占拠するほどの力と能力がなく、また、そのような意図もない。ただ独島という韓国の固有の領土を守っているだけである。

(15) 現在、日本の原発の放射能漏れの事例を通してわかるように、武力攻撃が発生した場合、どちらも当分生きているかもしれないが、結局、共倒れすることに気づかなければならない。1923年の関東大震災は、日本の悪化した民心を韓国人のせいにして、多くの韓国人を大虐殺したことをよく覚えているのか分からない。

上記のように、日本の外務省が提示した資料は、強制的な主張を立てるだけで、客観性と信頼性のない資料である。また、国際法が要求した領土編入は「国際の告示」であるが、独島だけは例外的に地方の「県報」に掲載した。国家レベルの官報は駐日本韓国公使館、各国大使館や総領事館に知られるようになるので、事実上、秘密にしたのである。これは国際法上成立しておらず、無効であることは明らかである。さらに、歴史の流れの中で見てきた韓日関係は、日本に多くの反省が求められているのが実情であるにもかかわらず、独島に対する措置などを考慮すると、独島の領土権論争は、異議があるという事実自体があまりにも滑稽なことに違いない。

大災害の中でも、日本が独島へのミサイル攻撃を云々するのには我慢の限界を感じるようになる。韓日の歴史についてよく知っている日本人も多いだろうが、彼らの声をきちんと聞くことができず、礼儀正しく、正直で思いやりのある日本人が韓日の歴史についてだけは不道徳で非良心的な姿を見せている。しかも育ち盛りの学生に偽りの歴史のマニュアルを作成して教えているので非常に恥ずかしく、残念に思う。彼らがなぜ隣国に対して敵対心を作り、平和を破壊しようとするのかがまったく理解できない。天と地という確実な証人が怒らないように、韓日の歴史の前で、日本が深く反省するべきである。そして、日本人に正しい歴史意識を植えつける政策を策定するとともに、偽りの歴史教育のマニュアルを思い切って捨てることを求める。

〈参考文献〉

— 独島学会編『独島領有権に対する日本の主張は、なぜ、誤謬か？』

— 日本外務省のホームページの「竹島の問題」

〈参考資料〉

1。「太政官年1877年の鬱陵島と独島を日本の島根県の地籍に上げなければならないのか？」といった 島根県の質疑に対して、日本の総理訓令(太政官指令)は、日本と関係ないことを知らせていた。

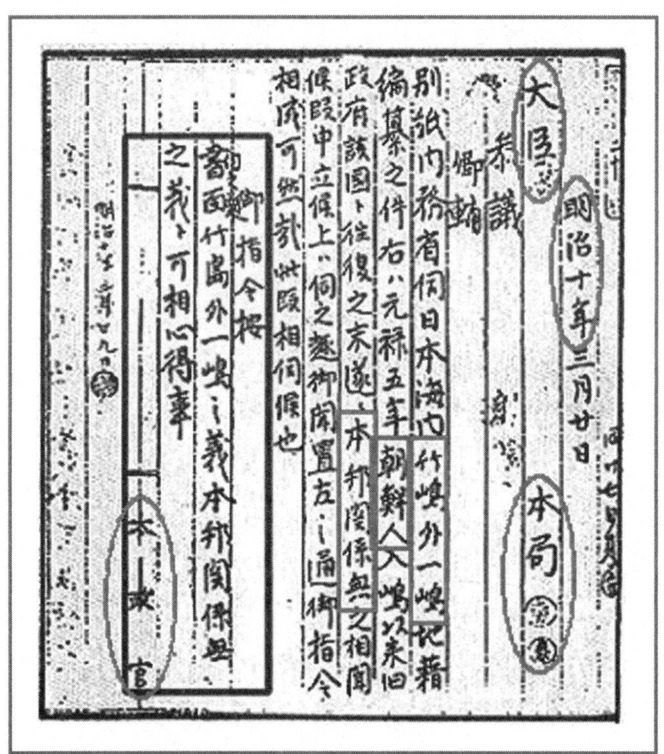

明治十年三月廿日

大臣

本局

参議

別紙内務省伺日本海内竹嶋外一嶋地籍編纂之件右ハ元禄五年朝鮮人入嶋以来旧政府該国ト往復之末遂ニ本邦関係無之相聞候段申立候上ハ伺之趣御聞置左ノ通御指令相成可然哉此段相伺候也

御指令按

伺之趣竹島外一嶋之義本邦関係無之義ト可相心得事

太政官

(出処：日本の国立公文書館所蔵、韓国独島学会資料引用)

2。 1951年9月に米国サンフランシスコで連合国の対日講和条約が締結された後、日本の毎日新聞社が1952年5月25日に総616ページの解説書で提示した資料(日本領域図)-竹島は韓国領で正確に表示されていた。

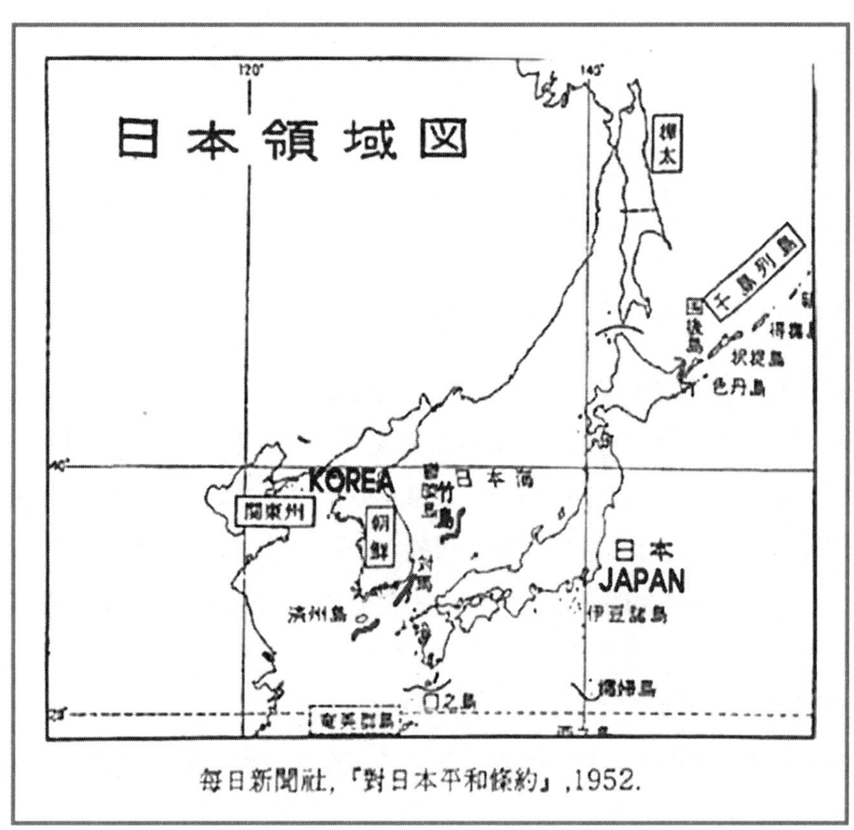

毎日新聞社,「對日本平和條約」,1952.

2011. 4. 17

養英デジタル高等学校

校長 丁潤聲

隣国日本の歴史教育を憂う
－韓国の独島はもはや議論の対象ではない－

我々は最近のトヨタ自動車のリコール問題によって、日本の代表的な企業の品質管理と危機管理の問題点を指摘せざるを得ない。欠陥がある自動車を出荷、販売した不適切な品質管理、そのような事実をすべて否認しておいて、米国内で非難の世論が高まってはじめて事態の深刻さに気づき、対応と謝罪をする等、様々な面において危機管理の問題を現した。その結果、窮地に陥ったトヨタ自動車と日本の姿を目にした。

同様に、韓国の独島を巡る日本の歴史教育において、歴史的事実を否定する歪曲した歴史教育が未来の韓日関係に与える多大な影響と深刻な問題点を指摘せざるを得ない。

韓日両国は2002年のワールドカップで韓日共同開催を通じて過去の不幸な歴史関係を清算し、友好的な21世紀における未来志向的関係を追求してきた。しかし近年はこれとは異なり、日本の歴史教育は過去に回帰する傾向が見られ、大変憂慮される。2008年7月14日には中学校、2009年12月25日には高校教科書学習指導要領解説書、2010年3月30日には小学校の社会科教科書に韓国の独島(日本名 竹島)を日本領海に含めた5種が全て検定を通過した。したがって小、中、高校生が学ぶ教科書14種のうち、2010年現在で7種が検定を通過していることになる。そして、2011年には14種全ての教科書によって、歪曲された歴史を学ぶことになるだろう。このように緻密な日本の文部科學省の歪曲した韓日歴史教育観を見ると、日本の傲慢さとその不當性を全世界に知らせ、良識ある日本人の人類愛を発揮し、正しい歴史教育を実施することを求めざるを得ない。

皆様の理解を助けるため、独島を巡る過去の韓日歴史的事実を簡単に説明することにする。

韓国は遠い昔、新羅時代から独島に対する所有権をもっており、1877年には日本最高国家機関(太政官)が「独島は我々と関係ない」という内容の指令文を作成し、内務省に送ったとする資料がある。その後1894年の日清戦争中に、日本軍が韓国の景福宮に侵入して国王と王妃を監禁した。そして、1895年には宮殿に乱入し、王妃を残酷に殺害した事件もあった。この時から日本は殺人脅迫強奪の歴史をもつようになった。

1904年2月の日露戦争直後、日本軍はソウルを占領し、皇帝大臣らを脅迫する等、日本人顧問官を派遣し韓国の財務、外交、警察権を掌握した。1905年2月には日本の島根県の地籍に独島を搭載し、地方新聞にて密かに告示した。1905年11月には大韓帝国皇帝、大臣を脅迫し、外交権を剥奪し、統監府を設置するとともに国政を掌握し、事実上植民統治をした。1910年8月には韓日合併により全国土が強奪され、多くの古文献等が略奪、焼却された。この時から組織的で大々的な歴史抹殺政策が36年間進められたのである。

このように王妃を殺害し、皇帝と大臣を脅迫し、1904年の日露戦争勃発とともに日本軍による朝鮮半島占領期間中に強奪していった土地が独島(日本名 竹島)である。

その後1943年のカイロ宣言により、日本の侵略戦争中、つまり1905年に強奪された独島(日本名 竹島)を取り戻すことができ、1946年には連合国最高指令(Supreme Commander for the Allied Powers Instruction Notes, SCAPIN)を公布し、独島を日本領土から除去し(SCAPIN 第677号)、独島の12海里以内に日本漁船の接近を禁止した(SCAPIN 第1033号)歴史的事実がある。その後独島は1945年の八·一五解放以後、連合国最高司令部によって朝鮮半島の付属島嶼として管理され、1948年8月15日の大韓民国建国とともにアメリカによる軍政から合法的に引き取った領土である。このように国際的に明確に認定された独島には現在、慶尚北道鬱陵郡鬱陵邑独島里山1-37という住所があり、住民と守備隊が領土を守っている。したがって国際的に認定された韓国の独島は1948年8月15日を基点にこれ以上議論の対象になり得ないことが明確である。

万一、1948年8月15日以後の独島関連資料があるとすれば、韓日歴史をよく知らない者による誤記である。韓日歴史関係は、天と地がよく知っている。

このように、国際的に認定する確実な歴史的事実があるにも関わらず、21世紀の現時点で過去に対する反省がなく、独島を日本の領土に含めるという非良心的な日本人の思考と、歪曲された歴史教科書を作り、そして教育しようとする非良心的な日本の教育者を見ると、韓国の教育者の立場から韓日の未来を憂慮せざるをえない。

一般的に日本人は親切で礼儀正しく、率直で正直だと知られている。しかし、過去の韓日歴史関係についてだけは、おかしなことに日本の率直で正直な面が見られないのが残念だ。そして時々為政者達が政治的に不利な立場に立たされた時には、いわゆる国粋主義者を刺激する言動と韓国の独島を自国の領土だと主張するのをしばしば目にした。

世界最高の企業が傲慢になり、事実を否定する対応をしたことによって、自ら窮地に陥ったトヨタ自動車のリコール問題を目にした。歴史的事実を否定して傲慢になった現在の日本の教育、このような間違った教育を受けたことで押しよせる多大な影響について真剣に振り返る姿勢が必要だ。言い換えれば、品質管理と危機管理の基本は事実による管理、迅速な対応と再発防止のための対応である。この問題の対象は物ではなく人間であり、人間教育が間違っている場合の結果は人間性の破壊につながることを心に刻み付けなければならない。

日本国民の皆さん!

今こそ日本国民が立ち上がり、正しい教育がなされるよう為政者を正しく選出し、正しい歴史教育ができるよう、政治家、教育者らに是正を求めなければならない。事実に基づいた歴史教育となるよう、良心的な日本人、良心的な教育者の声が必要な時だ。

私は日本が経済大国にふさわしく、日本がグローバルリーダーになるべきだと考え、韓国と近いが遠い日本ではなく、近くて近い隣国となることを希望する。

その条件は、質のよい歴史教育、つまり事実に基づいた歴史教科書を日本の学生達に提供することであり、未来の韓日関係の紛争を助長する教育者は排除すべきである。少なくとも隣国の韓国を刺激するような国粋主義者は排除しなければならない。隣国に配慮し、東洋の平和を守るグローバルリーダーの誕生を希望し、開かれた思考をもった国家経営者としてグローバルリーダーになる偉大な為政者を選出する選挙革命がなければならないと敢えて提言する。

終わりに、21世紀における真の未来志向的な韓日関係を希望するなら、韓国の立場から考えて、率直な反省と事実に基づいた歴史教育がなければならず、客観的な視野をもった良識のある日本人によって検証された資料が真実を語るべきであろう。人類愛をもち、隣人を愛し、世界平和を志向する正しい教育となることを願う。

2010. 5. 6

養英デジタル高等学校

校長 丁潤聲

KORE
濟州島

중국어

Chinese

日本外务省在其网站刊登的关于独岛相关资料中呈现的问题与虚伪性

没有客观性和信赖性的日本外务省资料以及天知地知的韩日历史

日本外务省在其网站刊登的关于独岛相关资料中呈现的问题与虚伪性

日本文部科学省于2006年安倍晋三内阁时期，修改了‘强化爱国教育’的教育基本法，其后根据其修改的法律，分别于2008年和2009年在学习指导要领与解说书上，2010年在小学教科书上，2011年3月30日在中学教科书上，2012年3月27日在高校教科书上，都恣意添加了独岛是日本领土的内容，还打算到2014年以前检查认定剩余的教材。并且日本东京都已从今年4月开始，在公立高校必修课程的日本史教科书上，也描述了关于日本对独岛领享有主权的主张。更有，在今年4月11日还召开了主张日本对独岛享有主权的东京集会。如此可见，日本政府通过捏造虚假的韩日历史，篡改假装真实，任意践踏邻国领土的主权。

这样歪曲的教科书及教育指南的基础，就是出自日本外务省提供的，根本没有可靠性和客观性的歪曲历史资料之上。

查看日本外务省网站刊登的关于独岛的资料，就会发现政府的公文资料与私人文书资料混乱地登在一起。要谈论国家领土主权，其依据应该在公文资料上。因公文有确切的出处和署名，这样才能够保证资料的客观性和可靠性。

但在查看了日本外务省网站，刊登的关于独岛相关资料后，就能明显发现有很多问题和虚假东西。

(1) 1905年2月 岛根县告示第40号

1905年2月，日本抢夺独岛之后，就急忙告示独岛编入于岛根县。但这不但是一张违法强行将独岛编入领土的国际告示，也是瞒背着韩国暗地里偷偷做的事情。再加上这张官方的岛根县告示里，又居然没有岛根县知事的盖章。因而将这样一份文书作为领土所有权的根据，是根本没有客观性与可靠性的。

岛根县告示第40号：没有盖章，违法编入领土的国际告示，暗里抢夺

島根県告示第四十号

北緯三十七度九分三十秒東経百三十一度五十五分隠岐島ヲ距ル西北八十五浬ニ在ル島嶼ヲ竹島ト称シ自今本県所属隠岐島司ノ所管ト定メラル

明治三十八年二月二十二日

島根県知事　松永武吉

(2) 联合国最高司令部指令(1946年 1月. SCANPIN －677)

这份资料有确切的署名，可以认定为公文性的资料。本资料上内容显示 ‘联合国制定的，关于郁陵岛、济州岛、独岛(竹岛),、伊豆、小笠原群岛等地区，作为禁止进行政治活动和行政事物的地区’的内容。

SCAPIN -677(公认的公文书)-以公文书认定为根据资料。

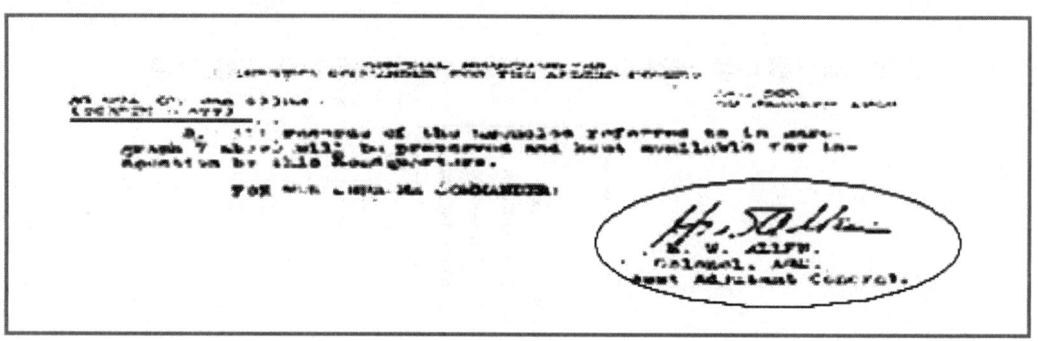

FOR THE SUPREME COMMANDER:

H. W. ALLEN,
Colonel, AGD,
Asst Adjutant General.

(3) 联合国最高司令部指令 (1946年.6月. SCANPIN-1033)

本资料也有确切的署名，能认定为公文性资料。公文中提到了“联合国划定的所谓‘麦克阿瑟线’，规定日本船舶及其乘员 “禁止接近距独岛12英里以内的海域”的内容。

SCAPIN -1033(公认的公文书)-以公文书认定为根据资料。

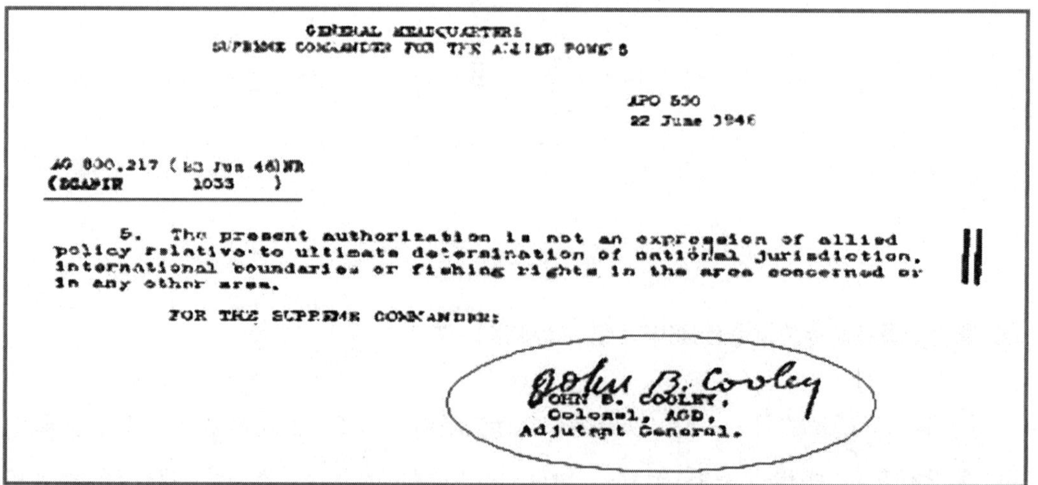

GENERAL HEADQUARTERS
SUPREME COMMANDER FOR THE ALLIED POWERS

APO 500
22 June 1946

AG 800.217 (22 Jun 46)NR
(SCAPIN 1033)

5. The present authorization is not an expression of allied policy relative to ultimate determination of national jurisdiction, international boundaries or fishing rights in the area concerned or in any other area.

FOR THE SUPREME COMMANDER:

JOHN B. COOLEY,
Colonel, AGD,
Adjutant General.

⑷ 1951年6月9日 驻韩美国大使梁欲灿寄给美国国务卿迪安•艾奇逊的书信

信中提到要求包含 ‘———，独岛及波浪岛’的内容，但这只是私人信件，而非公文性文书，更没有出处的依据，也没有署名。因此，这份资料根本就不具备讨论国家领土合法性的资格。

You Chan Yang

His Excellency
Dean G. Acheson
Secretary of State
Washington D C

⑸ 时任远东事务助理国务卿鲁斯克给驻韩美国大使梁欲灿的书信

1951年8月9日任远东事务助理国务卿的鲁斯克对寄给驻韩美国大使梁欲灿的书信。同样这也只是个人信件，而非公文，更没有出处的依据，也没有署名。显然这个资料也不具备讨论国家领土合法性的资格。可是日本却根据这样一封信来主张独岛的领土权。

特别是，在此资料上还能发现鲁斯克的名字跟正文内容的（字体）笔迹完全不同，就像印章一样硬盖上去的。，这是和美国人风俗习惯大不合的，更加证明了本资料是缺乏客观性和可靠性的。

Japanese nationals it would not seem appropriate that they

obtain compensation for damage to their property as a result of

the war.

Accept, Excellency, the renewed assurances of my highest con-

sideration.

For the Secretary of State:

<问题>

1.
由于个人的书信并不是国家公文，因此没有国家公认的根据资料的价值。

2. Dean Rusk的姓名跟本文的笔体完全不同，而像印章一样盖着，这是跟美国人风俗习惯不合的，并且没有署名。

3.出处不明。

4. 从而这个资料不能成为能够论国家领土的资料。

(6) 1954年范佛里特大使访韩后的归国报告书（公开于1986年）

查看其中，有主张“竹岛是日本领土的想法，并认为应该委托国际司法机构裁决才适合”内容的，在范佛里特大使归国报告书中，还能发现Dokto(Dokdo)在Ownership of Dokto Island资料上标记为主名称。其外，还提到Liancourt(利扬库尔)，Taka Shima(竹岛)等名称。这就是证明独岛属于韩国领土的确切资料。

Dokto与Taka Shima的标记拼写错误，该修正为Dokdo与Take Shima。 本资料并不是发送韩国或日本的公文，也无从知晓因何原因在1986年公开的。因此，也不能使用这个资料作为讨论国家领土的依据。

4. Ownership of Dokto Island

The Island of Dokto (otherwise called Liancourt and Taka Shima) is in the Sea of Japan approximately midway between Korea and Honshu (131.80E, 36.20N). This Island is, in fact, only a group of barren, uninhabited rocks. When the Treaty of Peace with Japan was being drafted, the Republic of Korea asserted its claims to Dokto but the United States concluded that they remained under Japanese sovereignty and the Island was not included among the

〈问题〉

关于范佛里特大使的归国报告(公开于1986年) Ownership of Dokto Island 的资料

1. Dokto(Dokdo)标记为主名称。
   这个表现证明独岛明明白白是韩国的领土.
2. 另外(以其它名称)在提及Liancourt(利扬库尔), Taka Shima(竹岛)等地区。这点也十分证明独是岛属于韩国的领土。
3. Dokto与Taka Shima的标记拼写错误，该修正为Dokdo与Take Shima。
4. 资料出处不明，也没有署名。 于是本报告就不具有根据资料的价值。
5.

因此大使的归国报告不能当成论国家领土的根据资料，没有在此时期能够论国家领土的合法资格。

经过以上检验，就能发现日本外务省在其网站刊登的有关独岛的资料上，有很多问题和虚假成分。在这些资料当中，就只有1946年联合国最高司令部发布的指令(SCANPIN -677, SCANPIN-

1033)中的两份资料有确切的出处和署名，最具有公信力。其后联合国规定 “日本不可以借搞行政或政治的地域划分，将包括郁陵岛, 济州岛, 独岛(竹岛)等岛划归日本”以及“日本船只及其乘员距独岛12英里以内禁止靠近”，其内容真实有效，是证明独岛是韩国领土的有力证据。除了这个资料以外其它资料并不是国际公认的公文书，仅是个人书信和报告书而已，出处极其不明。由此可见这些资料决不能作为论证国家领土的有公信力的资料。

日本主张对独岛享有主权的最大依据，就是时任远东事务助理国务卿鲁斯克收到的驻韩美国大使梁欲灿的回信资料，然而在此回信上DeanRusk的名字跟正文的笔迹完全不同，就像印章一样盖上去的，这是不符合美国人风俗习惯的。不但是份没有署名的材料，而且不是两国共同有的公文书。把个人书信，作为一个国家领土所有权论证的根据，明显是没有合乎常理的。

下面再看看两份资料。这些资料是日本在国立公文书馆所收藏的公文书。尽管它们是1900年以前的资料，但仍然清晰地保留着资料生成日期生产年度，年月日的纪录，内容详尽，出处、署名等确切。

(1) 太政官(日本 总理训令)

1877年关于“郁陵岛和独岛登记在岛根县的地籍处是否合适”岛根县提出质疑，太政官(日本总理训令)就答辩说，独岛跟日本无关。本资料是对1877年之前和之后的争端，也就是对过去和近代关于独岛争论的肯定回答，是最确切证明的根据性资料，是证明独岛是韩国领土的有力而明确的证据。

下面的材料是 “元祿五年 朝鮮人 入嶋以來(自1692年在郁陵岛包括安龙福等两国渔民冲突的事件以来)，竹嶋外一嶋(郁陵岛与独岛)本邦關係無(跟日本无关)”内容。

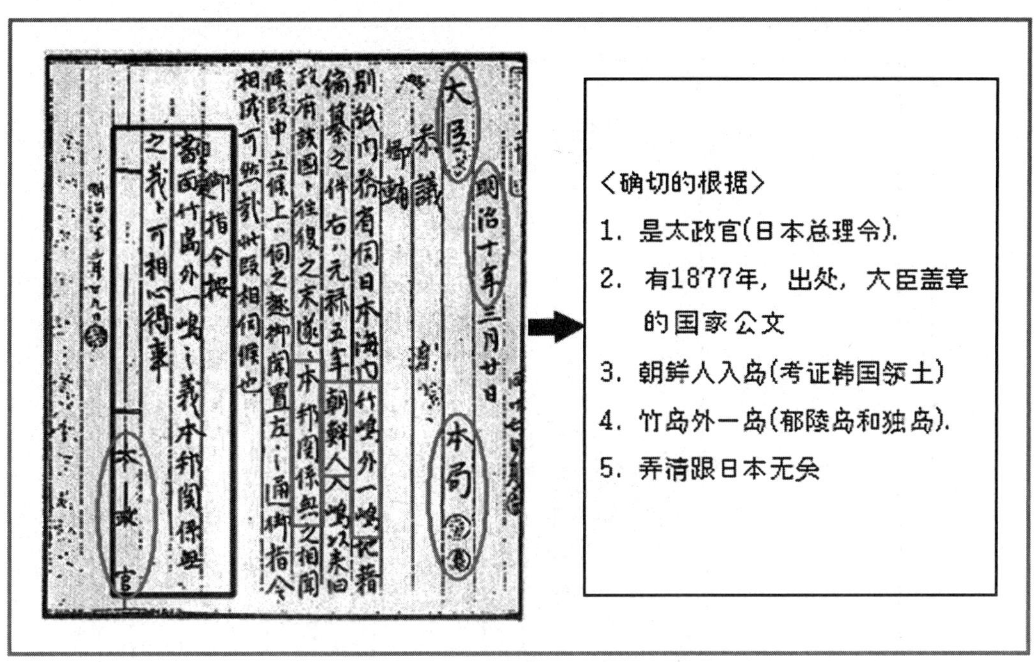

〈确切的根据〉
1. 是太政官(日本总理令).
2. 有1877年，出处，大臣盖章的国家公文
3. 朝鲜人入岛(考证韩国领土)
4. 竹岛外一岛(郁陵岛和独岛).
5. 弄清跟日本无关

(出处：日本国立公文书馆所藏，独岛学会资料引用))

(2) 日本领域图

1951年 9月，在美国圣弗朗西斯科签署的，联合国对日本的平和条约之后，日本每日新闻社于1952年5月25日，用616页篇幅出版一本解说书，这个资料中有「日本领域图」。因为本资料上明确地标示着独岛(日本称 ： 竹島)是韩国领土，尽管1951年之前和之后有很多争议，但这个资料仍然清楚地证明独岛是韩国领土，确切的证据。

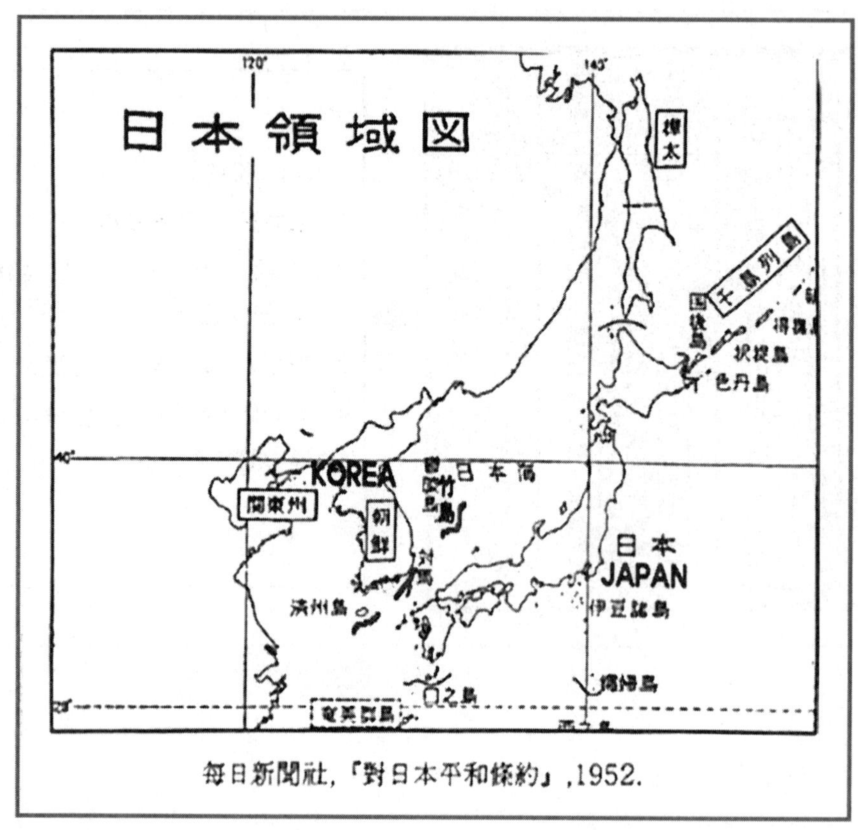

每日新聞社,「對日本平和條約」,1952.

但日本故意遗漏他们所收藏的正式记录文献，像1877年「太政官」记录及1952年对日本平和条约的「日本领域图」等，公认的公文书上承认独岛属于韩国领土的记录，反而拿出个人书信，伪造签名，其跟正文笔体完全不同的，和没有署名的资料来牵强主张独岛的领土权。这是颠倒黑白，拿根本没有可靠性和客观性的资料作为依据，无理的做出主张。对于1877年之前和之后的争论，「太政官」与「日本领域图」的纪录已经提供了明确的答案。因此，韩国不是像日本主张的那样，非法占有日本领土，而是在保护原本属于韩国的领土。

最近，日本政府更加露骨地主动歪曲韩日历史，宣传煽动的群众。现在人们已经清楚地知道，日本政府捏造的所有关于独岛资料，是在虚假资料的基础上制造的假现实。就像是用一个虚假论证另一个虚假一样，通过对日本历史教科书的修改，进而形成虚假的基础，成为日本外务省误导视听的虚伪资料，其结果只能使日本成为一个虚伪国家。日本应该自省这是一种惭愧的行为，也是自掘坟墓的举动。

对韩日历史问题，如果日本不通过按照事实的真相和造成的结果，彻底革心易行的话，只有被国际社会孤立。再有，用歪曲历史的教科书教育越来越多的学生，就会造成人性的破坏。在韩日关系上不可忽视的严重问题就在于这一点。

如果日本政府继续主动恶化韩日关系的话，韩国不能再认为日本是好邻居。爱平和的韩国该平静地制定对策。日本还是相近又遥远的国家!!!! 如前所述，日本外务省在网站刊登的资料，大部分都是根本没有可靠性和客观性的。日本应该在网站刊登有“独岛属于韩国”记录的日本所收藏的正式文书，像1877年「太政官」的记录与1952年对日本平和条约的「日本领域图」之类的公认的公文资料，早日撤除虚假与错误的言论。如果日本真正认识到韩日关系的重要性，就应该革除流弊，以新的面目示人。

〈参考文献〉

– 韩国独岛学会篇‘日本关于独岛领土所有权的主张为什么是谬论?’

– 日本外务省网页「竹岛问题」

2012. 5. 11.

养英数字高等学校

校长 丁润声

没有客观性和信赖性的日本外务省资料以及天知地知的韩日历史

2011年3月11日，日本东北部发生了大地震，海啸以及原子放射能的泄露事件。看到因这些而受着煎熬的日本民众，我不知不觉产生了恻隐之心。同时在艰难的环境下，日本人民依然可以维持秩序，井井有条的生活，彼此互相照应，也让我深深的感动。

但是，在对待这些环境之下日本政府的态度，却很让人失望。因为从来就看不到日本政府对于这些国民困难的处理态度。仅仅只是让这些受灾居民迁移到20～30公里之外的地方，而没有合理，迅速的处理危机情况。导致让事态变得越来越糟糕。

人们称日本为“彻头彻尾的说明书的社会”。但是，现如今的事态，难道是因为没有相关处理大地震，海啸，放射能泄露等问题的说明书所导致的吗？如果真是那样，更应该为了克服灾难而倾注所有。为了使这种超越困境的放射能泄露所带来的灾害程度最小化，现如今最必要的是与邻近国家共享情报，共同协力，共同克服困难。

但是，日本却发表了荒唐的说明会。2011年3月31日，日本文部科学省主张，在中学教科书里添加韩国领土—独岛是日本领土的说明会。4月1日，日本内阁会议发表了独岛领有权的2011年外交申请书，并且日本外务省也发表了幼稚的说明会，称，“因为独岛是我们的领土，若独岛受到导弹攻击，我们会立即对其作出反应。”。

看着这些并不是为了处理如今所处的危机，而是谈论对于韩国固有领土—独岛是否被导弹所攻击的行为，让我看到了日本政府对于那些未达到基本水平的国民现状的处理态度。

而对于那些即使处于艰苦条件，却仍然单纯的相信并跟随政府阁僚的日本群众，之前对他们产生的怜悯之心受到了很大的影响并产生了负面的观点。

于是，在这种情况下笔者深切感受到应该将对独岛不太了解的日本人作为教育对象，对其进行历史教育的必要性。但必须以对独岛的明确情报和认知为前提下进行。因此，笔者在进行日本教科书的近期出版工作的同时，对于日本外务省在【理解独岛问题的10个要点】中所提出资料的客观性与信赖性提出了否定，并要求以具有客观性与信赖性的韩日历史为背景，来查看历史的潮流。

首先，除了具有明确性与客观性的1946年联合国最高司令部指令的（SCAPIN第677号，SCAPIN第1033号）之外，其他所提出的资料完全没有客观性与信赖性。其理由是，有关国家领土的资料，不是韩，日所共有的公文而是非公开式的个人书信。同时其出处也不明确，书信的主人也不是国家代表。而且，虽然所提出的【海岛许可】证明并不是本国的，而是有关他国移动许可的证明，但是依然没有客观性与信赖性。

因此，日本外务省所提出的资料并没有区分开国家运营中的公与私，是缺乏常识的资料。所以在一次强调主张完全没有客观性与信赖性。

其次，为了主张独岛的领有权，日本方面总是强调旧金山条约，但若观察条约签订过程的话，可以看出其主张是错误的。若以此主张独岛是我国领土的话，会犯与日本同样的错误。所以考虑到这些，我们需要查看具有客观性与信赖性的几个资料，以此来证明独岛是我国领土。

(1) 具有客观性与信赖性的资料有1877年（明治10年高宗24年），太政官指令文中出现的“竹岛外一岛（郁陵岛与独岛）本邦关系无（与日本无关）”的客观资料，太政官指令是如今与日本总理训令相当的资料。（参照参考资料1）

(2) 1894年清，日战争中，日军侵入韩国景福宫，监禁国王，王后，1895年10月，夜晚侵入宫中残忍的杀害了王后。

(3) 1900年，10月24日，大韩帝国为了明确独岛的所有权，把独岛与郁陵岛划分为江原道，有明确的大韩帝国宫报。（1900年10月27日）

(4) 1904年2月，日俄战争之后，日本占领了首尔，派遣了威胁皇帝，大臣的日本顾问，掌握了韩国的财务，外交，警察权。

(5) 1905年2月，在日本岛根县地籍登载了关于独岛的报道，并悄悄在地方报刊中贴出了告示。

(6) 1905年11月，日本威胁大韩帝国皇帝，大臣等，夺取了外交权，并掌握了官府设置等国权，事实上进行了殖民地统治。查看这些的话，杀害王后，威胁皇帝与大臣，并在1904年日俄战争中，日本军占领韩半岛时抢夺走的领土就是独岛。（日本称竹岛）

(7) 1910年8月，因韩日合邦，全部的国土被日军抢夺走，并进行了36年的历史大扼杀政策。

(8) 1943年，依据开罗宣言，可以找回日本侵略战争期间，即1905年被抢夺走的独岛。1946年，宣布了联合国最高司令部指令（Supreme Commander for the Allied Powers Instruction Notes,SCAPIN）,把独岛从日本领土中解除（SCAPIN第677号）。独岛12英里以内日本渔船禁止接近，（SCAPIN第1033号）的历史事实。

(9) 独岛是1945年8月15日解放以后根据联合国最高司令部以韩半岛附属都市的领土作为管理对象，在1948年8月15日，大韩民国建国同时从美军政府那里合法接受的领土。

(10) 在国际上得到明确认定的独岛，现位于庆尚北道郁陵郡，郁陵邑独岛里山1-37的地方，有居民与守卫队坚守领土，因此，被国际上认证的大韩民国的独岛从1948年8月15日开始就已经没有争论的必要了。

(11) 对于日本所主张的1951年的旧金山条约和鲁斯克，首先，为了旧金山条约，当初在美国草案拟定结束为止，独岛（Liancourt Rock,Takeshima）被标记为韩国领土。虽然在草案6中被日本游说成日本的领土，但因美国内反对意见和英国，澳大利亚，新西兰等很多国家的反对，独岛的内容被遗漏在草案7到草案9上。

在这个过程中独岛最终被遗漏，修正得到失败，过程中出现的问题也被忽略，因此被遗漏的内容是日本的领土，这个主张是谁也不能接受的。

第二次寄给梁欲灿驻美大使的书信（1951，7，19）和美国国务部次长

Dean Rusk的书函（1951.8.10），不是联合国代表而是具有非明确的出处和非公开的个人书信而已，连署名都没有。此资料不是公开式的公文书，因此，没有客观性与信赖性。

(12) 1952年5月25日，日本朝日报社得到日本外务省的帮助，发行了‘对日本和平条约’的解说词。查考第一章里的旧金山和平条约中被承认的日本领域图中，独岛明确的划分为了韩国领土。（参照参考资料2）

(13) 查看1954年，访问韩国的范佛里特大使的回国报告（1986年公开）的话，在独岛的所有权（Owership of Dokto Island）中也记载了不是韩国与日本共有的的文书，从The Island of Dokto (otherwise called Liancourt and Taka Shima)is 开始，独岛是核心名称，其他表现为，Liancourt(利扬库尔)，竹岛等连拼写也有错误的文章。资料上没有一点信赖性和客观性。

(14) 在2010年8月10日，韩日合邦100年的那一年，日本承认了自己过去所犯下的错误，还许诺把掠夺走的文物返还给韩国，可以看出日本已承认了侵略韩国的罪行，韩国没有强占日本领土的意图，也没有那些力量，只是想守护自己的领土—独岛。

(15) 现今，通过日本原子放射能的泄漏事件 可以看出，如果发生武力攻击的话，不论哪一方拥有一定生命延长的可能，最终都会走向共同灭亡。是否还记得1923年，关东大地震时日方把日本恶化的民心都归咎于韩国人身上的事情，也因此发生了大屠杀韩国人的事件。

查看以上资料的话，日本外务省所提出的都只是牵强的资料，没有一点客观性与信赖性。而且国际法上要求的领土编入是“国际通告”，唯独独岛被记载在地方的“宪报”上。国家级的公报只被驻日韩国大使馆和各国大使馆，公使馆知道，事实上就是秘密。由此可以看出在国际法上是不成立的，无效的。况且，查看历史潮流的话，在韩日关系上不顾日本所提出该反省的要求，只考虑处理独岛问题的措施方法，领土占有权，这些争论本身就是可笑的。

在大灾殃中，日本谈论独岛是否会受到导弹攻击的这些想法，使人能够感到忍耐的局限性。

有很多日本人了解韩国历史，可政府却没有倾听他们的声音，那些“善解人意”的日本人

不仅对于韩日历史表现出不道德，没有良心的样子，尤其给正在长大的学生教导虚假的历史问题，真让人感到羞愧与遗憾。真的无法理解是什么导致他们对于邻国，产生敌对意识和想要破坏和平现状的心态。请不要让那些天知地知的证人们感到愤慨。在韩日历史面前，希望日本深刻的反省自己，给日本人教导正确的历史意识，果断的扔掉虚假历史教育。

〈参考资料〉

一 独岛学会篇“有关独岛领有权的日本主张是为何错误?”

一 日本外务省 网站「竹岛问题」

〈参考资料〉

1 太政官1877年，岛根县问“郁陵岛与独岛需要登记日本岛根县的地籍吗？”太政官指令“竹岛外一岛（郁陵岛与独岛）本邦关系无（与日本无关）”。

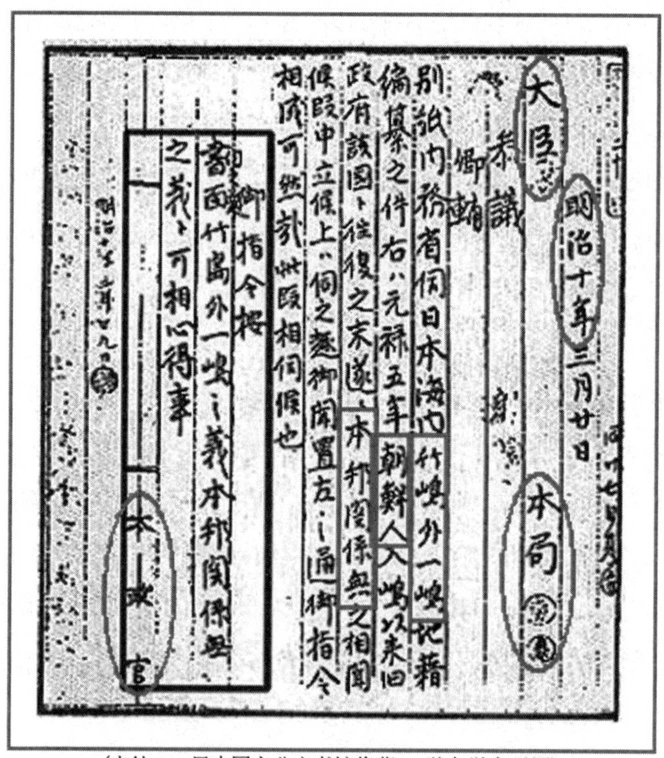

明治十年三月廿日
大臣
参議
本局
別紙内務省伺日本海内竹嶋外一嶋地籍
編纂之件右ハ元禄五年朝鮮人入嶋以来旧
政府該国ト往復之末遂ニ本邦関係無之相聞
候段申立候上ハ伺之趣御聞置左之通御指令
相成可然哉此段相伺候也
御指令按
伺之趣竹島外一嶋之義本邦関係無之
義ト可相心得事
太政官

(出处 ： 日本国立公文书馆收藏， 独岛学会引用)

2. 1951年 9月在美国旧金山联合国对日本签约平和条约以后， 日本朝日报社 1952年5月25号，总共616页的解说词提示的资料（日本领）里竹岛明确的划分为了韩国领土。（独岛学会资料引用）

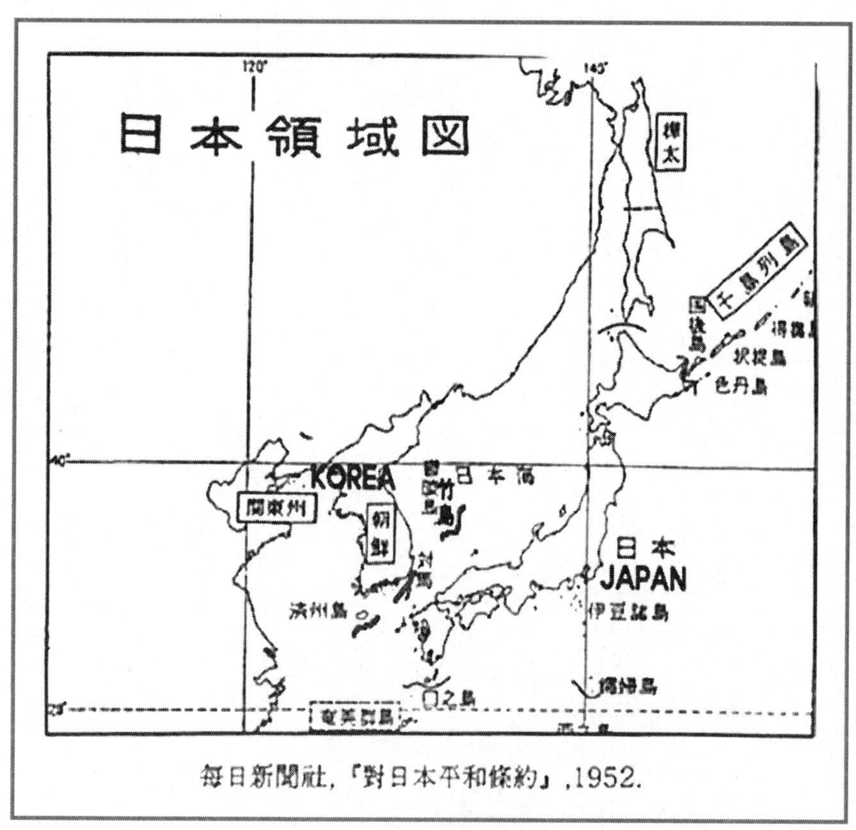

毎日新聞社,「對日本平和條約」,1952.

2011. 4. 17

养英数字高等学校 校长 丁润声

French

- La nature fictive et problématique du document publié concernant Dokdo sur le site web du Ministère des Affaires Etrangères du Japon

- Des documents diplomatiques de Ministère des Affaires Etrangères du Japon manquant d'objectivité et de crédibilité, et une histoire coréano-japonaise connue du monde entier

La nature fictive et problématique du document publié concernant Dokdo sur le site web du Ministère des Affaires Etrangères du Japon

Le Ministère de l'Éducation, de la Culture, des Sports, des Sciences et de la Technologie du Japon a décrit Dokdo comme une île Japonaise. En 2006, Abe Shinzo a instauré une base éducative appelée « éducation renforçant le patriotisme ». Par la suite, Dokdo a été inscrit en tant que terre Japonaise dans les manuels éducatifs (2008/2009), ainsi que les livres d'histoire d'école primaire (2010), de collège (30 mars 2011) et de lycée (27 mars 2012). Le gouvernement a également annoncé qu'il ferait une révision générale de tous les manuels scolaires jusqu'en 2014. De plus, le 11 avril, une réunion à Tokyo a eu lieu pour promouvoir l'île en tant que celle des Japonais. De cette manière, le gouvernement Japonais trouble l'île de la Corée en modifiant la vérité sur l'histoire coréano-japonaise par ces mensonges intégrés dans les livres et les manuels scolaires.

Ce genre de documents falsifiés prouvent que les papiers diplomatiques fournis par le Ministère des Affaires Étrangères du Japon ne reflètent en aucun cas la vérité.

Si nous regardons les documents mis en ligne par le Ministère sur leur page web, il y a des documents officiellement reconnus, mais aussi d'autres documents privés et non-officiels. Pour pouvoir débattre d'une affaire concernant les terres, il faudrait au moins avoir des documents officiels en tant que preuve. Les documents doivent provenir de sources claires et une signature nette pour être considérés comme officiels et fiables.

Cependant, le Ministère des Affaires Étrangères du Japon montrent qu'il y a des failles et de la fiction dans les documents concernant Dokdo mis en ligne sur leur site web.

(1) Février 1905, déclaration de la préfecture de Shimane numéro 40

En février 1905, le Japon, après avoir dépouillé Dokdo, a déclaré que cette île faisait partie de la préfecture de Shimane. Mais cela est contraire à la loi internationale et s'est déroulé sans que la Corée le sache. De plus, la signature du préfet de Shimane est absente. C'est pourquoi ce document n'a aucune valeur en tant que preuve.

La déclaration de la préfecture de Shimane numéro 40 : absence de signature, négligence de la loi internationale de l'incomoration des terres. vol en secret

島根県告示第四十号

北緯三十七度九分三十秒東経百三十一度五十五分隠岐島ヲ距ル西北八十五浬ニ在ル島嶼ヲ竹島ト称シ自今本県所属隠岐島司ノ所管ト定メラル

明治三十八年二月二十二日

島根県知事 松永武吉

(2) La Directive du Commandant suprême des forces alliées (Janvier 1946, SCANPIN numéro 677)

Ce document porte une signature nette et peut être qualifié en tant qu'officielle. Il y a rédigé « le Japon ne possède pas le pouvoir de contrôler la politique ni l'administration dans les régions de Ulleungdo, de Jeju-do, de Dokdo (Dakeshima), de Izu, des îles d'Ogasawara, etc ».

SCANPIN numéro 677 (document officiel) - approbation en tant que preuve

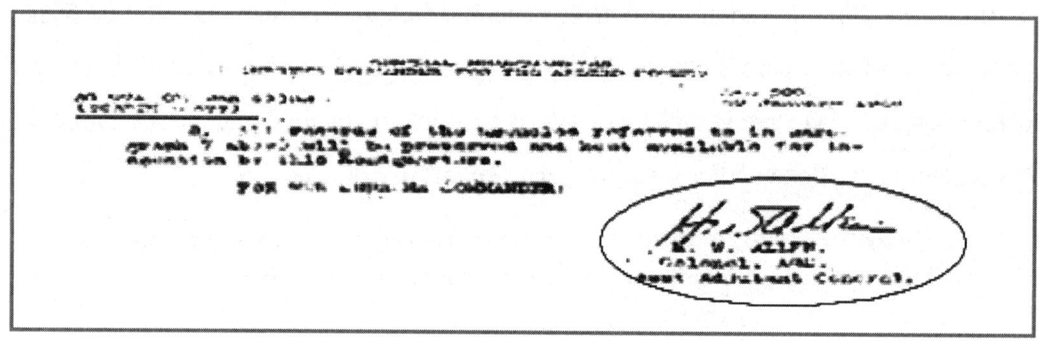

(3) La Directive du Commandant suprême des forces alliées (Juin 1946, SCANPIN numéro 1033)

Ce document aussi comporte une signature et peut être considérée comme officielle. « Les forces alliés instaurent une règle communément appelé 'Ligne Mac Arthur', un fait historique interdisant les navires japonais ou les passagers à bord de s'approcher à moins de 12 miles marins de l'île Dokdo. »

SCANPIN numéro 1033 (document officiel) - approbation en tant que preuve

GENERAL HEADQUARTERS
SUPREME COMMANDER FOR THE ALLIED POWERS

APO 500
22 June 1946

AG 800.217 (22 Jun 46)NR
(SCAPIN 1033)

5. The present authorization is not an expression of allied policy relative to ultimate determination of national jurisdiction, international boundaries or fishing rights in the area concerned or in any other area.

FOR THE SUPREME COMMANDER:

John B. Cooley
JOHN B. COOLEY,
Colonel, AGD,
Adjutant General.

(4) 19 Juin 1951, lettre de l'ambassadeur coréen aux Etats-Unis You Chan Yang envoyé à Dean Acheson, le Secrétaire d'État américain.

Un contenu réclamant l'intégration de « ---, Dokdo et Parangdo », ce document est une lettre personelle qui n'est pas officielle. Il n'y a aucune preuve quant à la source, ni de signature. Pour conclure, ce document n'a pas les qualifications en tant que preuve dans le domaine du débat territorial.

You Chan Yang

His Excellency
Dean G. Acheson
Secretary of State
Washington D C

(5) La lettre de Dean Rusk, sous-secrétaire d'Etat chargé des Affaires d'Extrême-Orient envoyé à You Chan Yang, ambassadeur coréen aux Etats-Unis

La lettre du 9 août 1951 envoyée par Dean Rusk, sous-secrétaire d'Etat chargé des Affaires d'Extrême-Orient à You Chan Yang n'est qu'une lettre personnelle et pas de document officiel. Il n'y a pas de source ni de signature. Cela n'a donc pas de qualifications en tant que preuve dans le domaine du débat territorial. Par ailleurs, le Japon utilise cette lettre comme preuve pour réclamer Dokdo.

Surtout, le nom de Dean Rusk dans ce document est écrit avec un style complètement différent du reste de la lettre et paraît être le résultat d'un tampon. Ceci est grandement en dehors des moeurs américains, faisant de cette lettre le document manquant le plus d'objectivité et de fiabilité.

Japanese nationals it would not seem appropriate that they obtain compensation for damage to their property as a result of the war.

Accept, Excellency, the renewed assurances of my highest consideration.

For the Secretary of State:

<Problématique>

1. Une lettre personelle ne peut devenir une preuve nationale et ne peut être considéré comme un document officiel.
2. Le nom de Dean Rusk est inscrit d'un style différent de tout le reste du texte et paraît être le travail d'un tampon, ce qui est contraire aux moeurs des Américains. De plus, il n'y a pas de signature.
3. La source du document est vague.
4. Pour conclure, ce document ne peut pris en considération en ce qui concerne les territoires du pays

(6) Le rapport de la mission d'ambassadeur Van Fleet en Extrême-Orient en 1954 (déclassifié en 1986).

Le Japon se prétend que «le Japon prend possession de Takeshima et il est à propos de soumettre la question de la souveraineté sur Takeshima à la Cour internationale de justice» selon le rapport de la mission d'ambassadeur Van Fleet en Extrême-Orient. Dans son rapport, il a écrit un passage sur la possession de l'île de Dokdo. Le passage *Ownership of Dokto island* commence «The Island of Dokto (otherwise called Liancourt and Taka Shima) is. *(L'île de Dokto (autrement appelé Liancourt et Taka Shima) est.)*» Cela veut dire que l'île de Dokdo est l'appellation géographique la plus courante. Dans ce passage il existe plusieurs fautes d'orthographes et encore d'autres erreurs de rédaction, ce qui fait de ce document un papier sans credibilité ni objectivité. De plus, ce document n'à jamais était partagé et examiné ni par le Japon ni par la Corée.

4. <u>Ownership of Dokto Island</u>

The Island of Dokto (otherwise called Liancourt and Taka Shima) is in the Sea of Japan approximately midway between Korea and Honshu (131.80E, 36.20N). This Island is, in fact, only a group of barren, uninhabited rocks. When the Treaty of Peace with Japan was being drafted, the Republic of Korea asserted its claims to Dokto but the United States concluded that they remained under Japanese sovereignty and the Island was not included among the

<Problématique>

À propos du document *Ownership of Dokto Island* dans le rapport de la mission de l'ambassadeur Van Fleet (déclassifié en 1986):

1. L'île de Dokto (Dokdo) est l'appellation géographique la plus principale. Cela veut dire qu'il est démontré que l'île Dokdo fait partie du territoire coréen en pleine clarté.
2. L'expression *The Island of Dokto (otherwise called Liancourt and Taka Shima)* démontre clairement que l'île Dokdo constite une partie intégrale du territoire coréen.
3. Il existe quelques fautes d'orthographes. Il est préférable d'écrire Dokdo et Take Shima au lieu de Dokto et Taka Shima.
4. Ce document est un papier sans credibilité ni objectivité car il n'y a pas de sources claires, ni de signature. Ce rapport n'a aucune valeur.
5. Par conséquent, le rapport de la mission de l'ambassadeur Van Fleet ne peut servir de preuve pour pouvoir débattre d'une affaire concernant les terres. D'ailleurs, Van Fleet n'avait pas de pouvoir de juger la sauveraineté sur Dokdo.

Comme nous avons examiné plus haut des documents et le site web du Ministère des Affaires Étrangères du Japon, nous en avons trouvé la nature fictive et problématique. Parmi ces documents, seulement les deux Directives du Commandant suprême des forces alliés (SCANPIN numéro 677 et numéro 1033) en 1946 ont du crédit public avec les sources certaines et les signature. Le Commandement suprême des forces alliés « a spécifiquement délimité le territoire japonais et a établi qu'Ulleungdo, Jeju-do, et Dokdo étaient à exclure de l'autorité gouvernementale et administrative japonaise» et il « a interdit ensuite aux bateaux japonais l'accès à l'île de Dokdo et à ses eaux jusqu'à une distance de douze milles marins ». Par conséquent, les mesures prises par les forces alliés ont démontré que Dokdo est un territoire coréen.

Par ailleurs, tous les autres documents ne sont pas crédibles. Ces documents ne sont pas les résultats d'un acte officiel entre les deux pays mais des lettres non-officielles. Ils n'ont pas de sources claires, ni de signature du représentant du pays.

Clamant leur droit sur Dokdo, le Japon a accordé de l'importance à la lettre de Dean Rusk, sous-secrétaire d'Etat chargé des Affaires d'Extrême-Orient envoyé à You Chan Yang, ambassadeur coréen aux Etats-Unis. Surtout, le nom de Dean Rusk dans ce document est écrit avec un style complètement différent du reste de la lettre et paraît être le résultat d'un tampon. Ceci est grandement en dehors des moeurs américains, faisant de cette lettre le document manquant le plus d'objectivité et de fiabilité. Cela n'a donc pas de qualifications en tant que preuve dans le domaine du débat territorial car ce document n'est pas le résultat d'un acte officiel entre les deux pays mais ce n'est qu'une lettre personnelle et non-officielle.

Examinons les deux documents suivants. Ces documents sont conservés dans *les Archives nationales du Japon*. Bien qu'ils aient été rédigés avant 1900, ils comprennent l'année de production, la date, l'explication de contenu, des sources claires et une signature nette pour être considérés comme officiels et fiables.

(1) Daijokan **(Les instructions du premier ministre du Japon, source : document conservé dans les Archives nationales du Japon, une citation d'Institut de Dokdo)**

En 1877, la Directive du Daijokan (Grand Conseil d'Etat) a indiqué que **les îles de Ulleungdo et de Dokdo n'ont aucun rapport avec le Japon** en répondant à la question du département de Shimane si les îles de Ulleungdo et de Dokdo devaient s'inscrire sur la carte cadastrale. Ce document est la preuve évidente que l'île Dokdo fait partie du territoire coréen en terminant.

Depuis qu'An Yong-bok et d'autres Coréens ont accusé les Japonais au cour d'une pêche illégale à Ulleungdo en 1692, le Daijokan (Grand Conseil d'Etat) sur la demande du Ministère japonais de l'Intérieur, précise: « il faut bien savoir que Takeshima (Ulleungdo) et l'autre île (Dokdo) n'ont aucun lien avec le Japon. »

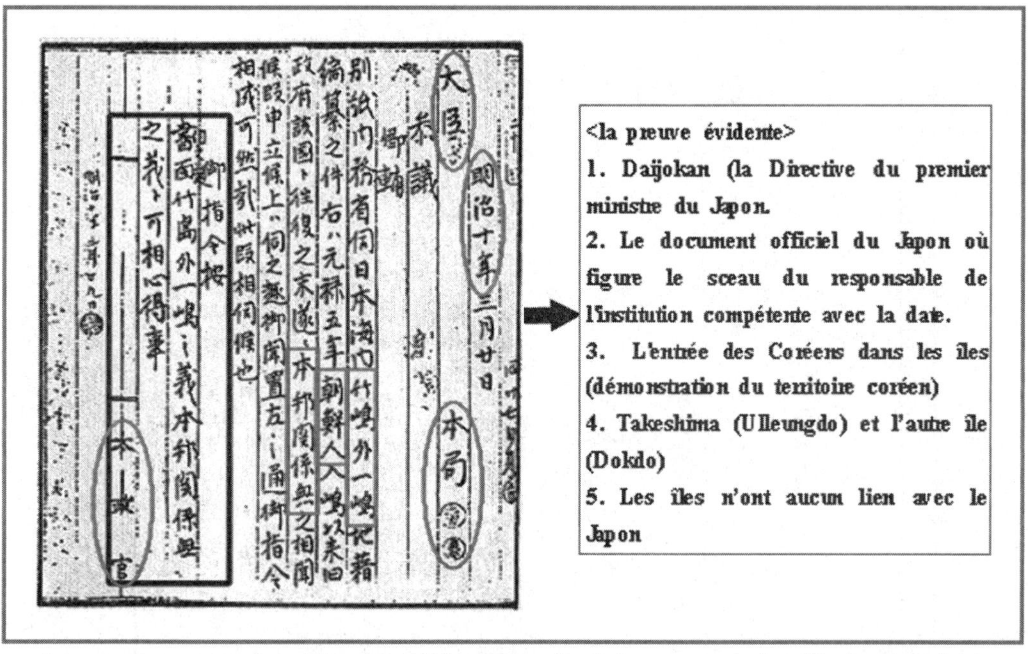

(source : document conservé dans les Archives nationales du Japon, une citation d'Institut de Dokdo)

(2) La carte du territoire japonais

A la suite du traité de paix avec le Japon en septembre 1951, le journal japonais Mainichi a publié une explication du traité de San Francisco le 25 mai 1952, avec lequel était inclus une carte du territoire japonais résultant du traité. Sur cette carte, l'île Dokdo (ou l'île Takeshima en japonais) est indiqué comme étant du territoire coréen. Ce document est la preuve certaine que l'île Dokdo appartient à la Corée.

Pourtant le Japon exclut les documents qui ont reconnu que l'île Dokdo fait partie du territoire coréen comme la Directive du Daijokan en 1877 et la carte du territoire japonais résultant du traité de San Francisco en 1952. Le Japon réclame son droit sur Dokdo avec une lettre personelle qui n'est pas officilelle ou avec des documents hors de créance sans source sûre ni de signature. C'est une réclamation basée sur les documents sans credibilité ni objectivité.

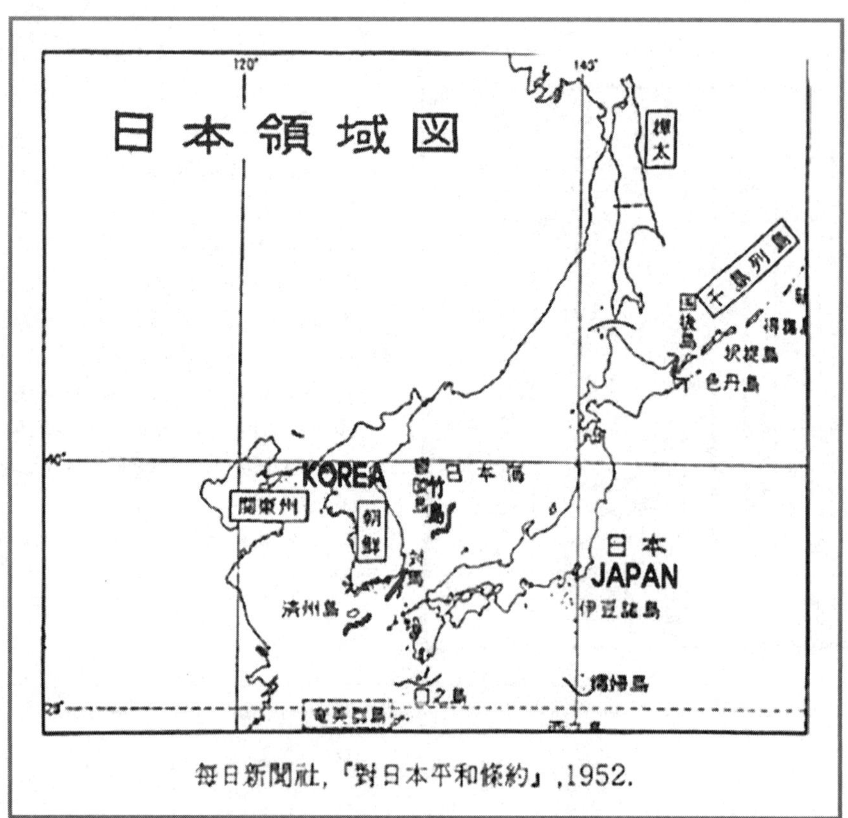

毎日新聞社,「對日本平和條約」,1952.

La Directive du Daijokan en 1877 et la carte du territoire japonais résultant du traité de San Francisco en 1952 démontrent que Dokdo fait partie intégrante du territoire coréen. Le Japon réclame que la Corée occupe illégalement Dokdo, mais Dokdo est le propre territoire coréen.

Récemment, le gouvernement japonais a décidé d'utiliser des manuels scolaires erronés pour tenter d'effacer leurs erreurs du passé et pour pouvoir occuper l'île de Dokdo.

Nous voyons la situation telle qu'elle est. Le gouvernement japonais a fabriqué des documents sur l'île de Dokdo avec de fausses données. Le mensonge appelle le mensonge. Les faux documents du Ministère des Affaires Étrangères du Japon rendent le Japon faux. Le Japon doit savoir que c'est un comportement honteux et il creuse sa propre tombe.

Si le Japon ne se repent pas du fond du cœur d'avoir commis des fautes dans l'histoire coréano-japonaise. il deviendra un pays isolé dans la communauté internationale. Et puis s'il y a de plus en plus d'élèves qui apprennent l'histoire avec des livres scolaires falsifiés, la destruction de l'humanité se passera. Voilà la question grave dans la relation coréano-japonaise qu'on doit remarquer.

Si le gouvernement japonais aggrave la relation coréano-japonaise en étant l'initiateur, le Japon n'est plus un bon pays voisin. Il est venu le temps où la Corée doit préparer et chercher de différentes mesures appropriées. Le Japon est géographiquement le pays le plus proche de la Corée, mais mentalement, c'est aussi le pays le plus loin de la Corée .

Comme on l'a expliqué précédemment, la plupart des documents sur le site web du Ministère des Affaires Étrangères du Japon sont sans credibilité ni objectivité. Le Japon doit retirer la fausseté et la réclamation obstinée dans le plus court délai et charger sur le site web du Ministère des Affaires Étrangères du Japon les documents qui ont reconnu que l'île Dokdo fait partie du territoire coréen comme la Directive du Daijokan en 1877 et la carte du territoire japonais résultant du traité de San Francisco en 1952. Si le Japon considère la relation coréano-japonaise comme importante, il doit quitter ce visage laid et retrouver un vrai visage.

<Bibliographie>

— *Pourquoi la réclamation du droit sur Dokdo par le Japon est-elle une erreur ?* Institut de Dokdo.

— *La question de Takeshima*, site web du Ministère des Affaires Étrangères du Japon

2012.5.16

Principal Jeong Yoon Seong
Yang Young Digital High School
316 Seohyeon-dong Bundang-gu Seongnam-City
Gyeonggi-do Republic of Korea 463-819

Des documents diplomatiques de Ministère des Affaires Etrangères du Japon manquant d'objectivité et de crédibilité, et une histoire coréano-japonaise connue du monde entier

Le 11 mars 2011, séismes, tsunami et exposition nucléaire au nord-est du Japon ! La situation de nos voisins passant ces rudes épreuves avait inconsciemment éveillé en moi un amour de l'humanité envers eux. Qui plus est, leur image reflettant l'ordre et la complaisance même en ces temps de souffrance m'avait profondément touché.

Par ailleurs, je ne pouvais nier une déception envers les mesures prises par le gouvernement japonais pour remédier à cette situation. De leur part, je ne pouvais apercevoir de réaction ni de volonté, au point de me demander si le gouvernement japonais agissait bien pour ses citoyens. Sans directions adéquates ni rapides, il y a seulement eu un ordre priant les victimes de se tenir éloigné de vingt ou de trente kilomètres en dehors de la zone. Finallement, une expansion et un prolongement du problème se sont manifestés.

Certains disent que le Japon est un pays au « mode d'emploi minutieux». Mais n'y a-t-il toujours pas de manuel adapté à ce genre de désastre concernant les séismes, le tsunami et l'exposition nucléaire ? Je crois qu'il n'est pas trop tard pour y remédier. De plus, le Japon aurait dû prendre des mesures et s'entraider en communiquant avec les pays voisins, de façon à minimiser les effets secondaires dépassant les frontières du pays tels qu'une fuite de radioactivité.

Cependant, le gouvernement Japonais a déclaré « un manuel » excentrique et improbable à ce moment. Le 31 mars 2011, le Ministère de l'Éducation nationale a ajouté dans les livres scolaires que Dokdo, qui est en réalité à la Corée, faisait toujours partie de leur territoire. Également, le 1er avril 2011, le conseil des ministres du Japon a publié un document diplomatique clamant leur droit sur Dokdo. Le ministre des Affaires étrangères du Japon a mis au jour un document immaturé soulignant que « Si Dokdo est attaquée par des missiles, c'est à nous d'y faire face puisque cette île est notre terre. »

Depuis que le Japon a manifesté son intérêt pour les attaques de missiles d'une île appartenant à la Corée du Sud au lieu de faire tous ses efforts pour surmonter la crise, j'ai clairement réalisé qu'il y avait des ministres japonais incompétents. Moi qui resentait un sincère amour de l'humanité vis-à-vis de ces japonais réussissant à maintenir l'ordre dans une telle situation, je dois dire que cet entêtement illogique qu'a développé le Japon m'a tout à coup ouvert les yeux sur leur médiocrité.

C'est dans cette situation que j'ai compris à quel point l'éducation de l'histoire coréano-japonaise aux personnes ignorant la vérité sur Dokdo était importante. Par ailleurs, il est impératif de mettre en avant des informations et des notions correctes. C'est pourquoi je pense qu'il faut en premier lieu éclairer le fait que leurs livres d'école et leur document diplomatique qui s'intitule « *10 points pour comprendre la question de Takeshima (ou Dokdo)* » manquent d'objectivité et de crédibilité. Il faut examiner l'histoire coréano-japonaise bien connue, dans le courant historique, à travers des documents muni d'objectivité et de fiabilité.

La Directive du Commandant suprême des forces alliées (SCAPIN numéro 677 et numéro 1033) est le seul document objectif et crédible qui a été officiellement signé et approuvé en 1946. Tous les autres ne sont pas crédibles. Ces documents ne sont pas les résultats d'un acte officiel entre les deux pays mais des lettres non-officielles. Ils n'ont pas de sources claires, ni de signature du représentant du pays. De plus, le « Do-Hae-Myeon-Heo »(permis de circulation pour aller à Dokdo ou Ulleungdo) présenté par le Japon est un document qui manque d'objectivité et de crédibilité, même si cela atteste une approbation de déplacement à l'étranger.

Pour conclure, les documents du Ministère des Affaires Étrangères du Japon, n'ayant pas su faire la différence entre le privé et le public, sont bien loins de la vérité.

Le parti japonais fait référence au traité de San Francisco pour justifier leur droit sur l'île Dokdo. Pourtant, rien qu'une légère anaylse sur ce traité suffit pour se rendre compte que le parti japonais a tort. A faute de preuve, le côte japonais est incapable de donner plus de détails sur leur droit, et pour ce, ces derniers ne font que nier catégoriquement les preuves du côté coréen. A travers les données suivantes, nous proclamons à la communauté nationale la légitimité historique de nos droit sur l'île Dokdo.

(1) Selon le document sur lequel sont inscrites la Directive du Daijokan (1877) (Lequel est un document objectif qui équivaut aux instructions du premier ministre d'aujourd'hui), les îles de Ulleungdo et de Dokdo n'ont aucun rapport avec le Japon. (cf. documentation numéro 1)

(2) En 1894 durant la guerre entre la Chine et le Japon l'armée japonaise s'est introduit dans le palais Gyeongbokgung pour faire du roi et la reine leurs prisonniers. En 1985 des bandits japonais se sont infiltrés dans le palais pour assassiner la reine brutalement.

(3) Le 24 Octobre 1900, l'Empire coréen a inclus l'île de Ulleungdo et de Dokdo à la région de Kangwondo pour assumer avec plus de certitude son autorité sur les îles. On peut le voir dans le Journal officiel de l'Empire coréen du 27 octobre 1900.

(4) En février 1904, juste après la guerre entre la Russie et le Japon, l'armée japonaise a occupé Séoul avec force. Les forces japonaises ont menacés la famille impériale et les ministres et ont envoyé des conseiller pour prendre le contrôle des affaires financières, des affaires diplomatiques et du pouvoir de police.

(5) En 1905, le Japon a inclus en secret l'île de Dokdo au cadastre de la préfecture de Shimane avant de l'avoir annoncé au journal régional.

(6) La même année en novembre le Japon a pris contrôle complète du pouvoir diplomatique de la corée après avoir menacé de mort la famille impériale et les ministre de l'empire coréen. Après cet incident les japonais avaient dèja largement colonisé la Corée. De fait c'est pendant cette période de colonisation que le Japon s'est approprié l'île de Dokdo.

(7) En Août 1910 à la suite de l'annexion de la Corée par le Japon, ces derniers ont exécuter des movements qui tentaient de détruire l'identité coréenne et sa culture pendant les 36 ans de colonisation.

(8) Lors de la Conférence du Caire, la Corée a pu retrouver ses territoires perdus durant la guerre colonisatrice du Japon et ceci comprend l'île de Dokdo. En 1946, la Directive du Commandant suprême des forces alliées(SCAPIN) a exclus l'île de Dokdo du territoire japonais, et a même interdit le passage des bateaux japonais aux environs de douze milles marins de l'île.

(9) Après l'indépendance de la Corée le 15 août 1945, l'île de Dokdo a été rendu par le Commandant suprême des forces alliées et l'administration militaire de l'Armée américaine en Corée (qui entretenait l'île militairement en tant qu'île rattaché au territoire coréen) à la Corée lors de la fondation de la République de Corée le 15 août 1948.

(10) À présent, l'île de Dokdo est déjà assez reconnu dans la société internationale en tant que territoire coréen. Aujourd'hui l'addresse de Dokdo est Gyeongsang-bukdo, Ulleung-gun, Ulleung-eub Dokdo-ri 1-37, à present quelques habitants et un corps de garde occupe l'île pour la protéger. À partir du 15 août 1948, l'île Dokdo qui fait partie du territoire coréen n'est plus l'objet d'un débat controversé.

(11) Examinons le traité de San Francisco et la lettre de l'assistant secrétaire des Etats-Unis Dean Rusk envoyé à You Chan Yang, ambassadeur coréen aux Etats-Unis.

Premièrement, le traité de San Francisco que les japonais mentionnent lors des débats Dokdo ne prouve rien. Tout d'abord, dans les 5 premiers ébauches du traité, l'île Dokdo était indiqué comme territoire coréen. C'est seulement au sixième ébauche qu'à travers l'intrigue aggressif des japonais que l'île de Dokdo s'est rangé dans le territoire japonais. Mais malgré tout, à cause de l'opposition domestique des Etats-Unis, et de l'opposition des autres pays comme la Grande-Bretagne, l'Australie, et la Nouvelle Zélande, le sujet sur l'île de Dokdo a été complètement effacer du 7ème ébauche jusqu'au 9ème. Finalement, rien dans ce traité n'indique quoi que ce soit sur l'île, le Japon pretend pourtant que cette omission signifie que l'île de Dokdo leur appartient.

Deuxièmement, la lettre envoyé à You Chan Yang, ambassadeur coréen aux Etats-Unis (le 19 juillet 1951) et le courrier adressé par Dean Rusk, sous-secrétaire d'Etat chargé des Affaires d'Extrême-Orient (le 10 août 1951) à You Chan Yang sont des lettres personelles qui ne sont pas officilelles. Il n'y a aucune quand à source, ni de signature. Ce document manque d'objectivité et de fiabilité.

(12) Le 25 Mai 1952, le journal japonais Mainichi a publié une explication du traité de San Francisco, avec lequel était inclus une carte du territoire japonais résultant du traité.

Sur cette carte publié avec l'aide du ministre des affaires étrangères japonais, l'île Dokdo est indiqué comme étant du territoire coréen. (cf. documentation numéro 2)

(13) Dans le rapport de la mission d'ambassadeur Van Fleet en Extrême-Orient en 1954, il a écrit un passage sur la possession de l'île de Dokdo en 1954 (déclassifié en 1986). Le passage *Ownership of Dokto island* commence «The Island of Dokto (otherwise called Liancourt and Taka Shima) is. *(L'île de Dokto (autrement appelé Liancourt et Taka Shima) est.)*» Cela veut dire que l'île de Dokdo est l'appellation géographique la plus courante. Dans ce passage (Ownership of Dokto island) il existe plusieurs fautes d'orthographes et encore d'autres erreurs de rédaction, qui fait de ce document un papier sans credibilité ni objectivité. De plus, ce document n'a jamais été partagé et examiné ni par le Japon ni par la Corée.

(14) Le 10 août 2010, le japon a reconnu ses erreurs du passé à l'occasion du 100ème année depuis l'annexion de la Corée. Avec cette annonce, le Japon a aussi promis de rendre tous les patrimoines culturels pillés depuis les débuts de la colonisation. Ainsi nous pouvons voir que le Japon reconnaît les accusations sur l'invasion de la Corée. La Corée n'a ni la force ni les compétences d'occuper le territoire japonaise. Par ailleurs, elle n'en a même pas l'intention. Elle veut seulement protéger l'île de Dokdo qui est le propre territoire coréen.

(15) On doit bien savoir que si l'attaque armée a lieu entre la Corée et le Japon, ils se ruineront tous les deux comme on peut voir le danger dans le cas de l'exposition nucléaire. On se souvient bien de ce que pendant le grand séisme de Kanto en 1923, le gouvernement japonais ont fait des Coréens résidant au Japon des boucs émissaires en accusant les résidents coréens de tirer parti de la catastrophe pour piller et rançonner, d'empoisonner les puits et d'allumer des incendies.

Comme nous l'avons explique dans le texte ci-dessus, le Ministère des Affaires Étrangères du Japon ne présente que des propos irrationnel pour ensuite appuyer ces arguments avec une opiniâtreté illogique. À propos de l'incorporation du territoire, il faut faire paraître la déclaration au Journal officiel selon la loi internationale. Dans ce cas, l'Ambassade de Corée au Japon et d'autres Ambassades peuvent savoir la déclaration du Japon. Mais le Japon a déclaré exceptionnellement que l'île de Dokdo faisait partie de la préfecture de Shimane au Journal régional, en contravention avec la loi internationale. La déclaration s'est déroulé sans que la Corée et les autres pays le sachent. C'est pourquoi ce document n'a aucune valeur en tant que preuve.

De plus, la relation entre la Corée et le Japon est très délicate, et la position du japon devrait être celui du repentant, qui demande le pardon. Pourtant les actions du japon entourant l'île de Dokdo sont scandaleuses, et le seul fait que nous avons à discuter ce problème semble ridicule et injuste.

La limite du tolérable sera dépassée si le Japon, qui a été frappé par le désastre comme le séisme et le tsunami géant, continue de manifester son intérêt pour les attaques de missiles sur Dokdo appartenant à la Corée. C'est bizarre qu'on ne puisse écouter la voix des Japonais de conscience qui connaissent bien l'histoire coréano-japonaise.

En effet, malgré le fait que le Japon a une culture connu pour ses bonnes manières et sa bienveillance, le japon montre une attitude immorale et malhonnête quant à la façon dont ils traitent l'histoire. En plus de ces méfaits, le gouvernement japonais a décidé d'utiliser des manuels scolaires erronés pour tenter d'effacer leurs erreurs du passé et pour pouvoir occuper l'île de Dokdo. On ne peut pas comprendre pourquoi le Japon veut attiser les haines contre les pays voisins et violer la paix par cette attitude anachronique. Le gouvernement japonais et son peuple se doit donc de réfélechir profondément à ce problème qui entoure ses crimes obscures du passé. Le Japon doit établir la politique éducative afin de développer la bonne conscience historique et d'inculquer de bonnes valeurs aux élèves. Il doit également supprimer de faux manuels scolaires révisionnistes sans hésitation.

<Bibliographie>

– *Pourquoi la réclamation du droit sur Dokdo par le Japon est-elle une erreur?* Institut de Dokdo.

– *La question de Takeshima*, site web du Ministère des Affaires Étrangères du Japon

<documentation>

1. En 1877, la Directive du Daijokan a indiqué que les îles de Ulleungdo et de Dokdo n'ont aucun rapport avec le Japon en répondant à la question du département de Shimane si les îles de Ulleungdo et de Dokdo devaient s'inscrire sur la carte cadastrale.

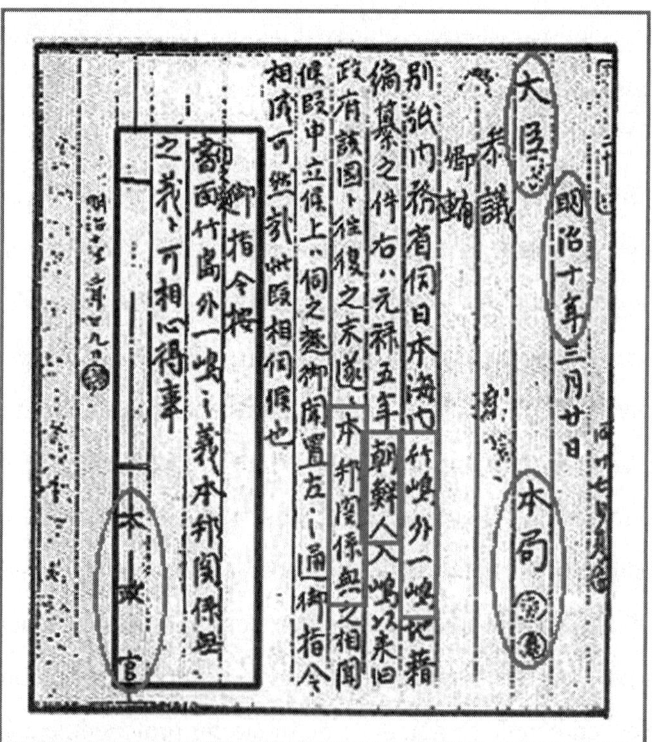

大臣
明治十年三月廿日
本局
参議
卿輔
別紙内務省伺日本海内竹嶋外一嶋地籍編纂之件右ハ元禄五年朝鮮人入嶋以来旧政府該国ト往復之末遂ニ本邦関係無之相聞候段申立候上ハ伺之趣御聞置左之通御指令相成可然哉此段相伺候也
御指令按
伺之趣竹島外一嶋之義本邦関係無之義ト可相心得事
本局

(source : document conservé dans les Archives nationales du Japon (Kokuritsu Kobunshokan), une citation d'Institut de Dokdo)

2. À la suite du traité de paix avec le Japon en septembre 1951, le journal japonais Mainichi a publié une explication du traité de San Francisco le 25 mai 1952, avec lequel était inclus une carte du territoire japonais résultant du traité. Sur cette carte, l'île Takeshima (ou l'île Dokdo) est indiqué comme étant du territoire coréen. (une citation d'Institut de Dokdo)

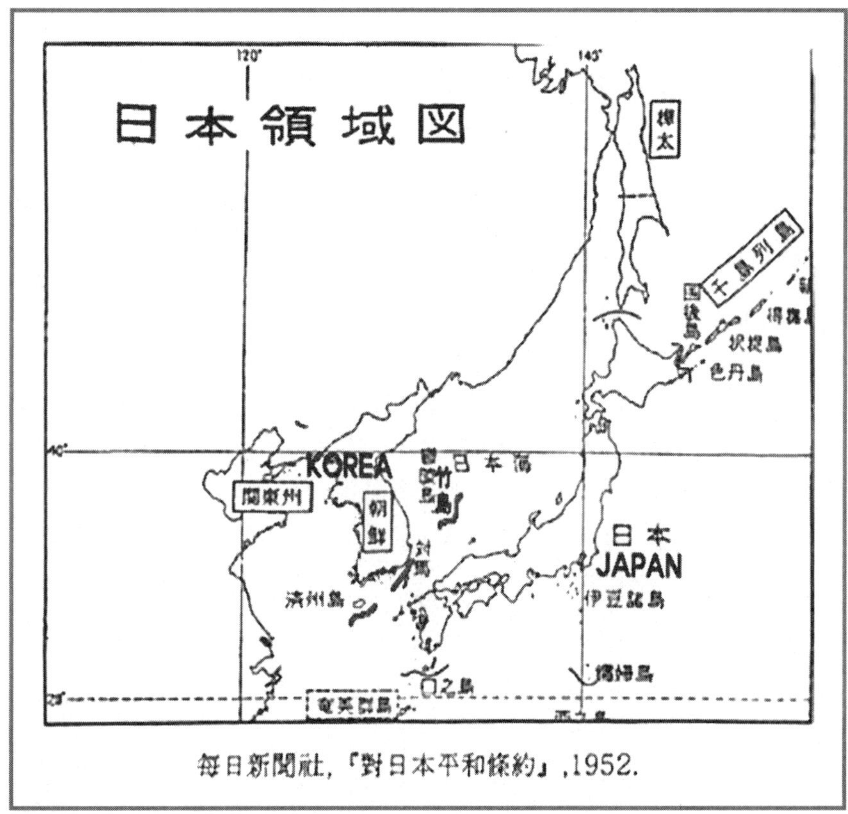

毎日新聞社,「對日本平和條約」,1952.

2011.7.16

Principal Jeong Yoon Seong
Yang Young Digital High School
316 Seohyeon-dong Bundang-gu Seongnam-City
Gyeonggi-do Republic of Korea 463-819

German

Die hinsichtlich der Daten über die koreanischen Inseln, Dokdo 'auf der Homepage des japanischen Ministeriums für Auswärtige Angelegenheiten bestehende Problematik und Erfindung

Himmel und Erde wissen die Geschichte des Korea & Japans und die unzuverlässige und unsachliche Daten des japanischen Ministeriums.

Die hinsichtlich der Daten über die koreanischen Inseln ‚*Dokdo*' auf der Homepage des japanischen Ministeriums für Auswärtige Angelegenheiten bestehende Problematik und Erfindung

Nachdem das japanische Kultus- und Wissenschaftsministerium (jap. Mombu-Kagaku-shō) unter der Regierung vom japanischen ‚Kabinett Abe' (2006) das Grundgesetz für die Bildung, das zur Verstärkung der Patriotismus-Erziehung führt, geändert hatte, stellte es 2008 und 2009 auf Grund des revidierten Gesetzes in ihren Lehrgängen und Auslegungsbüchern, 2010 in den Lehrbüchern für die Grundschule, am 30. März 2011 in den Lehrbüchern für die Mittelschule und am 27. März 2012 in denen für die Gymnasiasten/Innen das der *Republik Korea* gehörende Territorium, *Dokdo*, als sein Areal dar. Und bis 2014 soll Japan planen, alle restlichen Lehr- bzw. Schulbücher zu überprüfen. Die Tokio-Präfektur Japans stellte auch in Geschichte-Lehrbuch von öffentlichen Oberschulen bereits die Behauptung der Souveränität über *Dokdo* dar, die ab April dieses Jahres Pflichtfach sein wird. Dazu noch am 11. April 2012 soll eine Tokio-Versammlung veranstaltet worden sein, wobei Dokdo das japanische Territoium sei. So zeigt die japanische Regierung durch die systematische Bastelarbeit mit Lügen-Anleitung über die Erziehung von *Korea-Japan-Geschichte* eine Zauberkunst, wobei sie die Lüge als Wirklichkeit wahrnehmen lässt. Solchen gefälschten Lehrbüchern sowie Anleitungen zugrunden liegenden Daten, die vom japanischen Ministerium für Auswärtige Angelegenheiten (jap. Gaimu-shō) geboten sind, fehlen jegliche Glaubwürdigkeit und Objektivität.

Wenn man die dokdobezogenen Daten, die auf der Homepage vom japanischen Außenministerium geschildert sind, sieht, gibt es dafür die anerkannten offiziellen und inoffiziellen Dokumente. Zumindest muss der ‚Beweispunkt' zur Behandlung des staatlichen Territoriums von offiziellen Daten herkommen. Ein offizilles Dokument lässt sich glaubwürdig und objektivistisch sein, weil es gewiss mit Unterzeichnung versehen ist. Wenn man aber die auf der Homepage des japanischen Außenministeriums vorgestellten dokdobezogenen Daten nachliest, entdeckt man Problematik und Fiktion.

(1) Bekanntmachung Nr. 40 der Shimane-Präfektur im Februar 1905

Im Feb. 1905 kündigte Japan an, Dokdo an die Shimane-Präfektur angegliedert zu haben, nachdem es die Insel geraubt hatte, d. h., dass Japan die internationale Ankündigung über die Inkorporation des Territoriums ignorierte, die sogar die Reuplik Korea selber nicht wusste. Überdies gibt es bei der Ankündigung der Shimane-Präfektur keine Unterschrift vom Gouverneur der Shimane-Präfektur. Somit existieren im Dokument überhaupt keine Objektivität und Glaubwürdigkeit, weil Japan die Archive als die Gründe für die Territorialansprüche auf Dokdo ausbeuten wollte.

Bekanntmachung Nr. 40 der Shimane-Präfektur: 1) ohne Siegelung 2) Ignorierung der internationalen Ankündigung über die Inkorporation des Territoriums 3) heimlicher Raub

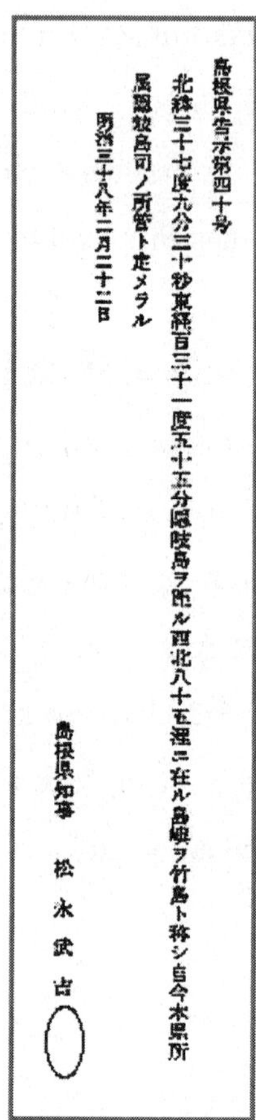
島根県告示第四十号

北緯三十七度九分三十秒東経百三十一度五十五分隠岐島ヲ距ル西北八十五浬ニ在ル島嶼ヲ竹島ト称シ自今本県所属隠岐島司ノ所管ト定メラル

明治三十八年二月二十二日

島根県知事　松永武吉

(2) Oberbefehl des Kommandos von Alliierten Mächten (Jan. 1946, SCANPIN -677)

In diesem Dokument gibt es zweifelsohne die Unterzeichnung, das als eine offizielle Urkunde anzuerkennen ist. Hier ist folgender Inhalt erwähnt: ‚die Alliierten Mächte haben Ulleungdo, Jejudo, Dokdo (Takeshima), die Izu-Inseln und Ogasawara-Archipel usw. als eine Gegend, wo Japan keinen Politiks- und Verwaltungsakt ausüben darf, benannt.

SCAPIN -677 (anerkannte offizielle Urkunde) – Anerkannt als Grund-Material für die offizielle Urkunde

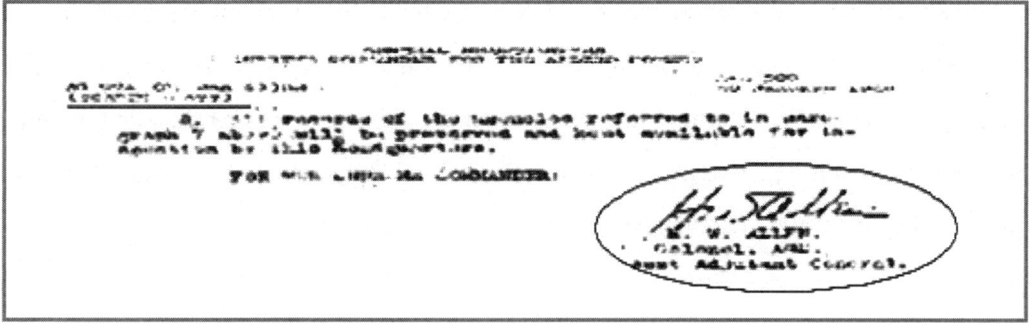

FOR THE SUPREME COMMANDER:

Colonel, AGD,
Asst Adjutant General.

(3) Oberbefehl des Kommandos von Alliierten Mächten (Jan. 1946, SCANPIN -1033)

In diesem Archiv gibt es auch eindeutig die Unterzeichnung, der als eine offizielle Urkunde anzuerkennen ist. Dafür ist eine Wahrheit erwähnt, dass die Alliierten so genannt ‚Macarthur-Linie' bestimmt haben, wobei sich die japanische Marine oder deren Besatzung innerhalb 12 Meilen von Dokdo nicht annähern darf.

SCAPIN -1033 (anerkannte offizielle Urkunde) – Anerkannt als Grund-Material für die offizielle Urkunde

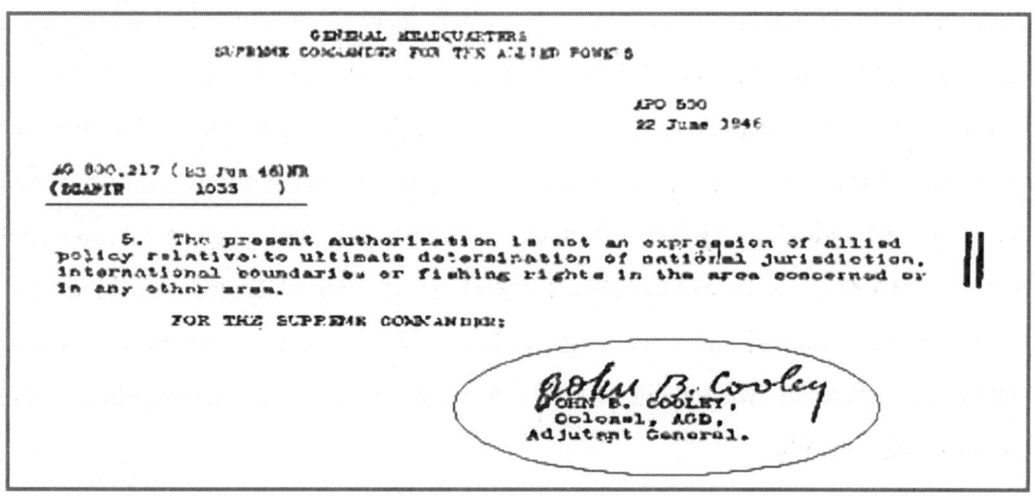

GENERAL HEADQUARTERS
SUPREME COMMANDER FOR THE ALLIED POWERS

APO 500
22 June 1946

AG 800.217 (22 Jun 46)NR
(SCAPIN 1033)

5. The present authorization is not an expression of allied policy relative to ultimate determination of national jurisdiction, international boundaries or fishing rights in the area concerned or in any other area.

FOR THE SUPREME COMMANDER:

JOHN B. COOLEY,
Colonel, AGD,
Adjutant General.

(4) Brief vom kor. Botschafter in USA, You Chan Yang, der am 21.06.1951 dem amerikanischen Außenminister, Dean G. Acheson schrieb.

Inhaltlich ist das Folgende erwähnt: (‚Korea erhebt Rückgewinnungsansprüche auf die Territorien nach der Unabhängigkeit von Japan und verlangt), darunter Dokdo und Parangdo (Socotra-Fels) darin einbeziehen zu lassen, aber er ist keine offizielle Urkunde, sondern ein Privatbrief. Es gibt auch keine Quelle und Unterzeichnung. Somit berechtigt dieser Beleg nicht zum Diskutieren übers staatliche Territorium.

You Chan Yang

His Excellency
Dean G. Acheson
Secretary of State
Washington D C

(5) Der Privatbrief, den der stellvertretende US-Außenminister, Dean Rusk, dem koreanischen Botschafter, You Chan Yang, schrieb.

Am 09.08.1951 galt das Schriftstück, das der stellvertretende US-Aussenminister, Dean Rusk, dem kor. Botschafter, You Chan Yang, schrieb, nicht als eine offizielle Schrift, sondern ein Privatbrief. Er entbehrt auch jeder Grundlage der Quelle und Unterschrift. Dieses Material besitzt aber auch keine Gültigkeit für die beglaubigte Urkunde, in der über ein staatliches Territorium diskutiert werden kann. Trotzdem erhebt Japan Territorialansprüche unter der Begründung solcher Schriftstücke. Insbesondere die getippten Schriften des Namens, Dean Rusk, in diesem Dokument stimmt mit denen des Hauptinhaltes überhaupt nicht überein und sind wie ein Siegel gestempelt. Das ist ein von der amerikanischen Konvention weit entferntes Beispiel und sicher ein Stück mit der am meisten mangelnden Objektivität und Reliabilität.

Japanese nationals it would not seem appropriate that they obtain compensation for damage to their property as a result of the war.

Accept, Excellency, the renewed assurances of my highest consideration.

For the Secretary of State:

<Problematik>

1. Da ein Privatbrief keine offizielle Schrift des Staates ist, ist er für ein offizielles Beweismaterial des Staates bedeutungslos.

2. Die getippten Schriften des Namens, Dean Rusk, in diesem Material stimmt mit denen des Hauptinhaltes nicht überein und sind wie ein Siegel gestempelt. Das ist quasi ein von der amerikanischen Konvention weit entferntes Beispiel. Dazu noch gibt es im Brief keine Unterschrift.

3. Unklare Quelle des Schriftstücks

4. Somit muss dieser Brief nicht als ein richtiges Schriftstück gelten, in dem man über ein staatliches Territorium diskutieren kann.

(6) Rückkehr-Bericht vom amerikanischen Botschafter, Van Fleet, nach der Koreareise (Veröffentlichung im Jahr 1986)

Beim Rückkehr-Bericht vom amerikanischen Botschafter, Van Fleet, der dazu Stellung genommen haben soll, dass es angebracht sei, sich an den internationalen Gerichtshof mit der Bitte um die Territorialität von Takeshima zu wenden, ist Dokto (Dokdo) als Hauptbegriff der Inselguppe im Ostmeer bezeichnet, der in einem Dokument, Ownership of Dokto Island, steht, sonst als ‚Liancourt' und ‚Taka Shima' erwähnt. Das erweist sich als wahr, Dokdo dem koreanischen Terrotorium zuzuzählen.

Die Buchstabierung der Bezeichnung von Dokto und Taka Shima ist falsch und muss mit Dokdo und Take Shima korrigiert werden. Das Stück ist keine offizielle Schrift, die zu Korea und Japan geschickt war. Und es ist unklar, warum dieser Bericht erst 1986 veröffentlicht wurde. Daher lässt sich dieses Schriftstück in diesem Zeitpunkt nicht als grundlegendes Material verweden, in dem über ein staatliches Territorium diskutiert wird.

4. Ownership of Dokto Island

The Island of Dokto (otherwise called Liancourt and Taka Shima) is in the Sea of Japan approximately midway between Korea and Honshu (131.80E, 36.20N). This Island is, in fact, only a group of barren, uninhabited rocks. When the Treaty of Peace with Japan was being drafted, the Republic of Korea asserted its claims to Dokto but the United States concluded that they remained under Japanese sovereignty and the Island was not included among the

<Problematik>

Rückkehr-Bericht vom Botschafter, Van Fleet (Veröffentlichung im Jahr 1986) in Bezug aufs Dokument ‚Ownership of Dokto Island'

1. Dokto (Dokdo) ist als Hauptbegriff (der Inselguppe im Ostmeer) bezeichnet.

2. (Dokdo ist) sonst (zum anderen Ausdruck) als ‚Liancourt' und ‚Taka Shima' erwähnt. Dieser Ausdruck erweist sich als wahr, Dokdo dem koreanischen Terrotorium zuzuzählen.

3. Die Buchstabierung der Bezeichnung von Dokto und Taka Shima ist falsch und deren Berichtigung mit Dokdo und Take Shima ist erforderlich.

4. Dieser Bericht ist als historisches Beweismaterial nicht geeignet, denn die Quelle des Materials ist unklar, und es gibt auch keine Unterschrift.

5. Daher lässt sich dieser Rückkehr-Bericht vom Botschafter nicht als grundlegendes Material annehmen, in dem über ein staatliches Territorium diskutiert wird.

Bei der Untersuchung über die obigen dokdobezogenen Materialien, die auf der Homepage des jap. Ministeriums für Auswärtige Angelegenheiten geschildert sind, lassen sich die Problematik und Fiktionen finden. Unter diesen Materialien gelten nur zwei davon als am glaubwürdigsten, die 1946 aus, *Oberbefehle des Kommandos der Alliierten Mächten*' (SCANPIN-677, SCANPIN-1033) stammen und haben Herkunft und Unterschrift. Deshalb gilt die Maßnahme, die die Alliierten Mächte ergriffen, dass Ulleungdo, Jejudo, Dokdo (Takeshima) nicht in den Gebieten mit eingeschloßen sind, wo Japan keine politische und exekutive Gewalt ausüben und sich die japanische Marine oder deren Besatzung innerhalb 12 Meilen von Dokdo nicht annähern darf. Diese Inhalte erweisen sich als wahr, dass Dokdo zu koreanischem Territorium gehört. Aber die restlichen Dokumente sind keine staatlichen offiziellen Unterlagen, sondern Privatbriefe, die als Bericht ohne Unterschrift keine konkrete Quelle des Beweismaterials haben, d. h. Sie sind nicht glaubwürdige Dokumente, die zur Diskussion über ein staatliches Territorium führen können. Japan legt auf eine Rückantwort einen größten Wert, die Dean Rusk, *Assistant Secretary of State für Ostasien-Pazifik-Angelegenheiten*, dem koreanischen Botschafter in USA, You Chan Yang, schrieb.

Diese getippten Schriften des Namens, Dean Rusk, in dem Papier stimmt mit denen des Hauptinhaltes überhaupt nicht überein und sind wie ein Siegel gestempelt. Das ist ein von der amerikanischen Konvention weit entferntes Beispiel und sicher ein Material ohne Unterschirft. Diese Unterlage ist außerdem kein gemeinsames offizielles Schriftstück, sondern nur ein privater Brief, der jedenfalls nicht als ein Beweismaterial verwendet werden darf, in dem Eigentümerschaft des Territoriums vom Staates behauptet wird.

Jetzt sehen wir uns dann die folgenden zwei Schriftstücke, die trotz der früher als 1900 angefertigten Schriftstücke als offizielles Dokument des *Nationalarchivs von Japan* die Verzeichnung des Publikationsdatums, die Inhaltsbeschreibung, eine überzeugende Quelle und entsprechende Unterschrift haben.

(1) Taejeonggwan (deut. Daijō-kan oder der Große Staatsrat; Japanische Premierminister's Derektive, Quelle: Besitz beim Nationalarchiv von Japan, zitiert von *Daten der Gesellschaft Dokdos*)

Im Jahr 1877 bei einer Anfrage der Shimane-Präfektur über die Zusammenstellung von Grundbüchern, dass Ulleungdo und Dokdo dem territorialen Gebiet der Shimane-Präfektur gehören, machte der Große Staatsrat bekannt, dass Japan hinsichtlich (Ulleungdo und) Dokdo nichts damit zu tun hat. Dieses Dokument ist ein klarer Beweis dafür, dass die Kontroverse über Dokdo vor und nach 1877 bedendet werden müssen und gleich Dokdo als koreanisches Territorium betrachtet wird.

„Seit 1692, wo es zu Kollisionen zwischen dem koreanischen Fischer, Yong Bok Ahn, und den japanischen Fischern kam", wurde es kommandiert, „dass Japan nichts mit Ulleungdo und Dokdo zu tun hat".

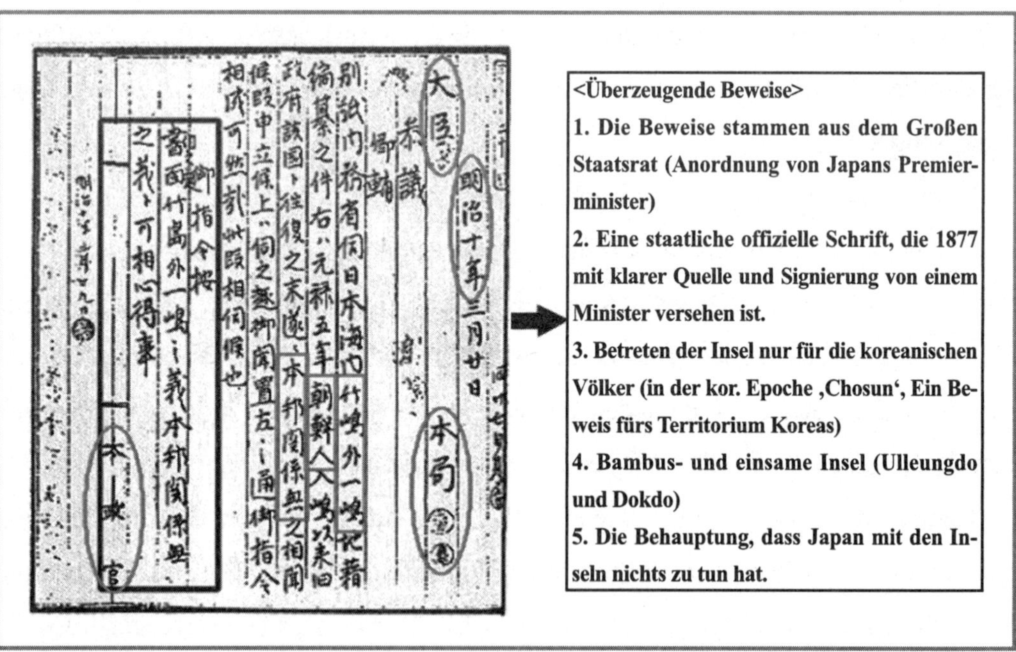

(Quelle: Besitz beim Nationalarchiv von Japan, zitiert von Daten der Gesellschaft Dokdos)

(2) Territoriale Zeichnung Japans

Nach dem Abschluss des Friedensvertrags gegen Japan im September 1951 in San Francisco gibt es ‚territoriale Zeichnung Japans‘ unter den Dokumenten, die japanische Tageszeitung ‚Mainichi’ am 25.05.1952 durch das Auslegungsbuch mit insgesamt 616 Seiten vorschlug. Denn Dokdo (jap. Bambusinsel) ist hier als koreanisches Territorium bezeichnet, wird das ein zweifelloser Beweis dafür, dass Dokdo trotz der vor und nach 1951 bestandenen Auseinandersetzung mit Japan als koreanisches Territorium betrachtet ist.

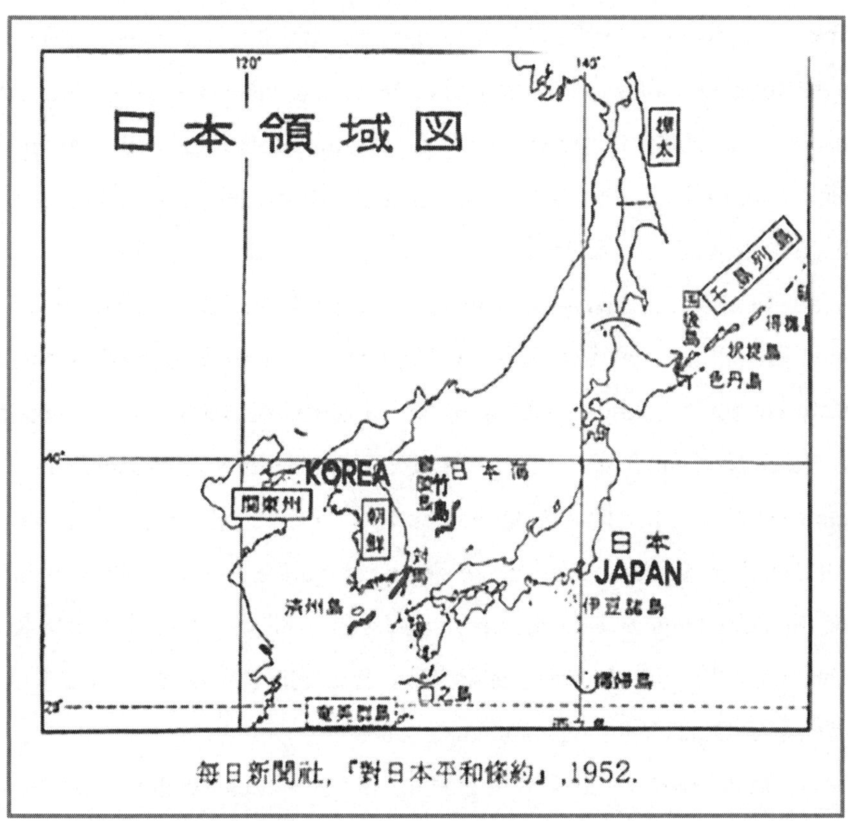

毎日新聞社,「對日本平和條約」,1952.

Aber die Akten entfielen, in denen Japan auch anerkannte, dass Dokdo durch die offiziellen Schrifstücken sowie Anordnung des Großen Staatsrats 1877 und territoriale Zeichnung Japans im Friedensvertrag gegen Japan deutlich ein koreanisches Territorium ist. Japan betont außerdem die Souveränitat von Dokdo, indem es Privatbriefe und Dokumente als Beweismittel vorlegt, die mit dem Hauptinhalt nicht übereinstimmende gefälschte Namen und keine Unterschrift haben. Diese Behauptung basiert auf die Dokumente, die überhaupt keine Glaubwürdigkeit und Objektivität beinhalten. Die Anordnung von Daijokan und die territoriale Zeichnung Japans geben uns eine klare Antwort auf die Fragen nach der Kontroverse über die Zugehörigkeit des Territoriums jeweils vor und nach 1877 und 1951. Somit ist es nicht wahr, dass Korea das japanische Territoium illegal besitzt. Korea bewahrt eigentlich den eigenen Gebietsteil, nämlich Dokdo. Vor kurzem hetzt die japanische Regierung neben der entstellten Korea-Japan-Geschichte mit besonderer Drastik ihr Volk auf. Man sieht der Realität ins Auge, dass die dokdobezogenen Daten von der japanischen Regierung alles durch die gefälschten Materialien neu hergestellt sind. Diese japanischen Lehrbüchern zugrunde liegenden manipulierten Daten vom japanischen Außenministerium führen ‚das Japan' nun zum „trügerischen Land". Dass es bestimmt seine Schandtat ist und sich selbst sein Grab schaufelt, muss Japan endlich zur Kenntnis nehmen. Japan muss ein Einzelgänger in der internationalen Gesellschaft werden, wenn es über den Prozeß und das Ergebnis aus Wahrheit der Korea-Japan-Geschichte nicht von ganzem Herzen reflektiert. Und wenn die japanischen Schüler und Gemeinde, die bisherige Geschichte durch schief dargestellte Lehrbücher lernten, zunehmen, führt dies künftig eine Zerstörung der Humanität herbei. Hier steckt eine ernste Problematik in der Beziehung zwischen Korea und Japan, die sich nicht ignorieren lässt. Wenn die japanische Regierung die Beziehung zwischen Korea und Japan noch verschlechtert, hält Korea das Nachbarland nicht für ‚gut'. Für die friedliebende Republik Korea kam es die Zeit, gefasst und ruhig verschiedene Gegenmaßnahmen einzuleiten.

Immer noch ein nahestehendes, aber gleich fern bleibendes Land, ‚Japan'. Wie bereits erwähnt, fehlen den meisten Daten, die auf der Homepage vom japanischen Außenministerium vorgestellt sind, absolut Glaubwürdigkeit und Objektivität. Japan soll die anerkannten offiziellen Schriftstücke wie die Anordnung des Großen Staatsrats 1877 und die territoriale Zeichnung Japans unter dem Friedensvertrag gegen Japan 1952 auf der Homepage eintragen lassen, wo die Inseln ‚Dokdo' als das koreanische Territorium dargestellt registriert sind und sofort sein trotziges Bestehen und Falschheit widerruft wird. Wenn Japan die Beziehung zwischen Korea und Japan für ernst halten würde, würde es sein wahres Gesicht wiederfinden müssen.

<Literaturverzeichnis>

– Teil vom Dokdo-Institut Koreas ‚*Wieso ist die Behauptung von Japan über die Souveränität von Dokdo falsch?*'

– Auf der Homepage vom japanischen Ministerium für Auswärtige Angelegenheiten <*Problematik mit Takeshima*>

den 11.05.2012

Schulleiter vom Yangyung Digital Gymnasium

Jeong, Yoon Seong

Himmel und Erde wissen die Geschichte des Korea&Japans und die unzuverlässige und unsachliche Daten des japanischen Ministeriums.

Die Lage des Nachbarlands durch das gewaltige Erdbeben und Tsunami in Nortwest Japans und die Entströmung der Radioaktivität brachte mich zu einem Moment, wobei ichMitleid für sie fühlte. Ich war auch sehr ergriffen davon, dass sie trotz der Probleme an die Ordnung hielten.

Anderseits jedoch war ich enttäuscht von der japanischen Regierung, wie sie die schwere Lage regelten. Es war davon zu zweifeln, ob die Regierung wirklich eine Demokratie darstellt, denn ernste Gegenmaßnahmen waren nirgends zu sehen. Keine besondere oder nötige Notmaßnahmen, außer Evakuierung der Bevölkerungen, wurden ausgeführt. Schließlich hat sich die Katastrophe sowohl verlängert als auch verschlimmert.

Über Japan redet man durchweg von einer ′manuelle Gesellschaft′, wobei alles aufgrund einer festgesetzten Ordnung und Instruktion läuft. Aber das Problem ist, dass die japanische Regierung nicht auf solche enorme Naturkatastrophen vorbereitet hatte. Die beste Lösung wäre deshalb mit Nachbarländern ausreichende Kommunikation zu teilen. Durch die Zusammenarbeit müsste man gegenseitig möglichst viele Informationen teilen und damit den Schaden möglichst verringern.

Trotz allem hat die japanische Regierung eine närrische offizielle Bekanntgabe angekündigt. Am 31. März. 2011 hat das Kultus-, Sports-,Wissenschafts- und Techniksministerium in den Lehrbüchern des Gymnasiums eingeprägt, dass Dokdo, welches ein koreanisches Territorium ist, zum Japan's Gebiet gehört. Ausserdem hat der japanische Ministerrat am 1. April 2011 eine unvernünftige Behauptung angekündigt, dass Dokdo ein Teil von Japans Territorium ist und auch dass Japan sich mit Gewalt widersetzen wird, wenn die Insel von Raketen angegriffen wird.

Daher habe ich gemerkt, dass es in Japan alberne Kabinettsmitglieder gibt, wobei sie anstatt sich über die Katstrophe zu bemühen, das und das über Raketenangriffe sagen. Einst war ich sehr ergriffen davon, dass die japanische Bevölkerung, trotz der schlechten Bedingungen, ihre Kabinettsmitglieder respektierte. Doch anhand der Verhältnisse der japanischen Regierung ist mir jetzt aufmerksam, dass es auch unrechte Mitglieder gibt.

Unter diesen Umständen habe ich mich festgestellt, dass eine exakte Erklärung über die japanische und koreanische Geschichte nötig ist. Allerdings gebe ich auch zu, dasszuvor präzise Information und Erkenntnisse vorrausgesetzt werden muss. Daraufhin werde ich über '10 Erkenntnisse um Dokdo zu verstehen', die in japanischen Schulbüchernzu sehen sind, schreiben und zeigen, dass ihre Behauptungen unzuverlässig und unsachlich sind. Obendrein möchte ich mit Reliabilität und Objektivität an die koreanische und japanische Geschichte herrangehen.

Zuerst ist es zu feststellen, dass alle Informationen, außer Anweisungen vom Hauptquatiers Oberbefehlshaber der Allierten(SCAPIN 677, SCAPIN 1033) mit garantierten Unterschriften, überhaupt keine Objiektivität und Reliabilität haben. Denn die Daten über koreanisches und japanisches Territorium sind inoffizielle und individuelle Dokumenten. Sie haben keine bestimmten Quellen, und der Briefschreiber war auch kein Vertreter des Landes. Ausserdem ist'Dohaemyonheo'(eineGenehmigung für das Angeln), das ein Beweis für Einwanderungs-

erlaubnis ist,auch unsachlich und unzuverlässig.

Daher kann man darauf hinweisen, dass in Bezug auf die Unfähigkeit der Außenpolitik von

Persönlichem und Öffentlichem zu unterscheiden, die Daten unsachlich und unzuverlässig sind.

Im Folgendenbezieht sich die japanische Außenpolitk auf den Vertrag von San Francisco um die Hoheitsrecht von Dokdo zu behaupten. Aber beim Ablauf des Vertrags fehlt die Zuverlässigkeit und Sachlichkeit und so auch bei der Behauptung Japans. Deshalb werde ich ein paar zuverlässige und sachliche Begründungen vorzeigen, um Dokdo als koreanisches Territorium zu beweisen.

(1) Ein Anweisungsdokument von Daejung Gwan(太政官指令) ist sowohl zuverlässig als auch sachlich. Er trägt den Inhalt, dass die Insel Dokdo und Ulreungl überhaupt keine Beziehung mit Japan haben(竹嶋外一嶋本邦關係無) und zum Anweisungsdokument des japanischen Premierministers gehört (siehe Unterlage 1).

(2) Im Jahr 1894, während des Kriges zwischen Chung Dynastie und Japan, brach die japanische Truppe in Palast Geyongbok ein und nahm König und Königin in Haft. Später im Oktober 1895 wurde die Königin in dem Palast ermordet.

(3) Der Staantanzeiger des koreanischen Reicheshatte Dokdo und Ulreung Insel am 24. Oktober 1900 als Gebiet der Gangwon-Inseln klassfiziert, um die Zugehörigkeit von Dokdo Insel zu bestimmen.

(4) Nach dem Krieg zwischen Russland und Japan(Februar 1904) wurde Seoul von der japanischen Truppe erobert. Dabei wurde der König bedroht und die japanischen Kammerraten hatten die Polizeigewalt in Besitz genommen.

(5) Im Februar 1905 wurde Dokdo auf Grundbuch der Shimane Präfektur eingetragen und inoffiziell in lokale Zeitungen angekündigt.

(6) Im November 1905 wurde das Ministerium des koreanischen Reiches von der japnischen Truppe übernommen und das Politksrecht verloren. Damit hatte Japan sozusagen das Koreanische Reich kolonisiert und dabei, in der Kriegszeit zwischen Russland und Japan, hatte Japan Dokdo durch Zwang dominiert.

(7) Im August 1910 kam der Anschlussder koreanischen Republik an Japan und für 36 Jahren wurde die koreanische Geschichte ausgelöscht.

(8) Es gibt einen historischen Beweis, der die japanische Behauptung widerlegt. Im Jahr 1905 war es durch die Kaiorer Erklärung (1943) möglich für Korea Dokdos Territorialität wiederzufinden. 1946 hatte SCAPIN(Supreme Commander for the Allied Powers Instruction Notes) Dokdo von der japnischen Domäne ausgeschlossen (SCAPIN 677) und Zugangsverbot bis zu 12 Meilen Radius von Dokdo angekündigt. (SCAPIN 1033)

(9) Nach der koreanischen Befreiung am 15. August 1945 wurde Dokdo als Territorium des koreanischen Reiches von SCAP(Supreme Commander for the Allied Powers) verwaltigt und mit der Gründung Republik Koreas wurde Dokdo von der amerikanischen Regierung offiziell ans korenische Territorium übernommen.

(10) Damit erhielt Dokdo eine offizielle Adresse: Geyonsangbukdo, Ulreung-Gun, Ulreung-Eup, Dokdori San, 1-37, und die Bewohner und Grenzwachen bewachen die Insel. Daher ist eine umstrittene Sache kaum von Rede, denn Dokdo wurde seit 1948 international als koreanisches Territorium anerkannt.

(11) Ausserdem ist die japanische Behauptungüber den Vertrag von San Fransisco unberechtigt. Der 1-5. Entwurf des Vertrags enthaltet den Inhalt, dassDokdo(Liancourt Rock. Takeshima) zum koreanischen Gebiet gehört. Trotzdem wurde Dokdo einst beim 6. Entwurf durch das japanische Lobbying als Japans Gebiet vorgeschrieben. Doch durch die Einwürfe des Amerikas, Englands, Österreiches und Neuseelandes etc. wurde der Inhalt über Dokdo bei der 7-9. Entwürfe weggelassen. Schließlich wurde die Umstrittung über Dokdo bei dem endgültigen Vertrag ausgelassen. Daher ist die japnische Behauptung unberechtigt

Zweitens.Die Briefe an den Botschaften der Vereinigten Staaten und an Dean Rusk, Vizeminister des Außenministeriums, haben weder genaue Quellen noch keine Öffentlichkeit. Daher sind diese Dokumente auch unzuverlässig und unsachlich.

(12) Am 5. Mai 1952 hat Mainich, ein japanischer Zeitungsverlag, mit Hilfe von Außenministeriums einen Artikel über den japanischen Friedensvertrag veröffentlicht. Auf der ersten Seite wird Dokdo aufeiner japanischen Territoriumskarte als Gebiet des Koreas angezeigt. Diese Karte wurde auch bei dem Vertrag von San Francisco bestätigt. (siehe Unterlage 2)

(13) Der Bericht über den Besitz Dokdos(veröffentlicht in 1986), das Van Fleet nach seinem Besuch Koreasschrieb, gilt nicht als ein öffentliches Dokument, das Korea und Japan teilt. Dieser Bericht beginnt mit dem Satz ´the Dokto Island(anderseits genannt als auch Liancourt oder Taka Shima) is...´. Das Wort ´Dokto´ in diesem Satz beinhaltet einen Rechtschreibungsfehler, denn die öffentliche Rechtschreibung ist Dokdo, nicht Dokto. Deshalb ist dieser Dokument ebenfalls weder zuverlässig noch sachlich

(14) Beim Hundertsten Jahrestag der koreanischen Befreiung im 8. Oktober 2010 hatte die japanische Regierung ihre historischen Falschheiten zugegeben und bekannt gemacht, die gestohlene Kulturgüter an ihren ursprünglichen Besitzern zurückzugeben. Das heißt, das Japan auch anerkennt, dass sie die koreanischen Politikskräfte entrissen hatten. Also, Korea hatte damals weder politsche Kräfte noch Absicht, Dokdo illegal an sich zu nehmen. Sie wollten nur das Eigentum Koreas beschützen.

(15) Bei dem Beispiel von Entströmung der Radioaktivität in Japan kann man voraussetzen, dass bei einem millitärischen Angriff alle Länder Schaden abbekommen, unabhängig davon, welches Land angegriffen wird. Dazuhin sollte Japan nicht vergessen, dass sie bei Gwan-Dong Großbeben 1923 ihren Wut an Korea in Form von Massenmord ausgelassen hatten.

Wie oben erwähnt sind die japanischen Daten des Außenministeriums unzuverlässig und unsachlich. Außerdem wurde das Problem über Doko exzeptionell bei einem lokalen Zeitungsverlag veröffentlicht, obwohl alle Territoriumsaufnahmen anhand des Völkerrechts international veröffentlicht werden muss. Die Wahrheit über Dokdo wurde geheim gehalten, damit die Wahrheit nicht an die japanische und koreanische Delegationen gelangt. Deshalb ist diese Auskunfti in Bezug auf Völkerrecht ungültig. Dazu ist es lächerlich, dass die japanische Regierung trotz der vielen historischen Falschheiten immer noch das Hoheitzrecht von Dokdo behaupten, anstatt sich zu entschuldigen und über ihre Fehler nachzusinnen.

Es ist sehr enttäuschend, dass die japanische Regierung mitten in einer schweren Lage wegen der Naturkatastrophen über die Rakentenangriffe auf Dokdo lärmt. Bemitleidenswert ist es auch, dass die Stimmen der japanischen Individuellen, die wahre Geschichte wissen, nicht zu hören sind und auch dass die Studenten bei ihrem Bildungsgang die falsche Geschichte gelehrt werden. Ihre Aktionen bringt Feindseligkeit für beide friedenhafte Länder. Deshalb ist es förderlich, dass die japanische Regierung ihren Fehler anerkennt und ihre falschen historischen Ausbildungen aufgibt.

<Literaturverzeichnis>

– Warum ist die Behauptung Japans über Dokdos Hoheitsrecht falsch? *Dokdo Institut*

– Japanisches Außenministeriums Interneseite

<Unterlagen>

(Unterlage 1) Daejung Gwan(太政官指令) 1877 beträgt den Inhalt, dass Dokdo und UlreungInsel nicht auf Shimane Präfektur eingetragen werden soll. Der japanische Premierminister äußerte seine Wille, dass diese beiden Inseln überhauptkeine Beziehung mit Japan haben.

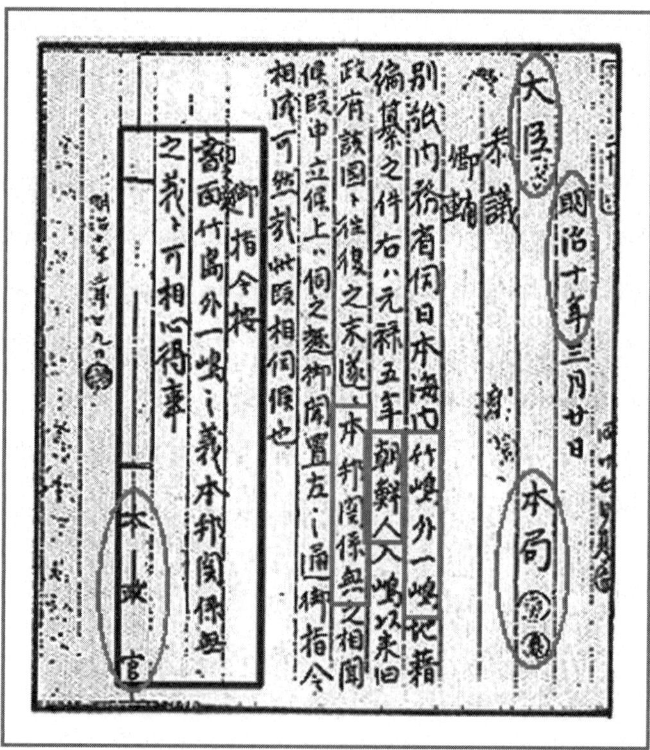

明治十年三月廿日

大臣

参議

卿輔

本局

別紙内務省伺日本海内竹嶋外一嶋地籍編纂之件右ハ元禄五年朝鮮人入嶋以来旧政府該国ト往復之末遂ニ本邦関係無之相聞候段申立候上ハ伺之趣御聞置左之通御指令相成可然哉此段相伺候也

御指令按

書面竹島外一嶋之義本邦関係無之義ト可相心得事

本官

(Quelle: Direktor der Staatarchivbücherei der japanischer Staaten. Dokdo Akademie)

(Unterlage 2) Ein Dokument(japanischeTerritoriumskarte), das nach dem Friedensvertrag in San Francisco September 1951, bei einem japanischen Zeitungsvertrag, Mainich, am 25. Mai 1952 auf Seite 616 eingetragen wurde. Hier wurde Jukdo(Dokdo auf Japanisch 竹島) als koreanisches Territorium eingetragen. (aus Dokdo Akademie zitiert.)

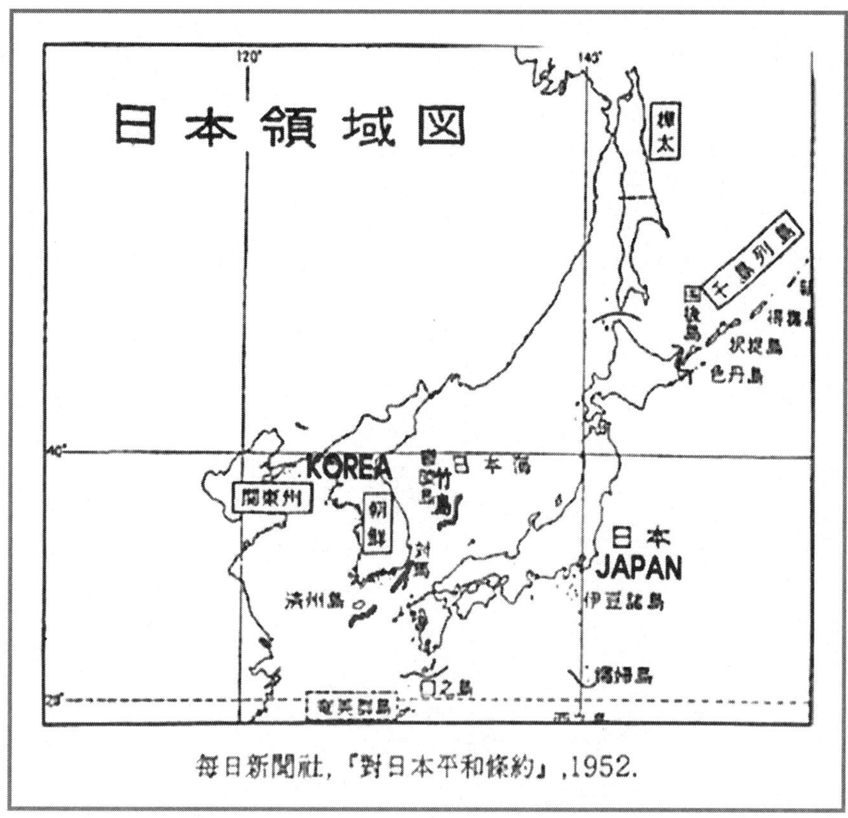

毎日新聞社,「對日本平和條約」,1952.

den 17. April 2011

Yang Yeong Digital Gymnasium

Schulleiter Yeun-Sung, Jang

Проблемы и лжи появилось в материале о Токто на главную иностранных дел в Японии.

Небо и Земля знает Министерством Японии иностранных дел не является ни надежным, ни цели в данных Токто.

러시아어

Russian

Проблемы и лжи появилось в материале о Токто на главную иностранных дел в Японии.

После пересмотра основных укрепление юридического образования «патриотизм образования во время Абэ Shinso администрации в 2006 году, Министерство образования, культуры, спорта и технологий Японии назвал Токто который является корейский остров японской территорией в обучении путеводители и книги объяснение на основе пересмотренных закон в 2008 и 2009 годах. Элементарные учебники в 2010 году средней школы учебников 30 марта 2011 года, высокие школьные учебники 27 марта 2012 те же идеи. Япония также планирует рассмотреть и утвердить другие учебники в 2014 году. Кроме того, Токио провинции описал его настоянию о суверенитете над Токто в государственных средних школах японских учебниках истории которого стало обязательным предметом в апреле этого года. Кроме того, ралли Токио состоялась настаивает Токто был территории Японии 11 апреля.

Подобно этому, правительством Японии был доминирующей территории Кореи через систематические ложное руководство, что они выдумали, показывая ложные истины.

Ложь учебников и учебных пособий на основе искаженной материалов, не объективность и надежность предлагаемых японским факультет иностранных дел.

Есть официальные документы и личные документы, когда мы видим, материалы, связанные с Токто Японии иностранных дел «Домашняя страница.

По крайней мере, источники, касающиеся национальной территории, должны быть официальные документы. Официальные документы являются надежными и объективными, потому что они имеют определенные сигнатуры и источников. Однако, когда мы изучаем материалы, связанные с Токто, мы можем найти проблемы и лжи.

(1) Уведомление № 40 от Симанэ в феврале 1905 года

В феврале 1905 года Япония объявила о Токто были включены в Симанэ заняв Токто незаконно. Однако, это нарушает международное уведомление о включении территории, и это произошло без признания Кореи. Кроме того, уведомления не было подписи губернатора в Симанэ в.

Это не надежно использовать этот документ в качестве источника утверждают территории.

Уведомление № 40 от Симанэ: нет подписи. игнорируя международное уведомление о включении территории. кражу тай но

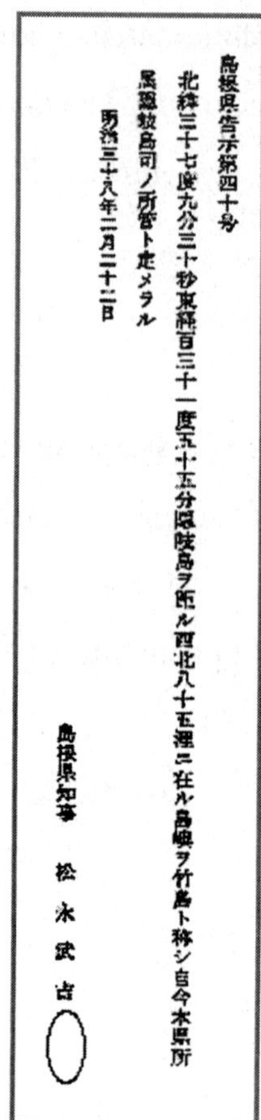

島根県告示第四十号

北緯三十七度九分三十秒東経百三十一度五十五分隠岐島ヲ距ル西北八十五浬ニ在ル島嶼ヲ竹島ト称シ自今本県所属隠岐島司ノ所管ト定メラル

明治三十八年二月二十二日

島根県知事　松永武吉

(2) Распоряжения Верховный штаб союзных Наций Скапена-677 (официальный документ)

Этот материал обладает надежной подписи и так считается официальным документом. Этот документ отметить, что назначенный союзными державами, что Япония не может повлиять на политический контроль и управлять для UlreungDo, Токто (Takesima), Iz, и Ogasawra острова.

Скапена-677 (официальный документ) - признана на основе материалов для официального документа.

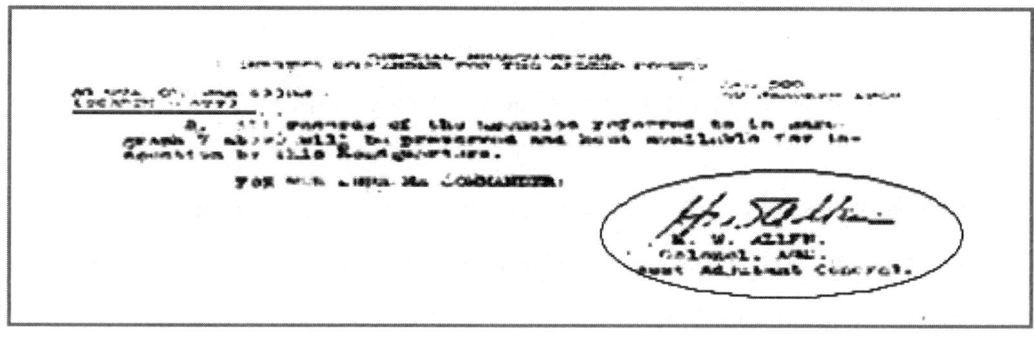

a. All records of the ... referred to in paragraph 7 above will be preserved and kept available for inspection by this Headquarters.

FOR THE SUPREME COMMANDER:

H. W. ALLEN,
Colonel, AGD,
Asst Adjutant General.

(3) инструкции от Верховного штаба Союзных Наций

(Июнь 1946 года. SCANPIN-1033)

Этот документ надежной подписи, поэтому он может быть разрешен в качестве официального документа. Союзные Наций регулируются линии Макартура и запретили японских кораблей или шкипер подходу в 12miles вокруг Токто.

SCANPIN-1033 (официальный документ) - признана на основе материалов для официального документа,

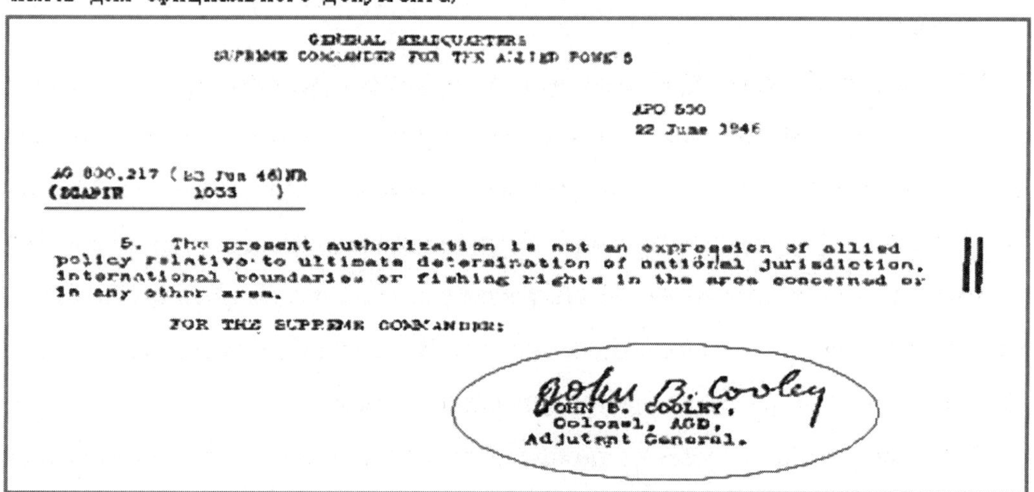

GENERAL HEADQUARTERS
SUPREME COMMANDER FOR THE ALLIED POWERS

APO 500
22 June 1946

AG 800.217 (22 Jun 46)NR
(SCAPIN 1033)

5. The present authorization is not an expression of allied policy relative to ultimate determination of national jurisdiction, international boundaries or fishing rights in the area concerned or in any other area.

FOR THE SUPREME COMMANDER:

JOHN B. COOLEY,
Colonel, AGD,
Adjutant General.

(4) Ян Чан Вы письма, который был корейский посол в Америке, Achison, министра обороны по 19 июня 1951

---, Письмо с просьбой о включении Токто и паранг острова.

Это личное письмо, а не официальным письмом. Существует нет источников о происхождении и, без подписи. Данный документ не может считаться официальным письмом к обсуждению национальной территории.

You Chan Yang

His Excellency
Dean G. Acheson
Secretary of State
Washington D C

(5) письмо Дин Раск, который был заместителем министра обороны по Восточной Азии, Ян отправляется Вы Чан, который был корейский посол в Америке.

Письмо Дин Раск, который был направлен Ян Чан Вы девятого августа 1951 года, не является официальным письмом, потому что не имеет никаких оснований о его источнике, и подпись. Данный документ является материалом, который не может считаться официальным письмом обсуждении национальной территории. Тем не менее, японское правительство утверждает, что она имеет право распоряжаться более чем Токто на основе этого материала. В частности, имя Дин Раск был не штамп подписи. Он также отличается от написания письма.

Это полностью отличается от таможенных Америки. так что это определенно, что это письмо не хватает объективности и достоверности.

Japanese nationals it would not seem appropriate that they obtain compensation for damage to their property as a result of the war.

Accept, Excellency, the renewed assurances of my highest consideration.

For the Secretary of State:

<Problems>

1. Личное письмо не является гражданином документа, поскольку он не имеет никакой ценности для официальных материалов

2. Подпись Дин Раск был не штамп подписи. Он также отличается от написания в письме.

3.Источники не ясно.

4. Таким образом, это письмо не может считаться материал для обсуждения национальной территории.

(6) Возвращаясь доклад Ван Флит посла после Корейской посещения в 1954 году (описанный в 1986 г.)

По возвращении доклад Ван Флит говорил, что законопроект, в котором Такэсима находится на территории Японии необходимо обратиться в международный суд для утверждая, Токто (Токто) отмечен в качестве основного названия с данными о собственности на Токто Остров. Также Токто обозначен как Liancourt возьми Шима. Таким образом, эти данные показывают, что Токто, конечно, на территории Кореи. Кроме того, его официальное название должно быть исправлено в Токто и принять Шима, не Dokto и Така Шима. Учитывая этот момент, эти данные не является официальным документом, который был направлен в Корею и Японию. Таким образом, мы не сомневаемся, что эти данные не должны использоваться в качестве данных для национальной территории.

4. Ownership of Dokto Island

The Island of Dokto (otherwise called Liancourt and Taka Shima) is in the Sea of Japan approximately midway between Korea and Honshu (131.80E, 36.20N). This Island is, in fact, only a group of barren, uninhabited rocks. When the Treaty of Peace with Japan was being drafted, the Republic of Korea asserted its claims to Dokto but the United States concluded that they remained under Japanese sovereignty and the Island was not included among the

<Problems>

По возвращении доклад Ван Флит посла (описанный в 1986 г.) / По данным собственности Dokto острова

(1) Токто обозначен как основной именем. Таким образом, это доказывает, что Токто является территорией Кореи.

(2) выразила по-другому, Токто называется Liancourt или така Шима, который доказывает, что Токто является территорией Кореи.

(3) Опять же, имена должны быть исправлены в Токто и принять Шима, не Dokto и Така Шима.

(4) Эти данные не доказывают истинность территории Dominium из Токто Корея так как он не уверен в подписании и источники в нем.

(5) Таким образом, возвращение отчет не может быть доказательств материал для дискуссии о национальной территории. И это не в состоянии принять решение о национальной территории.

В результате смотрит в данные о Токто с сайта японского министерства иностранных дел, она может быть найдена есть некоторые проблемы и ложь в нем. А именно, два из них указывает на очевидный источник и подписи официально надежный материал в порядке верховного командования союзных наций (SCANPIN-677, SCANPIN-1033) в 1946 году. Таким образом, это правда, что нации союзников было объявлено, что Япония не может управлять UleungDo, Чечжудо и Токто (Такэсима) в политике и управлении. Кроме того, он считается действительным свидетельством того, что японские корабли и их экипажи не могут получить доступ к области в пределах 12 миль от Токто. Это наглядно демонстрирует, что Токто является территорией Кореи. Тем не менее, остальные данные должны рассматриваться как личные письма или сообщения, а не в качестве официальных документов, потому что они не имеют официальных подписей и ясно источников данных в нем. Другими словами, эти данные не считаются официальными документами.

Совершенно очевидно, что данные ответил Ян, ты Чан, Посол Республики Корея при Организации Объединенных Наций, через Дин Раск, который является помощником заместителя государственного Кабинет по делам Дальнего Востока в связи с иском о Токто Dominium из Япония имеет самый тяжелый в своих силах. Тем не менее, эти данные не считаются надежными, на имя Дина Раска в данных просто записываются так же, как штампованные печать, заканчивая другим почерком, который был написан в основной проход. Кроме того, очевидно, что личные письма не могут быть использованы в качестве важных данных по иску территории Dominium нации.

Теперь, глядя на два вида данных ниже. это данные, которые официального документа Национальный архив Японии, который состоится в Японии, включая год выпуска и дату, детали, ясно источников, и подпись, хотя она написана до 1900 года.

(1) Taejunggwan (премьер-министр Японии директивы, источник: проводимых Национальный архив Японии, указанные в обращение Токто общество)

Taejunggwan (премьер-министр Directive) заявляет, что Токто не имеет ничего общего с Японией по отношению к аргументу, что UlreungDo и Токто должен быть поставлен на учет земельный регистрации Симанэ в 1877 году. Эти данные ясно показывают, что Токто является территорией Кореи в дополнение к тому, что это очевидный материал доказательств при рассмотрении спора о Токто до и после 1877 года, и соединяющий прошлое и позже день вместе. Это также говорит, что UlreungDo и Токто не имеет никакого отношения к Японии после столкновения рыбаков в том числе, Юн Бок между Кореей и Японией в UlreungDo в 1692 году.

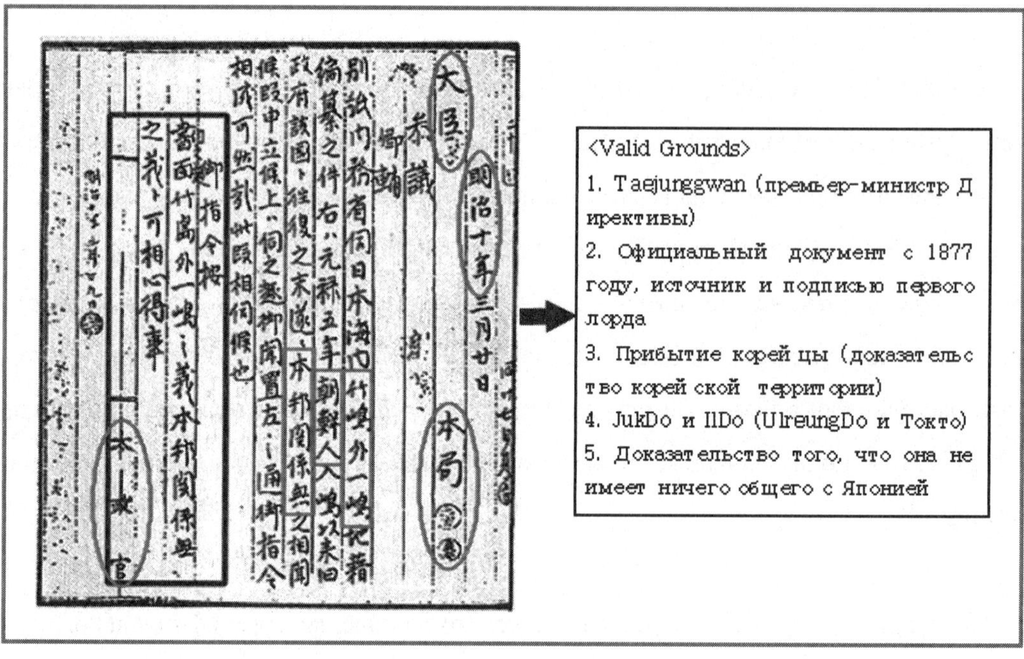

<Valid Grounds>
1. Taejunggwan (премьер-министр Директивы)
2. Официальный документ с 1877 году, источник и подписью первого лорда
3. Прибытие корейцы (доказательство корейской территории)
4. JukDo и IlDo (UlreungDo и Токто)
5. Доказательство того, что она не имеет ничего общего с Японией

(2) Территория Карта Японии

Mainizzi Газета Япония представила данные, относящиеся к территории карта Японии в руководстве объяснение всего страниц 616 в общей сложности 25 мая 1952 году после Сан-Францисского мирного договора подписавшие в сентябре 1951 года. В этих данных газета Mainizzi, он четко отметил, что Токто (JukDo на японском языке) находится на территории Кореи. Это показывает, по-видимому, что Токто является территорией Кореи, несмотря на столкновение до и после 1951 года.

Тем не менее, Япония заявила Токто территории Dominium, представляя данные личные письма, поддельные имена, которые отличаются от тех, в главном проходе, и без подписи, в конечном итоге исключая запись, Токто является территорией Кореи в официальных документах, таких как Taejunggwan запись состоялась в 1877 году на территории Японии и карту Японии Сан-Францисского мирного договора подписавшие в 1952 году. Это утверждает источник, который не имеет достоверности и объективности.Запись Taejunggwan и территории Карта Японии ясно показывают, что Токто является территорией Кореи в отношении спора, вызванного до и после 1877 года и 1951 года. Таким образом, можно считать, что Корея только что сохранили Токто который является оригинальным территории Кореи. В то же время, претензии Японии, Корее Токто незаконно оккупирована и что Токто является территорией Японии не соответствуют действительности.

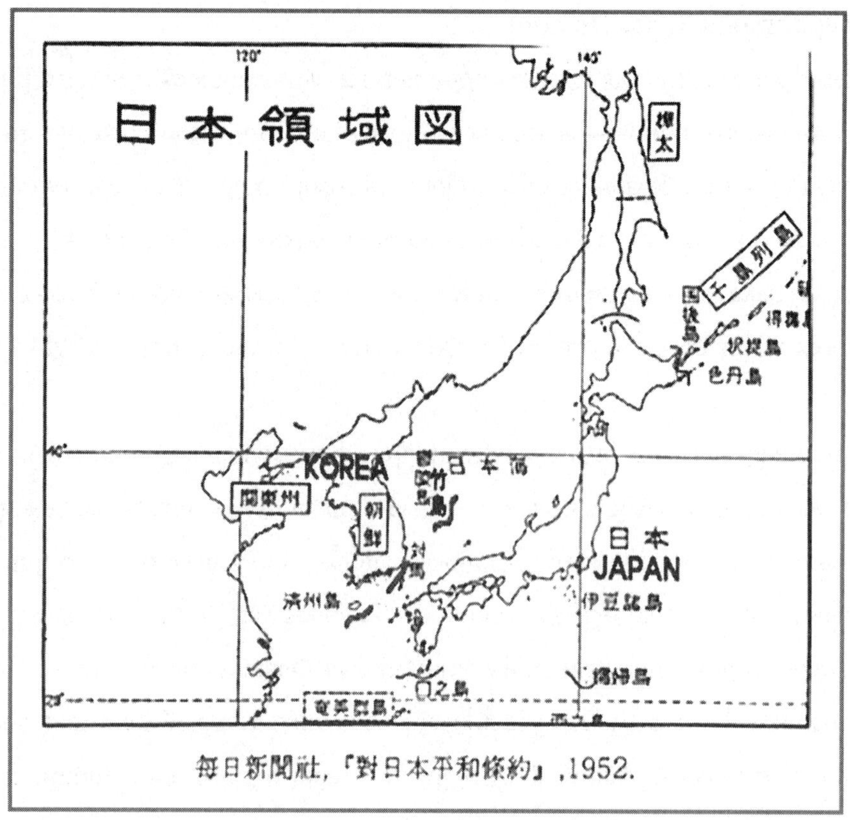

毎日新聞社,「對日本平和條約」,1952.

В последнее время японское правительство с нетерпением подстрекательство граждан к обучению своих людей с ложными японской и корейской истории. Сейчас мы сталкиваемся с реальностью, что японское правительство прилагает материалы, связанные с Токто с ложной информацией. Как один ложь из другого, ложь материалы с японского иностранных дел, которые являются основой для японских учебниках истории, чтобы Япония просто ложь нации. Если Япония не имеет самостоятельного самоанализа в процессе производства и результаты, основанные на фактах, о японской и корейской истории, он останется в одиночестве в мире. Кроме того, если больше студентов или групп учиться неправильно книги по истории, будущего результата из этой ситуации будет уничтожение человечества. Существует серьезная проблема, которую нельзя игнорировать об отношениях между Японией и Кореей.

Если Япония ухудшение отношений между Японией и Кореей, мы не можем рассматривать Японию хорошим соседом. Корея, которая любит мир, должны быть готовы к различным контрмеры спокойно и хладнокровно. Япония, страна, которая не далеко, нельзя назвать близким соседом.

Большинство материалов с сайта Японии иностранных дел не хватает достоверности и объективности. Япония должна удалить официальных документов, таких как площадь Карта Японии с японского мирного договора в 1952 году, Taejunggwan документ и вернуть ложные и необоснованные претензии. Япония должна отказаться от уродливой внешности и восстановить свою целостность вид, рассматривая отношения Японии и Корее, как важно.

2012.5.11

Основные Чон Юн Сон

Ян Young Digital средней школы

316 Seohyeon-дон-гу Bundang Соннам-Сити

Кенги-до Республики Корея 463-819

Небо и Земля знает Министерством Японии иностранных дел не является ни надежным, ни цели в данных Токто.

У меня было чувство гуманизма, а также огромная симпатия к соседней стране Японии и их людей, у которых в период кризиса и в отчаянии от ужасного опыта недавнего землетрясения, цунами и радиационное облучение которое произошло в марте 2011 года. В то же время, я был под большим впечатлением от личной реакции спокойствие общественности для того, чтобы справиться с ситуацией. Наряду с этим, я очень высоко оценил тот факт, что японцы показали учетом других выше своих собственных потребностей в беды и боли.

Сказав это, я разочарован в том, как японское правительство ответило на эту сложную ситуацию. Я сомневаюсь, что японское правительство было добрым намерением, чтобы справиться со всеми трудностями ситуаций стихийного бедствия для своего народа. Как по мне, это было странно, что японское правительство не было готовности должным образом реагировать на преодоление национальной катастрофой для своего народа. Например, японское правительство управляемых людей к эвакуации до 20 км до 40 км от жилых районов, которые пострадали от радиации и они не показывать подходящую или оперативного реагирования, чтобы справиться с кризисом срочно. Поэтому можно сказать, что опасности от радиации и землетрясений становится все хуже и привело к более долгосрочным проблемам.

Известно, что в Японии считается «ручной общества, где общество основано на заказ и инструкции. Однако я сомневаюсь, что подход к решению проблемы, что японское правительство приняло для борьбы с кризисом была объективной и достоверной.Все усилия, чтобы справиться с кризисом национальной бы информировать общественность и направлять их сразу и немедленно. Там также должны быть эффективная связь и сотрудничество с соседними странами, с тем эффективное решение против больших масштабах ущерба от радиации могут быть разработаны как можно скорее.

Несмотря на это, было официально объявлено культуры и науки правительства Японии 31 марта 2011 года, что Токто, которые исторически принадлежало территории Кореи, является территорией Японии через учебники истории для средней школы.

Кроме того, по состоянию на 1 апреля иррациональное утверждение было объявлено еще раз, что Токто является территорией Японии. Другими словами, японский кабинет министров заявил о Dominium Токто, заявив, что Япония будет защищаться, если на территории Токто атакуют ракетами. Вместо того, стремясь справиться во время кризиса от стихийных бедствий, жаль, что некоторые японские члены кабинета кто бы спорил, а что Токто принадлежат их собственной территории. У меня есть симпатия к японской общественности, которые считают, что позиция японского правительства, которое настаивает на том, по-своему разумно их международный статус.

В связи с этим следует признать, что историческое образование о Корее и Японии необходимо для японской общественности, которые не имеют соответствующих знаний или известные факты неправильного Токто. Тем не менее я согласен, что не должно быть окончательное доказательство и понимание Токто до принятия этого заключения. Я считаю, что ссылка показали '10 вещей, чтобы понять о Токто «, который японские школьные учебники на основе и изучал японский иностранных дел, не хватает объективности и надежности. Затем я заглянуть в историю Кореи и Японии с объективностью и надежностью.

Большая часть данных не показывает их надежность и объективность, за исключением документов для заказа с головы дежурного власти союзных (Скапена 677-Хо, Скапена 1033-Но), который продемонстрировал объективности и надежности с гарантированным подписания в 1946 году . Он отметил, что большая часть данных, относящихся на национальной территории была написана человеком, а не в официальных документах. В дополнение к этому, она также указывает, что источник всех данных, неизвестно. Поэтому я считаю, что личный владелец документа не отражает политику страны. Кроме того Dohaemyeonheo который является лицензия на рыбалку сотрудничества между Кореей и Японией не демонстрирует надежность, хотя и гарантирует движение в чужой земле. Опять же, данные из иностранных дел, которое было объявлено не показывает объективность и достоверность в отношении будучи не в состоянии отличить значение между официальным документом и частной. Кроме того, это абсурдно, что японское правительство утверждает, Dominium из Токто, упомянув в Сан-Франциско конвенции.

В связи с этим, я буду утверждать, что Токто, на самом деле территория корейца, глядя на некоторые данные с объективностью и надежностью.

1. Очень надежный источник данных, документов Taejeongkwan правительства (1877 г.), говорит, что Уллындо и Токто не связанных с Японией. Документ Taejeongkwan правительство имеет право на власть, как документы, японский премьер-министр в.

2. Японские войска вторглись в Kyeongbokgung Дворец Кореи в 1894 году во время войны между Chung-династии и Японии, а также императрица Корейской империи был пойман и, наконец, убит японскими войсками в 1895 году.

3. Чтобы прояснить позицию Токто, на 24 октября 1990 года, корейская империи включены Токто и Uleungdo в провинции Канвондо

Существует официальный бюллетень от корейской империи (на 27 октября в 1900 г.) документально этот факт.

4. В феврале 1904 года власти корейского финансового отдела, иностранных дел и полиции власти доминировали японские советника, который был отправлен из Японии после того, как Сеул был занят, все главы кабинета министров находятся под угрозой со стороны Японии после войны между Россией и Японией.

5. Токто был зарегистрирован неофициально в протоколе регистрации земли Симанэ Хен в государственных региональных газет в феврале 1905 года.

6. Япония навязала миру свою власть над колониями Корея и лишен дипломатического права (ноябрь 1905), угрожая корейского императора и ministersl а также убийство императрицы корейского период империи, и, взяв бразды правления администрации через резиденции генерал-. Бешеный войны между Россией и Японией в 1904 году, это был Токто, которые были изъяты во время оккупации Корейского полуострова Японией.

7. Вся территория Кореи была захвачена после того, как Корея, Япония Аннексия (август 1910) и политикой уничтожения корейской истории было сделано для дальнейшего Тридцать шесть лет.

8. Есть несколько исторических истин, которые Токто был захвачен в 1905 году, когда было установлено, в период вторжения Японии в рамках «Каирская декларация». В 1943 году Токто был освобожден от японской территории (Скапена 677-Но) через объявление Верховного Главнокомандующего за Notes союзных держав Инструкции. (Скапена). Кроме того, он также является фактической истории, приближающихся японских рыболовных судов было запрещено в пределах 12 морских миль.

9. Токто является корейской территории, которая в настоящее время управляется как часть аффилированных островов Корейского полуострова в Декларации Верховного Союзной Державы, так как независимость от Японии на 15 августа в 1945 году. Кроме того, очевидно, относится к территории Кореи, которая была официально перешла от американского правительства, в то же время правительство Республики Корея было обнаружено 15 августа в 1948 году.

10. Таким образом, Токто был утвержден на международном уровне и адресована Kyungsangbuk-Do Уллын пушки Уллын-ып Токто-Ri Сан 1-37 и было время сохраняется его жителей и их гарантий. Таким образом, оно не может быть спорным вопросом, поскольку Токто является международно признанным будет принадлежать Республике Корея с момента его образования.

11. В 1951 году на Сан-Франциско Конвенции и Раск послание, японское правительство настаивает, это во-первых утверждал, что с 1 по 5 проектам Америки в Сан-Франциско конвенции в то время показало, что Токто (Liancourt Rock. Такэсима) была территория Корея. С другой стороны, 6-го проекта говорит, что Токто принадлежит Японии в связи с японского политического лобби. В связи с этим Америке, а также Англии, Австралии и Новой Зеландии выступили против конвенции от 6 проектов по Токто. Это привело к бездействия Токто в 7-9-проектов. В этой серии инцидентов, Токто не упоминается. Не понятно, что бездействие означает, что Токто принадлежит Японии, а не в Корее.

Во-вторых, на 19 июля в 1951 г., письма посла Соединенных Штатов и Дин Раск, вице-министр государственного департамента (10 августа 1951 г.) были лишь частные письма без подписи. Поэтому в этом отношении эти письма, которые не имеют представителей не может быть одобрено быть объективными и надежными, поскольку они не считаются официальными документами.

12. С 25 мая в 1954 году мирного договора для Японии как справочник был опубликован японская газета Mainichi с помощью иностранных дел. Установлено, утверждать, что Токто, очевидно, на территории Кореи в первой главе Dominium карту Японии, которая была утверждена в Сан-Францисский мирный договор.

13. Согласно докладу (открыто в 1986), Ван Флит посол написал после своего визита в Корею в 1954 году, ясно, что она не должна рассматриваться как официальный документ, Кореи и Японии доля, в частности, рассматривает вопрос о собственности из Dokto. Он также начинается с предложения: «Остров Dokto (иначе называемый Liancourt и Така Shima) есть». В этом предложении, это правильно, что Токто является официальным именем и другими выражениями имена Liancourt и Така Шима. Тем не менее, она не может считаться официальным документом при рассмотрении неправильного написания Dokto, а также в качестве данных, которая является объективной и достоверной.

14. Признавая их неправильных действиях против Кореи в прошлом, Япония обещает нам вернуть все корейские культурные ценности на 10 августа в 2010 году 100-летний юбилей Корея-Япония аннексии 1910 года. Активы были принудительно лишены Японии. Япония открыто признавая вторжение в Корею. Мы, корейцы, не имеют политической власти, способности, или даже намерение незаконно занимают территорию Японии. Тем не менее, Корея имеет только гордость сохранить остров Токто из Японии.

15. Как мы знаем, через случае первого выпуска радиоактивности из Японии, Корее и Японии может столкнуться с такой же ущерб, вред и разрушение. При этом следует помнить, что большое количество корейцев были убиты для того, чтобы Япония приписывать свой гнев от огромного землетрясения в kwandong в 1923 году и обвинили Корею.

Из данных о Токто исследовали выше, каждая данные, которые японские иностранных дел сообщило или объявлены не рассматривается как цель и надежными на всех. Только вопрос о Токто сообщается в местной областной газете, хотя вопрос о территории должны быть включены на основе международного официального анонса. Правда о Токто был держится в секрете на счетах, что официальная газета требует международное право должно быть сообщено миссии в Корее проживали в Японии и посольства и миссии в каждой стране. Таким образом, это не очевидно, справедливо международного права.

Кроме того, при взгляде на отношения между Кореей и Японией исторически, это правда, что самоанализ и извинений от Японии должны быть обязаны без промедления. Поэтому до смешного жалким, что существует конфликт между Кореей и Японией о проблеме Токто.

Это большое разочарование тем, что японское правительство пыталось говоря уже о том Токто было сказано «атаковали ракетами» во время недавнего стихийного бедствия. Жалко, что японцы также показать свои абсурдные и бесчувственного отношения, в частности, только о вопросе Токто, хотя и согласился, что японцы, как правило, хорошо образованы, чтобы знать историю о Корее и Японии. Кроме того, их национальные символы, как известно, быть честным и внимательным с хорошими манерами по отношению к другим. Кроме того, это позор, что правительство Японии ввело школьников с неправильными историческими фактами через образование История школы. Непонятно, что они проявляют враждебность по отношению к соседней стране, Кореи, которые могут привести к уничтожению мира между Японией и Кореей

Поэтому я настоятельно призываю, что японское правительство должно создать зрелый и честные политики в области образования, так что школьники могут извлечь выгоду из истории образования, которые могут внести вклад в их будущее страны ярмарки в этом глобальном времени, а также история образования для детей и взрослые, которые проявляют ущерба через ложное знание истории. Я убежден, что правда, реального мира, доверия и уважения друг к другу между Кореей и Японией может быть плодотворно достигнута в скором времени в будущем, которые могут способствовать миру и справедливости для всех.

<справочные данные>

1. Taejeongkwan (1877), орденом японского премьер-министра (приказ Taejeongkwan) согласен, что Уллындо и Токто, должны быть зарегистрированы в протоколе регистрации земли Симанэ Хен, и заявили, что они не связаны с Симанэ Хен.

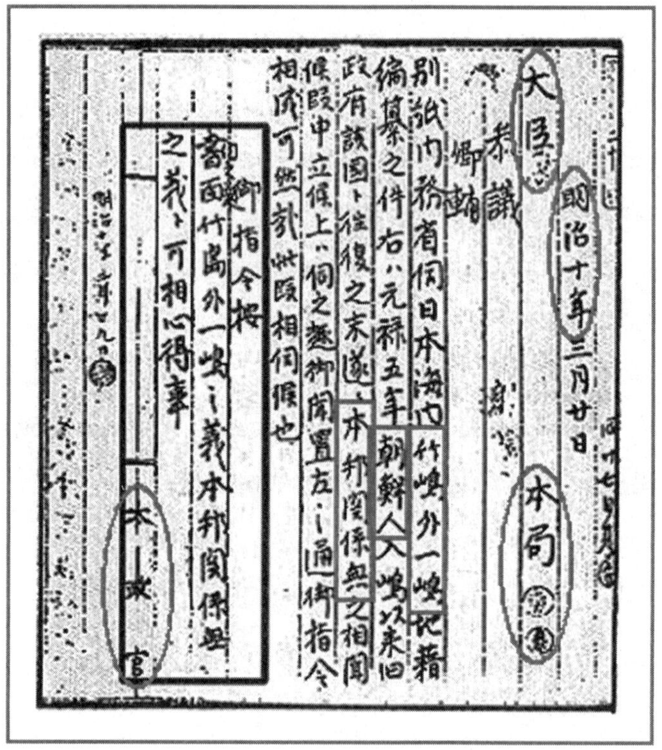

明治十年三月廿日

大臣 参議 卿輔 本局

別紙内務省伺日本海内竹嶋外一嶋地籍編纂之件右ハ元禄五年朝鮮人入嶋以来旧政府該国ト往復之末遂ニ本邦関係無之相聞候段申立候上ハ伺之趣御聞置左ノ通御指令相成可然哉此段相伺候也

御指令按

書面竹島外一嶋ノ義本邦関係無之義ト可相心得事

明治十年三月廿九日

(Источник: принадлежащий директору Национального архива Япония)

2. Данные показали в справочнике из 616 страниц в общей японской газеты Mainichi 25 мая 1952 году после союзные власти подписали «мирный договор» в Японии в Сан-Франциско, США, в сентябре 1951 года

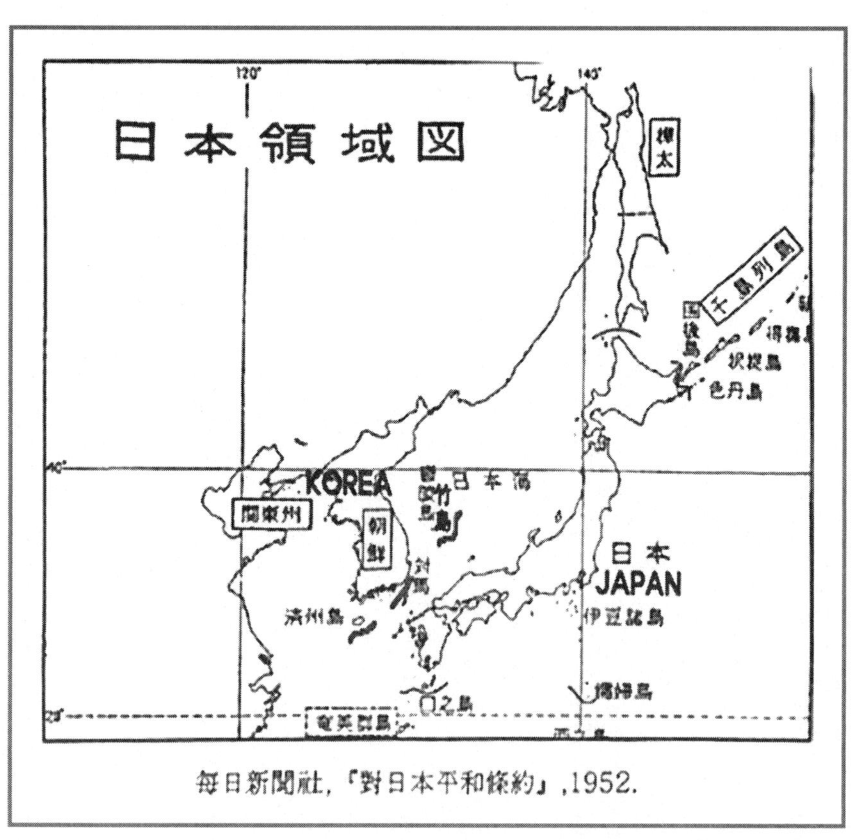

每日新聞社,「對日本平和條約」,1952.

2011.7.16

Основные Чон Юн Сон

Ян Young Digital средней школы

316 Seohyeon-дон-гу Bundang Соннам-Сити

Кенги-до Республики Корея 463-819

関東州
済州島

Spanish

El problema y la falsedad en los materiales relacionados con Dokdo de Sitio Web del Ministerio de Relaciones Exteriores de Japón

El material del Ministerio de Relaciones Exteriores de Japón sin objetividad y credibilidad, y La historia entre Corea y Japón que todos saben.

El problema y la falsedad en los materiales relacionados con Dokdo de Sitio Web del Ministerio de Relaciones Exteriores de Japón

El ministerio del Departamento de Educación bajo el primer Ministro Shinzo Abe revisó la ley básica "para fortalecer la educación patriótica". El ministerio tiene plan para cambiar el territorio de Corea, Dokdo al de Japón, según la nueva ley. El libro de texto escribió que Dokdo es el territorio de Japón en el libro de consejos e instrucciones en 2008 y 2009, el de escuela primaria en 2010, el de escuela de secundaria en 2011, y el de escuela de bachillerato en 2012 revisorá los otros libros de texto hasta 2014.

Desde abril de este año la provincia de Tokyo ha escrito que Dokdo es el territorio de Japón en el libro de la historia de Japón como asigriatura obligatoría en todas las escuelas públicas de bachillerato.

El 11 de abril, también se celebró la conferencia de Tokyo en la que declaró Dokdo es el territorio de Japón.

Así mismo el gobierno de Japón se celebró el territorio de Corea con la magia engañosa por medio de hacer manual de falsa estructural de educación de la historia entre Corea y Japón.

La razón por la que los libros de texto distorsionados tienen testigos sincreíbles, es que el Ministerio de Asuntos Exteriores dío a conocer los documentos distorsionados sin objetividad y credibilidad.

En los materiales relacionados con Dokdo de Sitio Web del Ministerio de Relaciones Exteriores de Japón, hay materiales oficiales y documentos privados. Hay que ser materiales oficiales es para que hable del territorio nacional. Generalmente parece que los mateirales-ficiclaes con la firma segura y origen tienen credibilidad y objetividad.

Pero en los materiales relacionados con Dokdo en el Sitio Web del Ministerio de Relaciones Exteriores de Japón, puede encontrarse algunos problemas y algunas ficciones.

(1) En febrero de 1905. La declaración de la prefactura de la provincia Shinemane el No. 40.

En febrero de 1905, después de que Japón robó Dokdo, Japón declaró que Dokdo perteneció la prefactura de Shimane. Sin embargo Japón no prestó atención a la declaración internacional de la incorporación del territorio. Mientras Corea no lo sabía nada, Japón cometió dicha declaración. Además, no hay ni sello del alcalde de la Shimane en la declaración de Shimane. Entonces, utilizar este documento a base de reclamar su tierra propia no es posible en el aspecto objetivo y confiable.

En Sinema-Hyun(Unidad de Municipio japonés), Anuncio 40° :
No hay ni sello oficial en el anuncio. Ignoró el anuncio internacional en que Corea contiene Dokdo como la tierra. Por consiguiente la arrebató

島根県告示第四十号

北緯三十七度九分三十秒東経百三十一度五十五分隠岐島ヲ距ル西北八十五浬ニ在ル島嶼ヲ竹島ト称シ自今本県所属隠岐島司ノ所管ト定メラル

明治三十八年二月二十二日

島根県知事　松永武吉

(2) La instrucción del Mando Supremo de Cuartel General Aliado (1946 enero. SCANPIN –677)

Este documento tiene firma segura. Por eso reconocemos que este es oficial. Este documento dijo que “Los países Aliados habían designado Ulleungdo, Jejudo, Dokdo, Iz y Ogasawara como las tierras en que Japón no tocó ni política ni administración.”

SCAPIN 677° (Documento oficial) : Se reconoce el documento oficial como la evidencia.

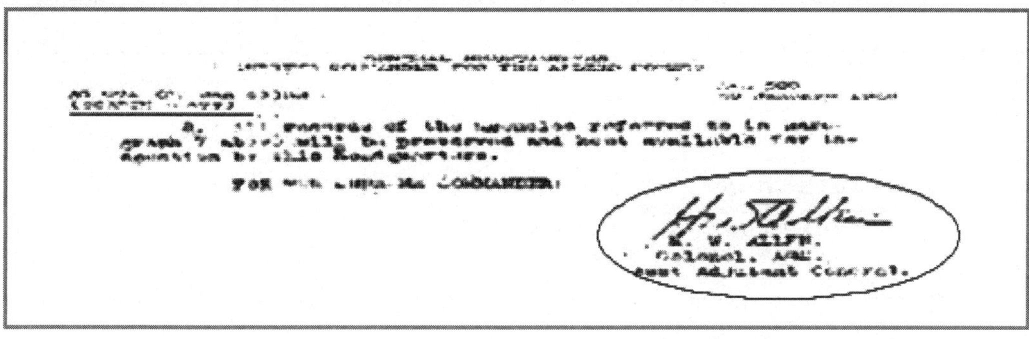

(3) La instrucción del Mando Supremo de Cuartel General Aliado (0,6 1946 lun SCANPIN-1033)

Este material tiene una firma evidente. Por eso, podemos admitir este como el documento oficial. "La llamada línea de MacArthur se definió para prohibir los barcos japoneses y su tripulación acercarse a la zona dentro de 12 millas de Dokdo.

SCAPIN 1033°(Documento oficial) : Se reconoce el documento oficial como la evidencia.

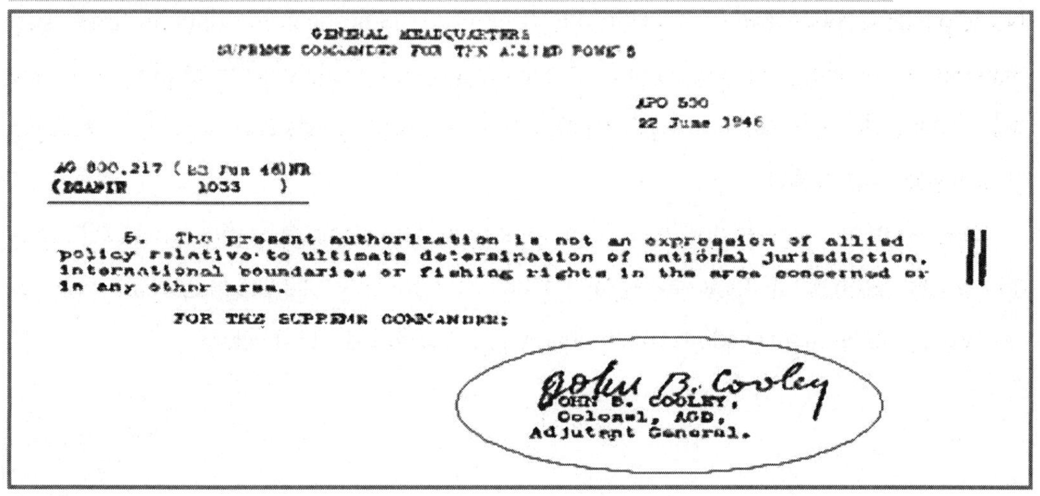

GENERAL HEADQUARTERS
SUPREME COMMANDER FOR THE ALLIED POWERS

APO 500
22 June 1946

AG 800.217 (22 Jun 46)NR
(SCAPIN 1033)

5. The present authorization is not an expression of allied policy relative to ultimate determination of national jurisdiction, international boundaries or fishing rights in the area concerned or in any other area.

FOR THE SUPREME COMMANDER:

JOHN B. COOLEY,
Colonel, AGD,
Adjutant General.

(4) El 19 de junio de 1951. Carta que el embajador Yang You Chan de Corea del Sur envió al ministro de Asuntos exteriores, Acheson de los Estados Unidos.

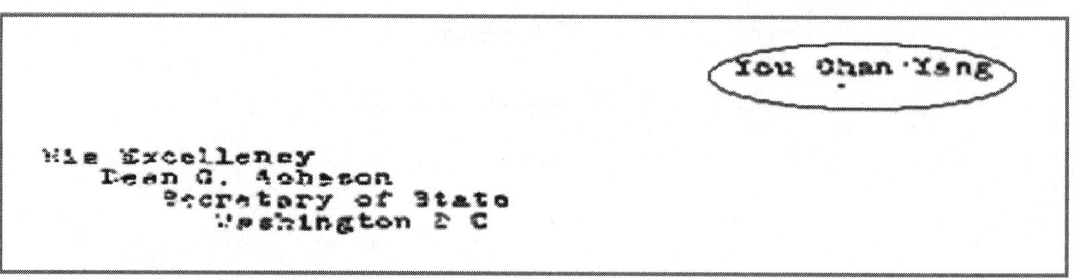

You Chan Yang

His Excellency
Dean G. Acheson
Secretary of State
Washington D C

El contenido de esta carta pidió incluir "---, Dokdo, y Parangdo al territorio japonés". Esta carta no es oficial carta sino individual. Nunca tiene ni origen ni firma. Por lo tanto, esta carta no se califica como un material que puede discutir el territorio del país.

(5) La carta que Din Rusk, sub-ministro encargado del Extremo Oriente, envió al embajador coreano, Yang Yu Chan, en los Estados Unidos.

El 9 de agosto de 1951, la carta que Din Rusk, sub-ministro encargado del Extremo Oriente, envió a Yang Yu Chan, embajador coreano, en los Estados Unidos, es individual. No se puede reconocer ni documento oficial porque esta no tiene ni origen ni firma. Este material no se califica tampoco como el documento que puede discutir el pro y la contra del territorio del país. Sin embargo, Japón está reclamando su derecho a tener Dokdo por utilizar este documento.

Especialmente, en este documento, el nombre de Din Rusk es escrito en el estilo muy diferent del estilo del documento original. Esto es irrazonable a la estadounidense, por eso, es claro que faltan demasiado la objetividad y la credibilidad en esta carta.

Japanese nationals it would not seem appropriate that they obtain compensation for damage to their property as a result of the war.

Accept, Excellency, the renewed assurances of my highest consideration.

For the Secretary of State:

<El problema>

1. Como la carta individual no es documento oficial, esta no tiene ningún valor como la fuente oficial del país.
2. El nombre 'Dean Rusk' es escrito en el estilo diferente del estilo en la carta original. Además, este estilo se desventaja de la costumbre de los estadounidenses. Esta carta no tiene firma, tampoco.
3. El origen de la información no es claro.
4. Por eso, este documento no puede ser el documento oficial que podemos discutir el territorio de los países.

(6) En 1954, el reporteo del regreso a su país escrito por el embajador Van Fleet' de regreso del embajador 'Van Fleet' despues de visita Corea (se publicó en 1986)

Vemos el reporteo del regreso a su país del embajador 'Van Fleet' que reclamó "es adecuado que nosotros preguntemos la opinión, en que Dakeshima es tierra japonesa, al

Tribunal Internacional de justicia.", Dokdo es escrita como el nombre principal en este documento de 'Owenership of Dokto Island'. Ademas de este documento se aperece como Liancort y Takeshima. Este documento significa que Dokdo es el territorio evidente de Corea.

En la ortagrafia como Dokto y Taka Shima hubo una errata. Y despues pidio corregirlos a Dokdo y Take Shima. Este no es el documento oficial que envio a Corea y a Japón. Ademas no podemos saber por que se publicó este documento en 1968. Pues este documento no se puede utilizar como una evidencia para discutir del territorio nacional.

4. Ownership of Dokto Island

The Island of Dokto (otherwise called Liancourt and Taka Shima) is in the Sea of Japan approximately midway between Korea and Honshu (131.80E, 36.20N). This Island is, in fact, only a group of barren, uninhabited rocks. When the Treaty of Peace with Japan was being drafted, the Republic of Korea asserted its claims to Dokto but the United States concluded that they remained under Japanese sovereignty and the Island was not included among the

<El problema>

Acerca del material en 'Ownership of Dokto Island', el reporteo de regreso a su país del embejador Van Fleet (se publicó en 1986)

1. Dokto (Dokdo) es marcada como un nombre principal. Esta expresión demuestra que Dokdo es obviamente territorio de Corea.
2. Además, otras expresiones como Liancourt, Taka Shima son mensanados. Estas expresiones también demuestran que Dokdo es obviamente el terriotorio de Corea.
3. Dokto y Taka Shima están mal-escritas y es obligatorio corregirlas a Dokdo y a Take Shima.
4. El origen de datos no es claro y no hay ni una firma. Este informe no tiene ningún valor como evidencia.
5. Por eso, el reporteo para regresar a su país por el embajador no puede ser una evidencia para la controversia sobr el territorio nacional, y no tiene derecho a discutir el terriotorio nacional en esta situación.

Después de revisar el contenido de web-sitio de Ministerio de Relaciones Exteriores de Japón, podemos descubrir varios problemas y falsedades. En estos materiales, solo dos materiales de Cuartel General Supremo de Mando Aliado en 1946 (SCANPIN -677, SCANPIN-1033) tengo orígenes claros y firmas que se muestran oficialmente. Por lo tanto, los país aliados dieron a conocer los siguientes "Japón no puede intervenir en la política y la administración en las áreas como Ulleungdo, la isla de Jeju, Dokdo (Take Shima)" y "Los buques japoneses o sus marineros están prohibidos acercarse dentro de las 12 millas de Dokdo(Take Shima)." Todo ello está válido y demuestra que Dokdo es el territorio de Corea. Pero los otros materiales no son los documentos oficiales del país, sino son las cartas y los reporteos personales. Todos no tienen firmas ni origenes claros. Por lo tanto, no son materiales con credibilidad.

Lo más importante que Japón insistó en Dokdo como su territorio, es el documento que Dean Rusk había contestado al embajador Yang.

El nombre de Dean Rusk se puso estampado con el estilo diferente de sello en el texto, y no se puede explicar por qué poner el sello y no firmar a la estadounidense. Además, una carta individual no se puede utilizar como la prueba de la propiedad territorial.

Ahora vamos a revisar dos documentos. Estos documentos oficiales, depositados en la Biblioteca Nacional de Japón, contienen las firmas, las fuentes claras, las explicaciones, los registros de las fechas, los meses y los años, a pesar de publicarse antes del año 1900.

(1) Taejungkwan (Primer Ministro de Japón; Fuente: depositado en la Biblioteca Nacional de Japón; citado en los datos de la Asociación Dokdo.)

En 1877, "¿Tenemos que inscribirse Ulleungdo y Dokdo en el catastro de Shinema Hen de Japón?", preguntó Shinema Hen. Taejungkwan (El referéndum de primer ministro de Japón) respondió a la pregunta mencionada como lo siguiente : Dokdo no tiene ni relación con Japón.

Como la prueba evidente en la controversia sobre Dokdo antes y después de 1877, o sea, la controversia de la historia pasada y la moderna, este documento demuestra que Dokdo es el territorio de Corea.

Este contestó, “Desde el conflicto entre los pescadores de ambos países como Ahn Yongbok en 1692, Ulleungdo y Dokdo no tienen ni relación con Japón.

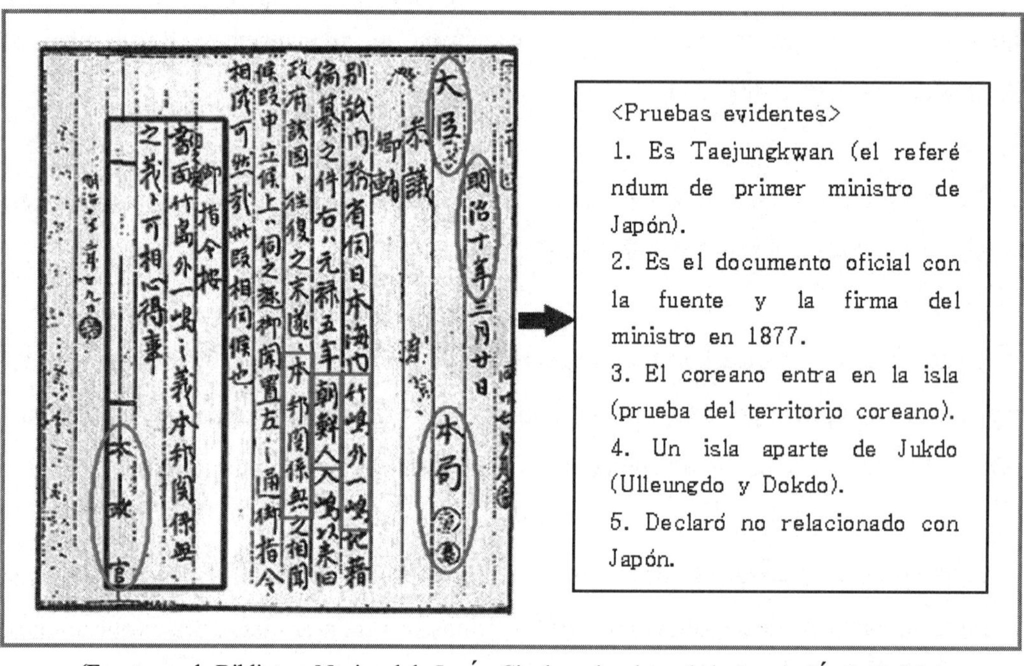

<Pruebas evidentes>
1. Es Taejungkwan (el referéndum de primer ministro de Japón).
2. Es el documento oficial con la fuente y la firma del ministro en 1877.
3. El coreano entra en la isla (prueba del territorio coreano).
4. Un isla aparte de Jukdo (Ulleungdo y Dokdo).
5. Declaró no relacionado con Japón.

(Fuente : en la Biblioteca Nacional de Japón. Citado en los datos de la Asociación de Dokdo)

(2) Mapa del territorio de Japón

Hay un el ‘Mapa del territorio de Japón’(日本領域圖) en 616 páginas del libro de explicación presentado por el periódico Mainichi de Japón(日本 毎日新聞社) el 25 de mayo de 1952, después de que Tratado de Paz con Japón en septiembre de 1951.

En este mapa, el mapa de Dokdo se marcadó evidentamente como el territorio de Corea. Y esto ha sido la prueba indiciaria en que Dokdo es el territorio de Corea, a pesar de estar algunas controversias antes y despúes de 1951.

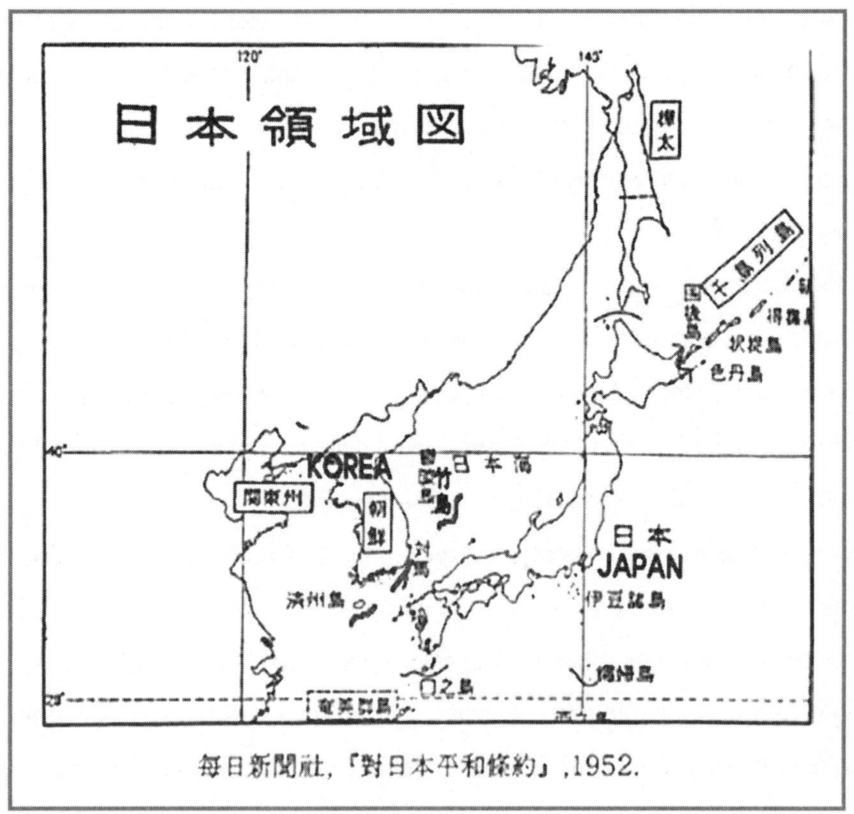

毎日新聞社,「對日本平和條約」,1952.

Pero Japón omitió los documentos que admitieron Dokdo como el territorio propio de Corea como los documentos suguientes: los oficiales registros aprobados y poseídos por Japón; el registro ‘Taejungkwan’ (1877) y ‘El Mapa del Territorio de Japón’ en el Tratado de Paz con Japón (1952). Japón insiste en la soberanía de Dokdo con las cartas personales, los nombres falsos diferentes del texto, presentando los materiales sin firma. Esta es una reclamación basada de materiales sin credibilidad y objetividad. Estos registros en

'Taejungkwan' y 'El Mapa de Territorio de Japón' nos dan una respuesta clara, 'Dokdo es el territorio propio de Corea', sobre las controversias antes y después de 1877 y 1951. Entonces no es cierta la reclamación de Japón en la que Corea ocupó el territorio japonés ilegalmente. Corea solo preserva su territorio propio.

Recientemente el gobierno japonésa está instigando a los habitantes con la educación distorsionada de historia entre Corea y Japón sin hesitación. Ahora sabemos la situación tan verdadera que todos los documentos de Japón relacionados con Dokdo son falsos. Como una mentira engendra otras mentiras, el material falso de Japón a base del texto de la historia de Japón solo está convirtiendo a Japón en una nación mentirosa. Japón debe darse cuenta de que todo esto es una acción vergonzosa y de que está haciendo su tumba por sí mismo.

Japón será solitario en la sociedad internacional si no tiene una mente verdaderamente reflexiva por el proceso y el resultado a base de la verdad de la historia entre Corea y Japón. Además, si incrementan los estudiantes y los grupos que aprenden por los textos distorsionados, el resultado obvio será el destrucción de la humanidad. Aquí hay un problema serio y impenetrable sobre la relación entre Corea y Japón.

Si Japón se hace de peor en peor en la relación entre Corea y Japón, no podemos pensarlo como un vecino bueno. Corea, que ama la paz, ahora debe preparar y buscar varias soluciones con calma y tranquilidad. ¡Aun es una nación cerca y lejos, el Japón!

Como revisamos todo ello anteriormente, la mayoría de los materiales exhibidos en el web-sitio del Ministro de Asuntos Exteriores de Japón no tienen ni credibilidad ni objetividad. Japón debe publicar en el web-sitio los documentos oficialmente aprobados y poseídos por Japón como 'Taejungkwan' (1877) y 'El Mapa del Territorio de Japón' del Tratado de Paz con Japón (1952) que registraron Dokdo como un territorio de Corea, y retirar la reclamación falsa y forzada lo más pronto posible posible. Si Japón piensa que la relación entre Corea y Japón es verdaderamente importante, debe abandonar la forma falsa y volverse en forma real.

<Referencia>

– La Sociedad de Dokdo '¿Por que es la reclamación de Japón sobre la soberanía de Dokdo el gran error?'

– El web-sitio Asuntos Exteriores de Japón <Problema, Take Shima>)

2012.5.11

Escuela Secundaria Yang Yeong de Estudios Digitales

Principal, Yoon-Seong Jeong

El material del Ministerio de Relaciones Exteriores de Japón sin objetividad y credibilidad, y La historia entre Corea y Japón que todos saben.

El once de marzo 2011, ¡el gran terremoto, tsunami, y la fuga de radiación nuclear en el nordeste de Japón! Existió un momento que sentía la compasión, sin darme cuenta, por los resultados problemas del mi vecino. Además me impresioné mucho de los japoneses, cuidando los otros y manteniendo el orden a pesar de los problemas.

Pero estaba decepcionado en la solución propuesta por el gobierno de Japón sobre los problemas. Es que parecía que el gobierno no tuvo la voluntad de renovarse, haciéndome pensar que el gobierno no es para la gente. Solo ordenó a las personas afectadas de mover a más de 20 y 30 kilómetros afuera; no demostró una solución de crisis adecuada y rápida. Finalmente la situación extendió y prolongó.

Se llaman Japón "la sociedad de manual infalible." ¿Pero la situación en aquel momento se resultó por una manual adecuada por los desastres relacionados con el gran terremoto, tsunami, y la fuga de radiación? Entonces pienso que es hora de apresurar para los esfuerzos de superar los desastres. Estaba en el momento crucial de colaborar y compartir información con los países cercanos en esfuerzos de minimizar una situación tan seria como la fuga de radiación que daña a otros países.

Pero en aquel momento el gobierno de Japón anunció una manual absurda y chiflada. El 31 de marzo, 2011, el Ministerio de Educación de Japón creó una manual que reclamaría el territorio coreano Dokdo como el japonés en el libro de texto de la escuela secundaria. Además, el primero de abril, mientras que el gabinete de Japón anunció el Libro Azul de Diplomática de 2011 que reclama la soberanía de Dokdo, el Ministerio de Relaciones Exteriores de Japón anunció una manual infantil que dice "porque Dokdo es nuestro territorio, vamos a tomar medidas naturalmente de modo que Dokdo esté bajo un ataque de misiles.

Ahora conozco claramente que están los ministros japoneses en nivel despreciable, viendo que Japón dice tanto sobre un ataque con misiles a Dokdo, un territorio propio de Corea, en lugar de solucionar la crisis. Mi compasión inocente para los japoneses no pecados quienes crean y siguen a los ministros a pesar de la crisis se desapareció y me di cuenta de un malo vecino con el gobierno inadecuado y con una disuasión sin lógica.

En esta situación me realizó la necesidad de la educación propia acerca de la historia entre Corea y Japón para los japoneses sin la información correcta sobre Dokdo. Pero la educación debe ser basada en información y conocimiento correcto sobre Dokdo. Deseo demostrar que el material propuesto por "10 Puntos Para Entender el Problema de Dokdo" que presenta el libro de texto japonés y que es suministrado por el Ministerio de Relaciones Exteriores de Japón es sin objetividad y credibilidad, y me gusta analizar la historia entre Corea y Japón que todo el mundo sabe en el flujo de la historia con el material con objetividad y credibilidad.

Excepto el Mando Aliado (SCAPIN 677, SCAPIN 1033) asegurado de objetividad y credibilidad del Cuartel General Supremo con una firma segura, ninguno de los materiales propuestos tiene objetividad ni credibilidad. La razón por la que el material relacionado con territorio de país no es un documento oficial compartido por Corea y Japón es porque una carta personal, de una fuente oscura, y porque el dueño de la carta no es una representante del Estado. Además, "La Licencia del Mar" es obviamente un material sin objetividad y credibilidad aunque se dio permiso de mover fuera del propio país, es decir, a los otros países.

Entonces indicó repetitivamente que el material propuesto por el Ministro de Relaciones Exteriores de Japón no tiene objetividad y credibilidad debido al material sin sentido común de distinguir el público desde el privado.

A continuación, Japón está aludiendo al tratado de San Francisco para reclamar la soberanía sobre Dokdo. Pero todo podemos saber que sus reclamaciones no son correctos, mientras investigamos el proceso de afinar el tratado.

Si alegamos que Dokdo es un territorio propio de nuestro país, por medio de dichos errores suyos cometeremos el mismo error que el Japón. Ahora deseo asegurar que Dokdo es tierra nuestra después de presentar unos materiales con objetividad y credibilidad.

(1) Existe un material objetivo que dice "竹嶋外一嶋(Ulleungdo y Dokdo) 本邦關係無(No son relacionados con Japón)" mostrado en el Comando de Taejungkwan (太政官指令) que es definitivamente un material con objetividad y credibilidad en 1877(明治10年, 高宗24年). El Comando de Taejungkwan es actualmente un material incluido en las Instrucciones del Primer Ministro de Japón.

(2) En 1894, durante la guerra chino-japonesa, el ejército japonés invadió a el palacio Kyung Bok de Corea y encarceló al rey y a la reina. En octubre de 1895, los japoneses invadieron al palacio de Corea por la noche y asesinó la reina brutalmente.

(3) Para aclarar la soberanía sobre Dokdo Corea incorporó Ulleungdo y Dokdo a Gangwon-do el 24 de octubre de 1900. Existe la gaceta oficial de Corea (del 27 de octubre de 1900).

(4) En 1904. El ejército japonés ocupó Seúl directamente después de la guerra entre Japón y Rusia en febrero, y dominó la financia, relaciones exteriores y la policía a través de por despachar un asesor japonés y amenazó al rey y a sus ministros.

(5) En 1905. Japón registró Dokdo en la tierra de la prefactura de Shimane y dio a conocerlo periódico de alguna provincia en secreto.

(6) En noviembre de 1905. Japón nos despejó del derecho diplomático y dominió el administración de Corea del Sur a través de amenazar al rey y a sus ministros del Corea del Sur. Realmente Japón estaba colonizándonos. Así, Japón robó Dokdo con la comienza de la Guerra entre Japón y Rusia mientras Japón asesinó a la reina y amenazar a los ministros del Corea del Sur.

(7) En agosto de 1910. Toda la tierra estuvo robada por el unión no intentada entre Corea y Japón y las políticas del eliminación de nuestra historia duraron 36 años.

(8) Según la Declaración de Cairo en 1943, pudo recuperar Dokdo que estuvo robada durante la guerra de Invasión japonesa en 1905. En 1946 proclamó El Mando Supremo del Cuartel General Aliado (Comandante Supremo de las Notas de Instrucción las Potencias Aliadas en SCAPIN) para exceptuar Dokdo desde el territorio de Japón (NúmeroSCAPINN °677) y prohibir el acceso de los barcos japoneses dentro de las 12millas de Dokto (SCAPIN artículo N ° 1033).

(9) Dokdo, desde la Liberación el 15 de agosto de 1945, por el Cuartel General Supremo de las Fuerzas Aliadas, se ha administrado como parte de la península de Corea del Sur y con la fundación dela República Corea el 15 de agosto de 1948, Dokdo es un territorio que se otorgó justo desde los Estados Unidos.

(10) Así, Dokdo fue comprobada internacionalmente. Su dirección es San 1-37 Dokdo-ri Ulleung-eup Ulleung-gun Gyeongsangbuk-do y los residentes y la guardía están defendiendo la tierra de Dokdo. Por eso, desde el 15 de agosto de 1948, es claro que Dokdo no es tema para discutir el pro y el contra.

(11) Acerca del tratado de San Francisco en 1951 y la carta de Rask que Japón declara , en las primera parte, desde el primer artículo hasta el quinto de los anteproyectos estadounidenses dicen que Dokdo es la tierra coreana y el sexto solamente escribe que Dokdo es la tierra Japonesa. Por medio del cabildeo de Japón. Pero muchos países, incluso los Estados Unidos, Inglaterra, Australia, y Nueva Zelandia, se negaron a la opinión japonesa. El contenido sobre Dokdo en los anteproyectos desde el séptimo artículo hasta el noveno fue omitido definitivamente. Por consiguiente, la modificación japonesa es fracasa. Mientras que no hacen caso del proceso no razonable, todos artículos eliminados pertenecen al pro de Japón. Eso es la opinión sin entender nada.

En la segunda parte, la carta al embajador residente en los EE.UU, Yang Yu Chan (19517.19) y a Dean Rask, sub-ministro del Departamento del Estado de los Estados Unidos.

Este material no es un documento oficial tampoco sino uno privado. Pues, no hay objetividad y credibilidad, a causa de que esta carta no tiene ni firma ni fuente correcta..

(12) Aunque el 25 de mayo de 1952 el periódico Mainichi de Japón publicó el libro de explicación "Tratado de Paz sobre Japón" con la ayuda del Ministerio de Relaciones Exteriores de Japón, podemos ver en la primera página el mapa de Japón aprobado por el tratado de Paz de San Francisco decir que Dokdo es claramente el territorio coreano (Referencia 2).

(13) Según el Reportaje de Regreso (publicado en 1986) del embajador Van Fleet quien visitó Corea en 1954, el documento de Propiedad de Dokdo (Ownership of Dokdo Island) no es natural de un documento compartido entre Corea y Japón. Se empieza como 'The Island of Dokto (otherwise called Liancourt and Taka Shima) is'. Dokto es el nombre principal, y otras expresiones como Liancourt y Taka Shima son incorrectas en el proceso y el alfabeto. No hay credibilidad y objetividad en el material.

(14) El 10 de agosto de 2010, el centenario de anexión entre Corea por Japón, Japón prometió admitir maldad de pasado y devolver recursos de cultura que había robado hasta entonces. Japón está admitiendo la invasión a Corea. Corea no tiene fuerza y habilidad de conquistar el territorio japonés ilegalmente, y además no tiene la intención de hacerlo tampoco. Solo está protegiendo Dokdo, el territorio propio de Corea.

(15) Como podemos reconocer por el caso de fuga de radiación nuclear en Japón recientemente, tenemos que saber que vamos a ser destruidos si se ocurre un ataque con armas. Aunque la diferencia de extensión de la vida pueda existir en cualquier país, todos se morirán juntos. No sé si Japón recuerda que se atribuyeron el mal sentimiento nacional durante el terremoto de Kioto en 1923 a coreanos y masacró a muchos coreanos.

Como vemos anteriormente, el material propuesto por Ministerio de Relaciones Exteriores de Japón solo insiste en reclamaciones de disuasión, y no hay objetividad y credibilidad. Además, Dokdo es excepcionalmente publicada en 'henbo' de área rural, aunque la anexión del territorio pedida por la ley internacional es la 'notificación internacional'. La gaceta nacional fue añadida en secreto porque la gaceta sería notificada a Legación Entre Corea y Japón, y las embajadas y legaciones de todos países. Es claro que tal acción no es válida por la ley internacional. También es muy ridículo que exista una controversia sobre el territorio de Dokdo, aunque analicemos la relación entre Japón y Corea por historia demanda muchas reflexiones desde Japón, considerando los medidos sobre Dokdo.

Sentimos límites de la paciencia cuando Japón insiste en ataque de misiles a Dokdo en la situación de catástrofe. Aunque hay a muchos japoneses bien educados sobre la historia entre Corea y Japón, no podemos oír sus voces, y los japoneses amables, honestos, compasivos muestran aspectos inmorales, escrupulosos solo en la historia entre Corea y Japón. Además los japoneses crean manual y enseñan la historia falsa a los estudiantes crecientes nos hace sentir avergonzados y desafortunados. En ningún caso podemos comprenderlo porque ellos instigan la hostilidad sobre el país vecino y tratan de destruir la paz. Para que los testigos del Cielo y la Tierra no se traten de irá, ruego que establezca las políticas de inculcar el conocimiento correcto sobre la historia a los japoneses después de que Japón refleje profundamente antes de la historia entre Corea y Japón, y que abandone, sin hesitación, la manual de educación de la historia falsa.

<Referencias>

– La Sociedad de Dokdo '¿Por que es incorrecto la reclamación de Japón sobre soberanía de Dokdo?'

– El web es de Relaciones Exteriores de Japón <Problema, Take Shima>)

<Referencias>

1. Cuando Shimane preguntó, "¿Debemos incluir Ulleungdo y Dokdo en Shimane?" a Taejungkwan oficial (maximó oficial de Japón), Taejung Jiryeong (el Comando de Taejungkwan; El documento escrito sobre el comando de Primer Ministro de Japón) respondió que Ulleungdo y Dokdo no tienen ninguna relación con Japón, en 1877.

Origen: Agencia de Docomento Oficial de Japón, documento de Instituto de Dokdo.

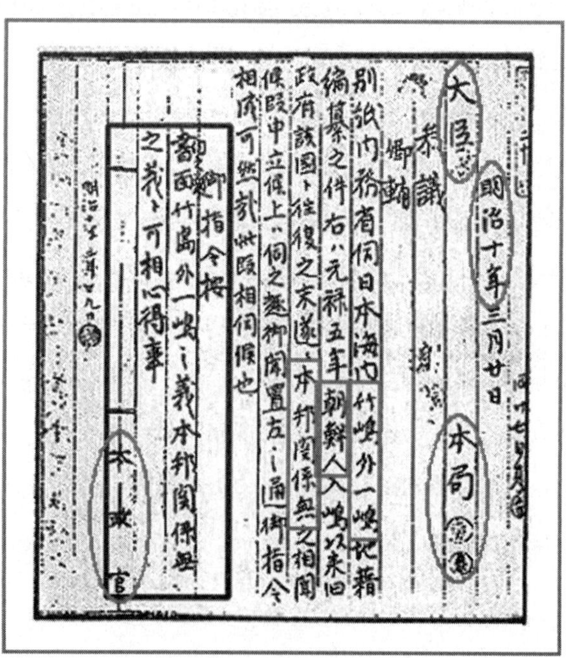

大臣 明治十年三月廿日 本局

参議 卿輔

別紙内務省伺日本海内竹嶋外一嶋地籍編纂之件右ハ元禄五年朝鮮人入嶋以来旧政府該国ト往復之末遂ニ本邦関係無之相聞候段申立候上ハ伺之趣御聞置左之通御指令相成可然哉此段相伺候也

御指令按

伺之趣竹島外一嶋之義本邦関係無之義ト可相心得事

本官

2. Después de que tratado de paz con Japón de aliados firmó en septiembre de 1951, la documentación total de 616 páginas, presentada por el periódico Mainichi de Japón el 25 de mayo de 1952, escribió la Dokdo como territorio de Corea. [Cita documento de Instituto de Dokdo]

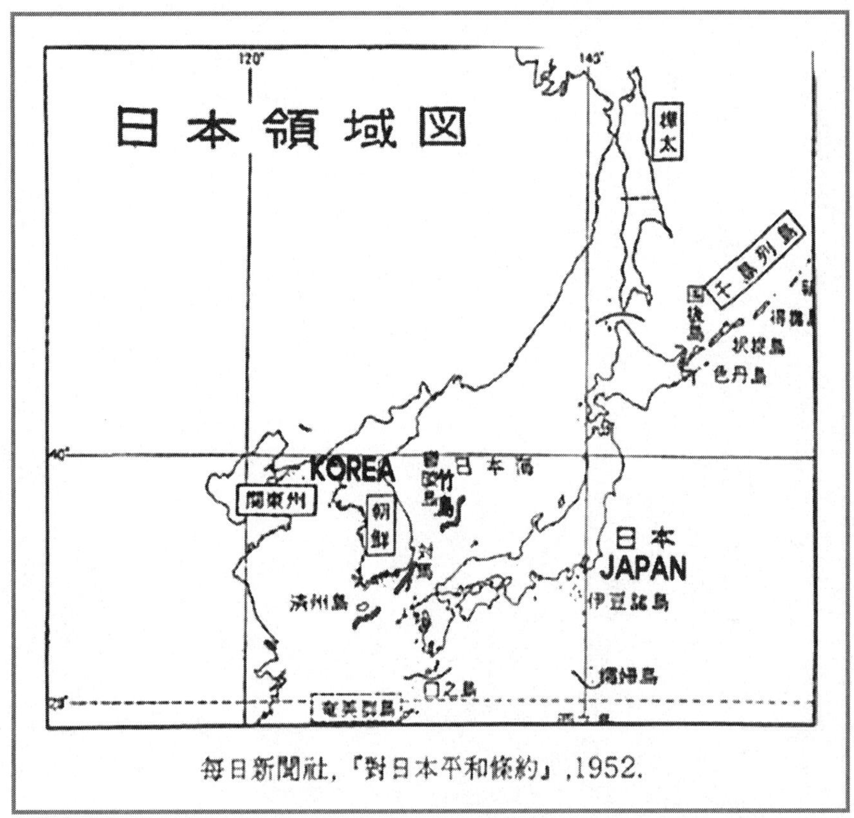

毎日新聞社,「對日本平和條約」,1952.

el 17 de abril de 2011

Escuela Secundaria Yang Yeong de Estudios Digitales

Principal Yoon-Seong Jeong

Arabic

- خلل وغير واقعية في بيانات جزيرة دوكدو من موقع وزارة الشؤون الخارجية يابانية.
- البيانات اليابانية التي لا لها ثقة وموضوعية

خلل وغير واقعية في بيانات جزيرة دوكدو من موقع وزارة الشؤون الخارجية يابانية.

كتبت وزارة التربية والتعليم اليابانية أن جزيرة دوكدو، أراضي كوريا، هي أراضي يابانية في المبادئ التوجيهية التعليمية الحكومية وكتب الشرح في عام 2008 و2009، والكتب المدرسية الإبتدائية في عام 2010، والكتب المدرسية الإعدادية في 30/3/2011، والكتب المدرسية الثانوية في 27/3/2012 على أساس القانون المصلح بعد أن يصلح قانون أساسي التعليم الذي يشدد تعليم الوطنية في وقت مجلس وزراء شينزو آبي في عام 2006. وخططت أن تكتبه في كل الكتب البقية حتى عام 2014.

وقد كتبت مدينة طوكيو مطالبة حقوق امتلاكية جزيرة دوكدو في كتب تاريخية يابانية المدرسة الثانوية العامة من هذا العام أبريل، وعقد اجتماع حاشد طوكيو لأن يصر أن جزيرة دوكدو ليابان.

هكذا، تتطمع الحكومة اليابانية أراضي كوريا بإصدار الكتب الكاذبة ضد تعليم التاريخ الكوري الياباني منهجيا.

أساس من هذه الكتيبات والكتب المدرسية في البيانات المحرفة التي وفرت وزارة الشؤون الخارجية يابانية. ومعلومات عامة ومعلومات خاصة في بيانات موفورة. أساسيا، البيانات التي تناقش الأراضي البلادية عامة ومع مصدرها والتوقيع المأكد لازما، ولكنا نكتشف خللا وغير واقعية منها إذا فحصنا بيانات جزيرة دوكدو من موقع وزارة الشؤون الخارجية يابانية.

وسننظر إلى بيانات عن جزيرة دوكدو من موقع وزارة الشؤون الخاريجية اليابانية.

الأولى : إعلام ولاية شيماني الأربعين.

في عام 1905 فبراير، أعلن يابان أن يتدرج جزيرة دوكدو في مدينة شيماني بعد أن يسرقها، لكنه تجاهل الإعلام الدولي لتدرج الأراضي وحدث دون أن عرفته كوريا. إضافة

إليه، في إعلام ولاية شيماني لا يوجد خاتم محافظ مدينة شيماني.
فاستخدام هذه البيانات للمطابلة الأراضي غير موثوق تماما.

島根県告示第四十号
北緯三十七度九分三十秒東経百三十一度五十五分隠岐島ヲ距ル西北八十五浬ニ在ル島嶼ヲ竹島ト称シ自今本県所属隠岐島司ノ所管ト定メラル
明治三十八年二月二十二日
島根県知事　松永武吉

-إعلام ولاية شيماني الأربعين : لا يوجد خاتم ويتجاهل الإعلام الدولي لتدرج الأراضي فسرق سريا.

الثانية : أمر القائد الأعلى لقوات الحلفاء 677 في عام 1946 يناير.
يوجد توقيع في أمر القائد الأعلى لقوات الحلفاء (SCAPIN-677)، فالبيانات مقبولة

رسميا. وذكرت فيها أن تعيّن قوات الحلفاء جزيرة أولونغدو وجايجودو ودوكدو وأرخبيل أوكاساوارا وإيز بمنانق غير ممكن أن يُديرها ويحكمها يابان.

H. W. ALLEN.
Colonel, AGD.

(البيانات مقبولة رسميا) SCAPIN-677-

يوجد توقيع في هذه البيانات أيضا، فممكن أن نقبلها رسميا. ذكرت فيها أن تعيّن قوات الحلفاء خط ماك آرثر (الحد المرتبط بمدينة جونغجو، يونغوون، هامهونغ لدفع كوريا الشمالية في الحرب الكورية)، وحقوق منع الإقتراب أية القارب والطاقم الياباني في داخل 12 ميلا من جزيرة دوكدو.

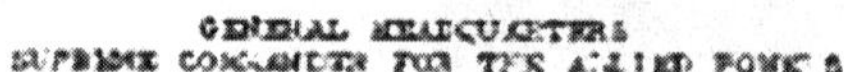
GENERAL HEADQUARTERS
SUPREME COMMANDER FOR THE ALLIED POWERS

APO 500
22 June 1946

AG 800.217 (22 Jun 46)NR
(SCAPIN 1033)

5. The present authorization is not an expression of allied policy relative to ultimate determination of national jurisdiction, international boundaries or fishing rights in the area concerned or in any other area.

FOR THE SUPREME COMMANDER:

John B. Cooley
JOHN B. COOLEY,
Colonel, AGD,
Adjutant General.

(البيانات معترفة رسيما) SCAPIN-1033-

الرابعة : الرسالة التي يرسل سفير السفارة الكورية بأمريكا يوتشان يانغ لوزير الخارجية الأمريكية إيتشيسون في 1951 يوليو 19.

تطلب محتوياتها احتواء جزيرة دوكدو وبارانغدو. هذه الرسالة خاصة وليست وثيقة رسمية ولا توجد مصدر أو توقيع.

فلا حقوق مناقشة الأراضي لها.

You Chan Yang

His Excellency
Dean G. Acheson
Secretary of State
Washington D C

الخامسة : الرسالة من مساعد وكيل وزارة مجلس الوزراء الشؤون الشرق الأقصى دين روسك لسفير السفارة الكورية بأمريكا يوتشان يانغ.

في 1951 أغسطس 9، الرسالة خاصة أيضا، فلا حقوق مناقشة الأراضي لها. ولكن يطالب يابان حقوق امتلاك جزيرة دوكدو بها.

Japanese nationals it would not seem appropriate that they obtain compensation for damage to their property as a result of the war.

Accept, Excellency, the renewed assurances of my highest consideration.

For the Secretary of State:

Dean Rusk

في هذه البيانات خاصة، يُختم اسم دين روسك بنمط غير متساوي مع نمط محتويات الهيئة وهو مثال منحرف من القوائد الأمريكية فالبيانات قليلة من الثقة والموضوعية واضحة.

السادسة : تقرير العودة الوطنية لسفير فان فليت بعد أن يزير كوريا.
أكد فان فليت "فكرة أن تاكيشيما (دوكدو باليابانية) ليابان مناسبة بما يطلب إلى محكمة العدل الدولية." ووصفت جزيرة دوكتو(دوكدو) بولاية في تقرير العودة الوطنية لفان فليت. وإضافة على ذلك، ذكرت تاكا شيما، ليانكورت. هي البيانات ثبتت أن دوكدو لكوريا تماما.
الكلمتان "دوكتو، تاكا شيما" خاطئتان فلا بد أن نصححهما بدوكدو وتاكيشيما.
عمّمت البيانات في 1986، ولكنا لا نعرفها لماذا وأيضا، هي ما أُرسلت إلى كوريا أو يابان.
بهذا النظر، لا ممكن أن نستخدمها بمناقشة الأراضي تماما.

4. Ownership of Dokto Island

The Island of Dokto (otherwise called Liancourt and Taka Shima) is in the Sea of Japan approximately midway between Korea and Honshu (131.80E, 36.20N). This Island is, in fact, only a group of barren, uninhabited rocks. When the Treaty of Peace with Japan was being drafted, the Republic of Korea asserted its claims to Dokto but the United States concluded that they remained under Japanese sovereignty and the Island was not included among the

كما أعلاه، ممكن أن نكتشف الخلل وغير الواقعية بنتيجة مفحوصة عن بيانات جزيرة دوكدو من موقع وزارة الشؤون الخارجية اليابانية.
توجد مصدر وتوقيع لهتين البياناتين من القائد الأعلى لقوات الحلفاء من أعلاه تماما.
واحتواء جزيرة دوكدو وجايجودو وأولونغدو بمناطق لا ممكن أن يُديرها ويحكمها يابان، وحقوق أن يمنع اقتراب القارب والطاقم الياباني في داخل 12 ميلا من جزيرة دوكدو متوفر.
هما محتوياتان أن جزيرة دوكدو أراضي كوريا.
ولكن بقية البيانات، رسالة خاصة وتقرير العودة ليستا وثيقة رسمية عامة ولا يوجد توقيع أو مصدر فيهما واضحا.

أكد يابان أن كثير الأهمة لطلب الحقوق الامتلاكية الأرضية إلى جزيرة دوكدو في الرسالة من دين روسك، ولكن يُختم اسمه بنمط آخر فيها. فهي غير موقيعة ومنحرفة كبيرة من القوائد الأمريكية.
وبطرق العالم، لا ممكن أن يستخدم الرسالة الخاصة التي ليست وثيقة رسمية متشاركة بلادية لطلب الحقوق الامتلاكية الأرضية.

الآن، ننظر إلى بياناتين التاليين، هتان وثيقتان رسميتان من المحفوظات الوطنية اليابانية،

هما من قبل عام 1900، ولكن لهما التوقيع والمصدر التام وشرح المحتويات والسجل والتاريخ.

الأولى : رئيس المجلس الوطني الياباني (رئيس الوزراء التعليمات، مصدره : المحفوظات الوطنية اليابانية، تذكيرها لبيانات مجتمع جزيرة دوكدو)

في عام 1877، عن السؤال من ولاية شيماني "هل نسجل جزيرة أولونغدو ودوكدو في أراضي ولاية شيماني اليابانية؟"، أجابه رئيس المجلس الوطني الياباني أن الجزيرة لا توجد أية علاقة مع يابان.

هذه بيانات سببية تامة لنقاش في قبل وبعد عام 1877 وتكون دليلا واضحة أن جزيرة دوكدو أراضي كوريا.

لأنه أمر رئيس المجلس الوطني الياباني "元祿五年 في عام 1692، 朝鮮人 أشخاص الكوريين، 入嶋以來 بعد أن يدخلوا في جزيرة، 竹嶋外一嶋 جزيرة دوكدو بعد جزيرة أولونغدو، 本邦 مع يابان، 無關係 لا يوجد علاقة".

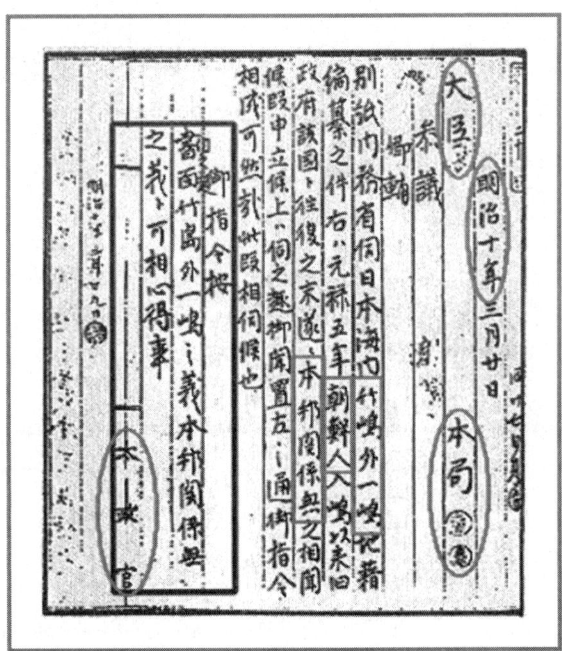

大臣

参議

明治十年三月廿日

本局

別紙内務省伺日本海内竹嶋外一嶋地籍編纂之件右ハ元祿五年朝鮮人入嶋以来旧政府該国ト往復之末遂ニ本邦関係無之相聞候段申立候上ハ伺之趣御聞置左之通御指令相成可然哉此段相伺候也

御指令按

書面竹島外一嶋之義本邦関係無之義ト可相心得事

الثانية : الخريطة المنطقية اليابانية.

في عام 1951 سبتمبر، وجدت الخريطة المنطقية اليابانية في بيانات مقدمة من كتيب الذي 616 صفحات من شركة صحيفة يابانية مائينيتزي في 1952 مايو 25 بعد أن توقع

قوات الحلفاء معاهدة السلام مع يابان في سان فرانسيسكو.
كُتبت فيها جزيرة دوكدو بأراضي كوريا تماما، فهي تكون دليلا تاما لأن جزيرة دوكدو أراضي كوريا.
ولكن حذفت يابان لنفسها سجلا الذي قبل الحق أن جزيرة دوكدو أراضي كوريا في وثيقة رسمية مثل الخريطة المنطقية اليابانية من توقيع معاهدة السلام مع يابان في عام 1952 وسجل رئيس المجلس الوطني الياباني في عام 1877، ثم أكد حقوق امتلاكية جزيرة دوكدو بتقديم البيانات التي غير موقيع، اسم مزور، رسالة خاصة.

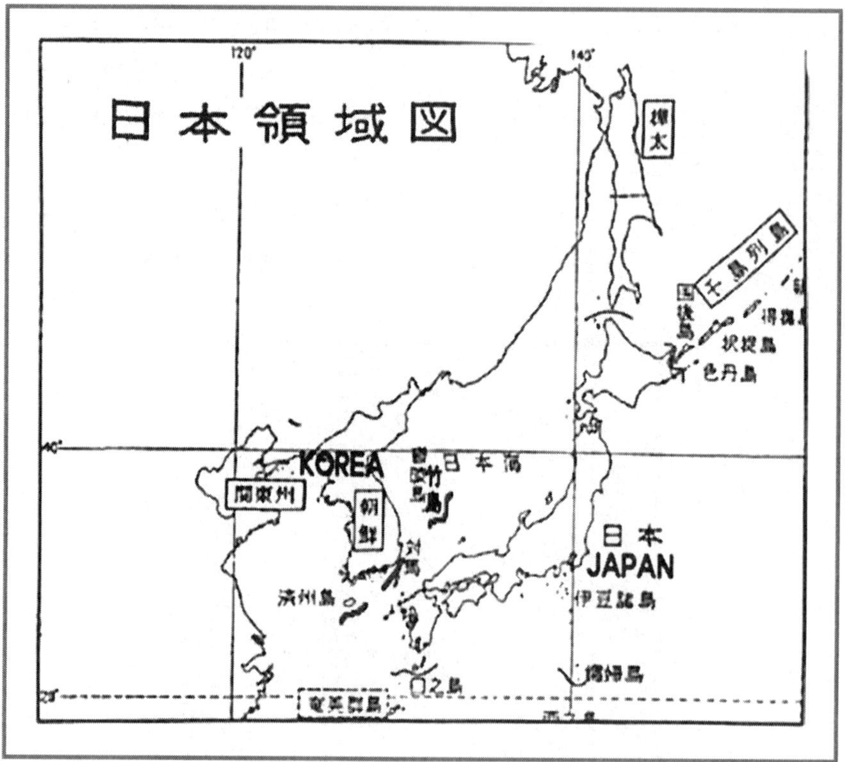

هذه مطالبة بسبب البيانات التي غير واقعية ولا ثقة لها.
عطا رئيس المجلس الوطني الياباني والخريطة المنطقية اليابانية إجابة لمناقشتين من قبل وبعد عام 1951 و1877.
فحمت كوريا أراضيها جزيرة دوكدو فقط، وما احتلت أراضي يابان كالمطالبة اليابانية.
وحاليا، حرضت الحكومة اليابانية مواطنها بتعليم التاريخ الكوري الياباني متحرف صراحة.
ننظر الحق الذي جعلت الحكومة اليابانية كل البيانات كاذبا. مثل الكذبة تجعل كذبة

أخرى، تصبح البيانات المتحرفة من وزارة الشؤون الخاريجية اليابانية التي تصدر الكتب المدرسية اليابانية يابان ببلد كاذب.

احتاج يابان أن تعرف هذه فعل عار وسيء.

تكون يابان واحدا في المجتمع الدولي إذا لم تندم على الحق في تاريخ الكوري الياباني.

وأيضا، الحصيلة المكبودة هدمت الطبيعة البشرية لو تزداد الطلاب أو المجتمعات الذين درسوا بهذه الكتب المدرسية المتحرفة. وفيها مشكلة خطيرة التي لا نتغاضى على علاقة بين كوريا ويابان.

إذا تسوء الحكومة اليابانية العلاقة مع كوريا، نحن لا نحتاجه إليهم بحار طيب.

والآن، كوريا التي تحب السلام في وقت الذي تبحث الإجراء المضاد مختلفا وتستعد ببرودة وهدوء.

يابان جارنا القريب والبعيد حتى اللحظة.

مرجع – كتاب مجتمع جزيرة دوكدو "لماذا المطالبة اليابانية عن حقوق امتلاكية جزيرة دوكدو خطيئة".

يونسونغ جونغ، مدير المدرسة الثانوية يانغيونغ
2012 مايو 11

البيانات اليابانية التي لا لها ثقة وموضوعية

11/3/2011، تسونامي وزلزال كبير وتسرب النشاط الاشعاعي من محطة الطاقة النووية في يابان الشمال الشرقي!

كان لحظة التي يشتد الإحسان بحالة جارنا. وفي هذه السعوبة العظيمة، تأثرت عميقا من اليابانيين الذين يراعون لآخرين ويطيعون النظام العام، ولكن إدارة الحكومة اليابانية للسعوبة مخيبة ؛ طلبت الحكومة لمواطن في المقاطعة التالفة لأن يذهبوا إلى خارج 20 أو 30 كم فقط وثم تتمدد وتتوسع الأزمة.

يسمون الناس أن يابان مجتمع القاعدة المستنزفة، ولكن أحدثت الأزمة الآن بما لم تُجهز القاعدة للأزمة العظيمة؟ ؛ تسرب النشاط الإشعاعي وتسونامي وزلزال عظيم.

إذن، أفكر أن محتاج على يابان لأن يجتهد لتغلب الأزمة من الآن. وأيضا، يابان في وقت الذي يحتاج أن يتقاسم معلومات مع بلدان قريبة بجهود لتخفيض الضرر مثل تسرب النشاط الإشعاعي.

ولكن أصدر يابان كتيب في كتب مدرسية الإعدادية من وزارة التربية والتعليم اليابانية ومحتوياتها مطالبة "جزيرة دوكدو ليابان" في 31/3/2011.

وفي 1/4/2011، نشر مجلس الوزراء النسخة العادلة الدبلوماسية عام 2011 التي تطالب حقوق الإمتلاكية دوكدو وأكدت وزارة الشؤون الخارجية اليابانية أن نتحايل إذا جزيرة دوكدو هوجمت.

فأدركت احتياج تعليم التاريخ الكوري والياباني ليابانيين الذين لم يعرفوا عنها أو يعرفوها سيئا، ولكن هنا يحتاج إلى معلومات تامة عن جزيرة دوكدو لازما.

سأوضح بيانات في كتاب "10 نقاط لفهم مشكلة جزيرة دوكدو" وسأتفحص التاريخ الكوري والياباني بأساس البيانات الموضوعية والموثوقة.

1. كتب رئيس الوزراء الياباني أن جزيرة أولونغدو ودوكدو لا توجد علاقة مع يابان في وثيقة "أمور من رئيس الوزراء" في عام 1877.

2. كانت قضية التي سجن يابان الملك والملكة كورية في قصرهما خلال الحرب اليابانية الصينية في عام 1894 وقتّل يابان الملكة الكورية ليلا في قصرها في عام 1895 أكتوبر.

3. في عام 1900 أكتوبر 24، دمجت الإمبراطورية الكورية جزيرة أولونغدو ودوكدو في ولاية كانغووندو لتوضيح امتلاك جزيرة دوكدو في جريدة الإمبراطورية الكورية في عام 1900 أكتوبر 27.

4. بعد الحرب الروسية اليابانية في عام 1904 فبراير، امتلك يابان سوول -العاصمة الكورية- وسيطر المالية والدبلوماسية وسلطة الشرطة الكورية بتهديد الملك وناصحينه.

5. في عام 1905 فبراير، أعلن أن يصف يابان جزيرة دوكدو في خريطة ولاية شيماني من صحيفة محلية سريا.

6. في عام 1905 نوفمبر، جرد يابان حقوق الدبلوماسية بتهديد الملك وناصحينه وحكم الحكم الاستعماري حقيقة.

7. في عام 1910 أغسطس، سُرقت كل الأراضي الكورية بضم ياباني كوري.

8. في عام 1943، مكننا أن نستعيد جزيرة دوكدو المسروقة من عام 1905 خلال حرب الغزوة اليابانية بإعلان القاهرة ونستبعد جزيرة دوكدو من أراضي يابان ومنع الإقتراب في داخل 12 ميلا من جزيرة دوكدو بإعلان تعليمات ملاحظات القائد الأعلى لقوات الحلفاء (SCAPIN) في عام 1946.

9. حكمت جزيرة دوكدو في أراضي كوريا بقائدة الأعلى لقوات الحلفاء بعد تحرير كوريا من يابان في عام 1945 أغسطس 15.

10. العنوان "كيونغسانغبوكدو أولونغكون أولونغوب دوكدوري سان 37-1" عند جزيرة دوكدو الآن وحُميت بشرطة وشعب منها.

11. المطالبة المصرة اليابانية بمعاهدة سان فرانسيسكو للسلام في عام 1951 التي عورضت بأمريكا وبريطانيا وأستراليا ونيوزيلاندة ورسالات من روسك التي خُتمت بنمط آخر.

12. في عام 1952 مايو 25، أصدر شركة صحيفة مائينيتزي كتيب اسمه "معاهدة السلام اليابانية" باستعداد وزارة الشؤون الخارجية اليابانية، ويشير جزيرة دوكدو بأراضي كوريا واضحا في خريطة المنطقة اليابانية في صفحته الأولى التي ووفقت بمعاهدة سان

فرانسيسكو للسلام.

13. في عام 1954، تقرير العودة الوطنية لسفير فان فليت غير عام، لا لديه ثقة وموضوعية.

14. في عام 2010 أغسطس 10، العام الذي أصبح ذكرى مئوية الضم الياباني الكوري، قبّل يابان أخطائه الماضية ووعد ترجيع الأصول الثقافية المسروقة لكوريا.

15. في عام 1923، قتّل اليابانيون كثير من الكوريين تقتيلا لتحسين الشعبية المتراجعة اليابانية في الزمان الذي كان الزلزال الكبير في الجزء الشرقي الأوسط من كوريا.

على أعلاه، لا لدى البيانات التي قدّمت وزارة الشؤون الخاريجية اليابانية موضوعية وثقة.
ربما هناك كثير من اليابانيين الذين يعرفون عن التاريخ الكوري الياباني جيدا، ولكن لم سُمعت أصواتهم عاما. واليابانيون الصادقون والمهتمون لآخرين يظهرون فاسقا وعديم الضمير ويتعلمون لطلابهم التاريخ الكاذب.
فأطالب لليابانيين أن يتركوا هذه الأفعال غير الأخلاقي ويأسسوا تعليم صحيح التاريخ الكوري الياباني طيبا.

المراجع

1. في عام 1877، كتب رئيس الوزراء الياباني أن جزيرة دوكدو لا لديه علاقة مع

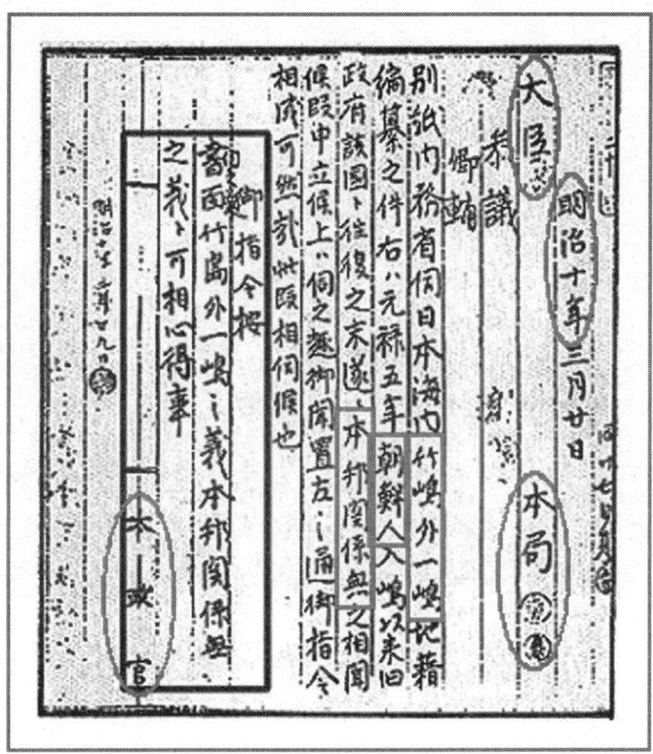
明治十年三月廿日
大臣
参議
卿輔
別紙内務省伺日本海内竹島外一島地籍編纂之件右ハ元禄五年朝鮮人入島以来旧政府該国ト往復之末遂ニ本邦関係無之相聞候段申立候上ハ伺之趣御聞置左之通御指令相成可然哉此段相伺候也
御指令按
伺之趣竹島外一島之義本邦関係無之義ト可相心得事

يابان.

2. في عام 1951 أغسطس، يشير أن جزيرة دوكدو أراضي كوريا في خريطة المنطقة اليابانية في الصفحة الأولى من الكتيب "معاهدة السلام اليابانية" من شركة صحيفة

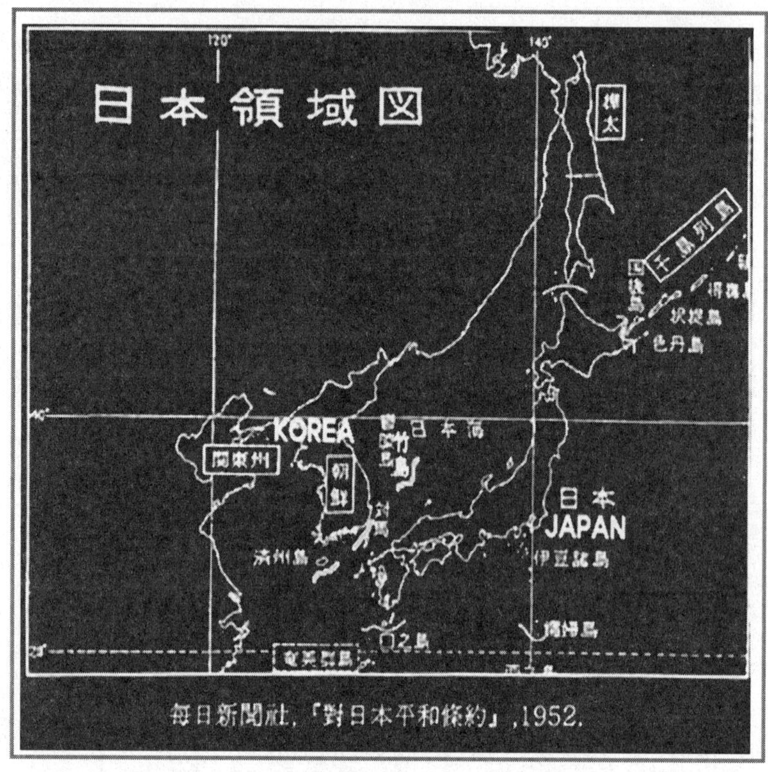

毎日新聞社,「對日本平和條約」,1952.

مائينيتزي في عام 1952 مايو 25.

يونسونغ جونغ، مدير المدرسة الثانوية يانغيونغ
2011 أبريل 17

포르투갈어

Portugese

Problemas e irrealidades são reveladas sobre Dok-do no site do Ministério das Relações Exteriores do Japão

Ministério dos Negócios Estrangeiros do Japão não tem objectividade e fiabilidade com os dados da história entre Coreia e Japao

Problemas e irrealidades são reveladas sobre Dok-do no site do Ministério das Relações Exteriores do Japão

Após o Ministério da Educação japonesa ter criado a fundação educacional que fortaleceria a educação patriótica em 2006, em 2008 e 2009, nas diretrizes governamentais, no ensino e no manual dos livros didáticos, no ensino fundamental em 2010, nos livros didáticos do ensino médio em 3/30/2011 e nos livros didáticos do ensino médio em 27/03/2012, Dok-do tem sido descrito como um território japonês. Eles estão em plano para alterar o conteúdo dos livros didáticos restantes até 2014. Além disso, a partir de abril deste ano, nos colégios públicos de Tóquio, Dok-do deve obrigatoriamente ser citado como território japonês. Assim, modificando o manual da história Coreia-Japão, o governo japonês está modificando a verdade e tentando tomar o controle sobre o território coreano.

A fundação dos livros e dos manuais, oferecido pelo Ministério das Relações Exteriores do Japão,são baseados em informações distorcidas e assim não possui confiabilidade e objetividade em todo o seu conteúdo.

Os materiais sobre 'Dok-do' no site do Ministério das Relações Exteriores do Japão são divididos em documentos oficiais e em documentos privados autorizados. Quando se trata de território nacional, o conteúdo deve ser fundamentado em documentos oficiais. E esse documento irá ter confiabilidade e objetividade, se incluir a fonte e assinaturas. Mas, olhando através dos materiais do Ministério das Relações Exteriores do Japão, pode-se descobrir problemas e irrealidades.

(1) Nota da prefeitura de Shimane n º 40 em fevereiro de 1905

Em fevereiro de 1905, o Japão fez um anúncio em Shimane que havia roubado 'Dok-do' e feito dele seu território. Isto ocorreu sem o conhecimento da Coreia. Além disso, haviam ignorarado a notificação de registro internacional de território. Ademais, este documento não possui sequer um selo do governador de Shimane. Devido a isso, usar tal documento como base de reivindicações terriorial não possui credibilidade e objetividade.

Aviso geral da prefeitura de Shimane n º 40: sem selo do governador de Shimane,ignorou a notificação de registo internacional de território,foi anunciado sem noticifção da Coreia

島根県告示第四十号

北緯三十七度九分三十秒東経百三十一度五十五分隠岐島ヲ距ル西北八十五浬ニ在ル島嶼ヲ竹島ト称シ自今本県所

属隠岐島司ノ所管ト定メラル

明治三十八年二月二十二日

島根県知事　松永武吉

(2) Comando Aliado Supremo (Em janeiro de 1946. SCANPIN-677)

Este material possui assinatura definitiva e reconhecimento como um documento oficial. Inclui conteúdosque as potências aliadas atribuíram, os quais o Japão não pode ter controle político e administrativo sobre ailha Ulleung, a Ilha jeju, a Ilha Dok-do, a Eads (伊豆) e as Ilhas da Ogasawara.

SCAPIN -677(documento oficial autorizada)-Reconhecido como prova

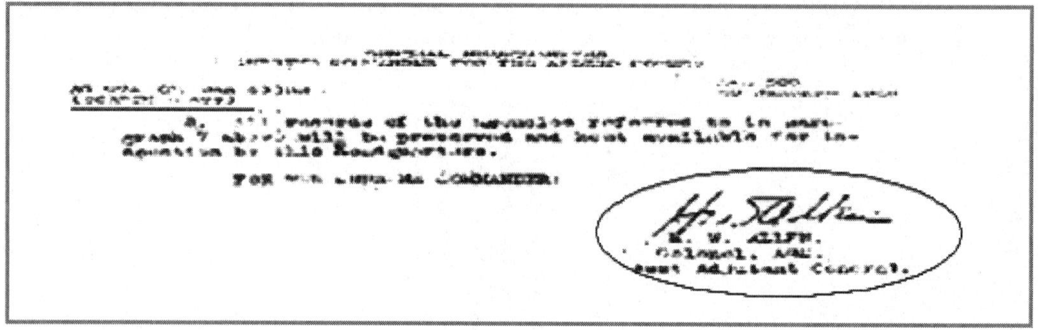

FOR THE SUPREME COMMANDER:

H. W. ALLEN,
Colonel, AGD,
Asst Adjutant General.

(3) Comando Aliado Supremo (Em Junho de 1946, SCANPIN-1033)

Este material é também um documento oficial que possui uma assinatura definitiva. Ele menciona que os aliados demarcaram a 'linha Macarthur' a qual os navios ou tripulações japoneses são proibidos de abordar dentro de 12 milhas da ilha Dok-do.

SCAPIN -1033(documento oficial autorizada)-Reconhecido como prova

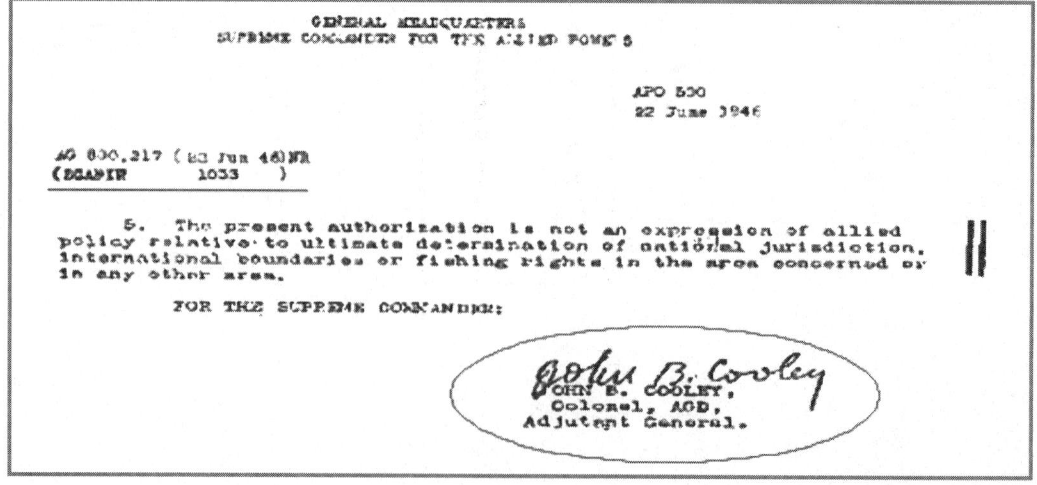

GENERAL HEADQUARTERS
SUPREME COMMANDER FOR THE ALLIED POWERS

APO 500
22 June 1946

AG 800.217 (22 Jun 46)NR
(SCAPIN 1033)

5. The present authorization is not an expression of allied policy relative to ultimate determination of national jurisdiction, international boundaries or fishing rights in the area concerned or in any other area.

FOR THE SUPREME COMMANDER:

JOHN B. COOLEY,
Colonel, AGD,
Adjutant General.

(4) A carta que foi enviada ao 'Acheson' (secretário de estado dos EUA) por 'yang-yu-chan'(embaixador da Coreia nos EUA) em 19 de Junho de 1951.

Esta carta é uma solicitação para incluir Dok-do e a ilha azul no território japonês. Entretanto, pelo fato desta ser uma carta pessoal ao invés de oficial, não possui bases ou assinaturas. Assim, não pode ser qualificado como um material que pode-se discutir sobre um território do país.

You Chan Yang

His Excellency
Dean G. Acheson
Secretary of State
Washington D C

(5) A carta de Dean Rusk(secretário de Estado adjunto para Assuntos do Extremo Oriente) enviada para Yang-yu-chan(embaixador da Coréia nos Estados Unidos da América)

A carta de Dean Rusk para yang-yu-chan em 9 de agosto de 1951, por ser um documento pessoal e não oficial não possui nenhuma base ou assinaturas definitivas. Este material também não possui o direito de tartar sobre territórios do país. Mas o Japão, ainda assim afirma que Dok-do é um território próprio com base nesta referência.

Especialmente, neste material o nome Dean Rusk tem estilo de caligrafia totalmente diferente ao comparar com o conteúdo. Como este, é um caso fora do costume americano, é evidente que este material é desprovido de objectividade e confiabilidade.

Japanese nationals it would not seem appropriate that they obtain compensation for damage to their property as a result of the war.

Accept, Excellency, the renewed assurances of my highest consideration.

For the Secretary of State:

<Problema>

1.Cartas pessoais não é um documento oficial do Estado-nação,por isso, não vale como prova oficial.

2.O nome de Dean Rusk tem outra estilo de caligrafia comparado com o conteúdo e carimbada como um selo, fora dos costumes dos americanos, e também nao há uma assinatura.

3.Origem é obscura.

4.Assim, o material não tem qualificação de evidência para discutir o território do país.

(6) Relatório do embaixador Van Fleet, após a sua visita à Coréia em 1954 (lançado em 1986)

"A idéia de que Takeshima(nome japonês de Dok-do) é território japonês deve ser solicitadano Tribunal Internacional de Justiça." De acordo com um relatório de Van Fleet, nos dados de 'propriedade da ilha Dok-to', Dok-to (Dok-do) é designado como nome principal. Além de mencionado como Liancourt e TakaShima. Isto prova que Dok-do é um território coreano.

A ortografia de "Dokto" e "Takashima" estão erradas, tendo de corrigir para 'Dok-do' e Takeshima. Este material não é um documento official e foi enviado ao Japão e à Coréia, sem saber a razão de ter sido aberto ao público em 1986. Não é um material adequado para se discutir sobre um território nacional, como se prova neste momento. Portanto, a esta altura, este documento não possui nenhuma base para ser usado como evidência em uma discussão sobre o território do país.

Como mencionado acima, os resultados da examinação dos materiais publicados no site do Ministério das Relações Estrangeiras do Japão, pode-se descobrir os problemas e as falsidade. Entre estes materiais, somente o SCANPIN -677 e o SCANPIN-1033(Comando Aliado Supremo de 1946) são os que possuem dados mais credíveis, incluindo fontes autênticas e assinaturas. Assim, as ações tomadas pelas potências aliadas de que o Japão não pode fazer atividade política e administrativa nas áreas de ilha Ulleung, ilha Jeju e ilha 'Dok-do' (Takeshima) e de que os navios japoneses ou as suas tripulações estão proibidos de se aproximar a menos de 12 milhas da ilha Dok-do são válidas. Sãos as provas de que reconhecem 'Dok-do' como um território coreano. Mas o resto dos materiais não são arquivos públicos e oficiais do estado, mas sim, cartas pessoais ou relatórios e não possuem evidências concretas tornando-as obscuras.Isso significa que estes não possuem confiança do público na discussão sobre o território do país.

4. Ownership of Dokto Island

The Island of Dokto (otherwise called Liancourt and Taka Shima) is in the Sea of Japan approximately midway between Korea and Honshu (131.80E, 36.20N). This Island is, in fact, only a group of barren, uninhabited rocks. When the Treaty of Peace with Japan was being drafted, the Republic of Korea asserted its claims to Dokto but the United States concluded that they remained under Japanese sovereignty and the Island was not included among the

<Problema>

Sobre o relatório do Van Fleet,o embaixador(lançado em 1986) 'Propriedade de ilha Dok-do'

1. Dokto (Dokdo) é marcado como nome principal. Esta expressão demonstra que Dok-do é território óbvio da Coréia.
2. Além disso, ele mencionou Dok-do tem adicional nome como Liancourt e Takashima e essa representação certifica que Dok-do é um território coreano.
3. Ortografia de Dokto e TakaShima são erradas, precisa correções como Dok-do e Takeshima.
4. A fonte de dados é incerta, também não existe qualquer assinatura. Este relatório não vale como prova.
5. Assim, este relatório não pode ser uma evidência para discutir o território nacional e não em posição a comentar sobre o território nacional.

A mais forte evidência do Japão quando se trata sobre a declaração da soberania sobre Dok-do é a carta de Dean Rusk (secretário de Estado adjunto para Assuntos do Extremo Oriente), que foi uma resposta a Yang-yu-chan (embaixador da Coréia, nos Estados Unidos). Mas esta referência possui um estilo diferente da grafia do nome de "Dean Rusk" comparado ao conteúdo e não possui assinatura, que está fora do costume americano. Além disso, é uma verdade auto-evidente de que cartas pessoais não podem ser utilizadas como base para reivindicações sobre a soberania de território no lugar de documentos oficiais compartilhados por ambos os países.

Agora vamos dar uma olhada em duas datas abaixo. Estes são as coleções de documentos oficiais que o Japão possui no National Archives of Japan. Embora sejam os arquivos datados de antes de 1900, incluem o ano da data de produção, de registros, da descrição de conteúdo, das fontes óbvias e da assinatura.

(1) Tae-jeong-gwan (Directiva primaria japonês,Fonte: citou dados de Instituto Nacional da historiografia japonesa e Dok-do academia da Coreia)

Sobre o inquérito em 1877, “a Ilha Ulleung e a Ilha Dokdo devem ser listadas no registro de terras da prefeitura japonesa de Shimane?”, Tae-jeong-gwan (Primeiro Diretriz japonês) informa a Prefeitura de Shimane que Dok-do não possui nenhuma relação com o Japão. Este material é uma evidência definitiva de que Dok-do pertence à Coreia, possuindo evidências claras sobre a controvérsia de antes de 1877 e após 1877, em outras palavras, sendo uma prova positiva do passado e da disputa atual.

Desde o incidente do conflito que ocorreu entre An-yong-bok(pescador coreano) e o pescador japonês, a directiva transmitiu que a ilha Ulleng e a ilha Dok-do não estão relacionadas ao Japão.

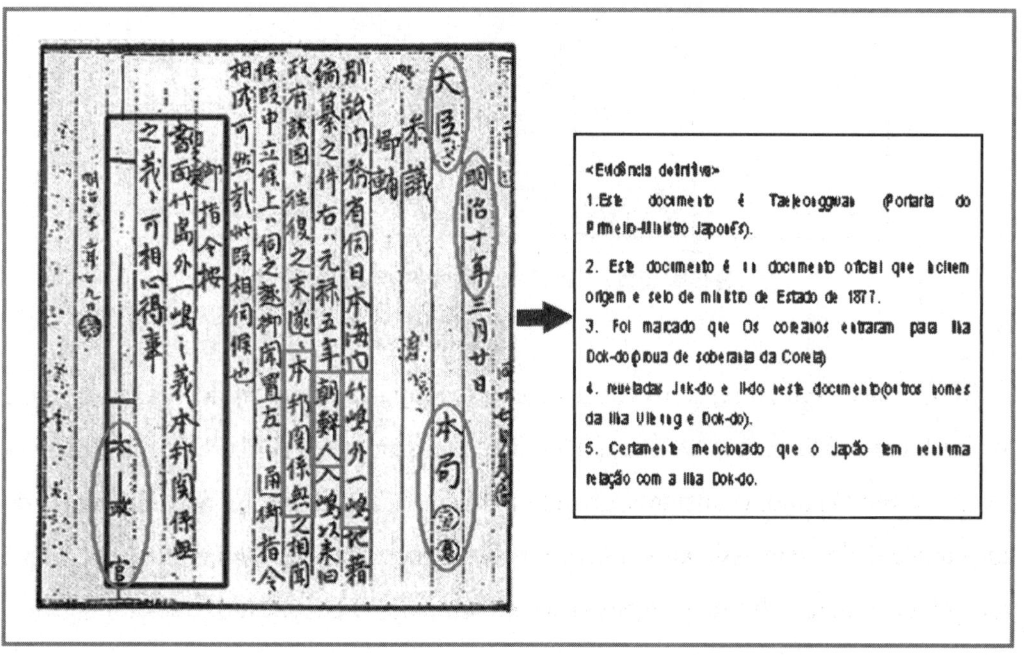

(2) O mapa da área japonesa

Após a conclusão do tratado de paz entre os países aliados o Japão em São Francisco, em setembro de 1951 o jornal Mayinijji (日本-■日新聞■) apresentou um mapa da área japonesa com um total de 616 páginasem 25 de maio de 1952. Esse mapa claramente indica que Dok-do é um território coreano. Por isso, apesar de controvérsias de antes e depois de 1951, esta é uma prova definitiva sobre a posse da ilha Dok-do.

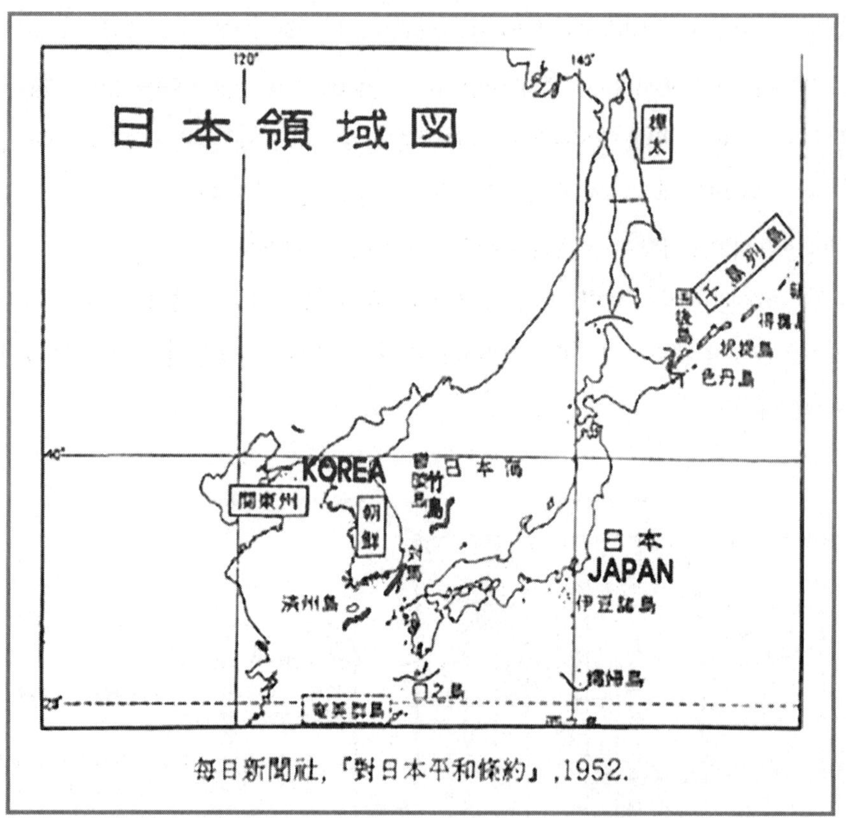

毎日新聞社,「對日本平和條約」,1952.

Mas, o Japão omitiu registros oficiais como Tae-jung-gwan eo Tratado de paz de 1952 que incluem o fato de que Dok-do é admitida como um território coreano. E clama soberania sobre Dok-do, enquanto sugerindo cartas pessoais, nomes forjados diferentes do conteúdo e dados sem assinatura. Esta é uma insistência com base em referências de que não possuem confiabilidade e objetividade em um todo. O documento "Tae-jeong-gwan" e o documento do “mapa da área japonesa,” são as respostas definitivas para acontrovérsia de antes e de depois de 1877 e da controvérsia de antes e de depois de 1951de que Dok-do é um território coreano. Com isso, ao contrário de como o Japão está clamando, a Coreia não está ocupando um território japonês ilegalmente, está apenas preservando o seu próprio território, Dok-do.

Nos últimos anos, o governo japonês vem atiçando a paixão popular, o patriotismo, mais descaradamente distorcendo a história entre a Coreia e o Japão. Agora, estamos enfrentando a realidade de que todas os documentos do Japão sobre Dok-do estão distorcidos baseados em dados falsos. Assim como o ditado “uma mentira puxa a outra”, os dados falsos do Ministério das Relações Exteriores japonês estão fazendo com que o Japão seja visto como um país mentiroso. Eles precisam estar familiarizados com a realidade de que já estão fazendo atos vergonhosos e assim cavando o seu próprio túmulo.

Se não houver uma sincera auto-reflexão do Japão através do processo e dos resultados, com base na história entre a Coreia e o Japão, vai ser um país solitário dentro dacomunidade internacional. Além disso, se aumentar o número de alunos e de grupos que irão aprender com os livros distorcidos, a conseqüência futura sera a destruição da humanidade. Há um problema sério no relacionamento entre a Coreia e o Japão que não pode ser negligenciado.

Se o governo japonês continuara botar lenha no fogo na relação entre Coréia e Japão, doravante, não poderemos considerá-lo como um bom vizinho. Agora é um momento para a Coreiaum país pacifista, buscar e preparar uma contramedida fria mas com calma. Japão! Mesmo sendovizinhos que ao mesmo tempo tão próximos, estão tão longes.

Como observado anteriormente, na maioria das datas apresentadas no site do Ministério dos Relações Exteriores do Japão, não possuem confiabilidade e objetividade. O Japão tem que registrar documentos certificados oficiais, tais como o Tae-jeong-gwan em 1877 e o tratado de paz japonês, em 1877, que marca Dok-do como um território coreano. E tem de retirar a dissuasão e a afirmação falsa, logo que possível. Se eles realmente consideram a relação Coréia-Japão importante, eles têm de parar com o mal comportamento e acordar para a realidade.

Ministério dos Negócios Estrangeiros do Japão não tem objectividade e fiabilidade com os dados da história entre Coreia e Japao

Eu tive um momento que me gerou a filantropia por causa de vizinhos que sofreram dificuldades com terremoto, tsunami e vazamento de radiação nuclear, que atingiram nordeste do Japão em 11 de março de 2011. Além disso, eu estava profundamente comovido com os japoneses que foram atenciosos com os outros, manter a ordem em dificuldades.

No entanto, a negociação do governo japonês sobre as dificuldades me decepcionou. Parecia que esse governo não tem total vontade de preparar uma contramedida e me fez pensar "aquele governo é realmente para o povo?" Eles só ordenou moradores a ficar for a da área danificada mais de 20km ou 30km e não mostrou a atitude adequada para gerir crise rapidamente. Eventualmente, a situação tornou-se cada vez mais ampliado e prolongado.

Diz-se que o Japão é uma sociedade com manual completo. Mas, então a situação atual foi causado, porque não há nenhum manual adequado para a catástrofe que inclui terremoto, tsunami e liberação de radioatividade? Eu penso que agora é o tempo para executar um esforço para superar desastre. Além disso, para minimizar os danos da radioatividade liberada que prejudica outros países, transcendendo fronteiras nacionais, o Japão está no ponto da necessidade de compartilhar informações, cooperar e responder com os vizinhos.

No entanto, neste momento, o governo japonês fez o manual absurdo e anunciou. Em 31 de março de 2011, Ministério da Educação japonês fez o manual que afirma ilha 'Dok-do' como seu território nos livros didáticos do ensino médio. Alem disso, os japoneses do Conselho de Ministros anunciou o livro diplomacia azul de 2011 que insistem dominium de ilha 'Dok-do', enquanto, chanceler japonês publicou manual infantil que afirma "Dok-do é a nossa terra, por isso, se ele recebe qualquer ataque de mísseis nós vamos reagir."

Ao invés de tentar lidar com a crise, vendo eles dizem sobre o ataque de mísseis na ilha 'Dok-do', o próprio território da Coréia, eu aparentemente percebeu que existem ministros japoneses que não correspondem à expectativa. Uma vez, o amor humano puro brotou dentro de mim para os japoneses inocentes que acreditaram e seguiram os membros do gabinete nas piores condições. Escusado será dizer, eu percebo que existem maus vizinhos que não são adequados para a dignidade nacional, depois de ver a atitude do governo japonês que se espalha lógica razoável.

Nesta situação, percebi a necessidade do ensino da história Coreia-Japão para o povo japonês não iluminados ou mal informadas sobre "Dok-do". Mas a informação clara e consciência sobre "Dok-do" deve ser a premissa básica. Portanto, vou esclarecer "10 pontos para a compreensão da questão Dok-do" que é base de livros didáticos japoneses são dados sem objetividade e confiabilidade, sugerido pelo Ministério dos Negócios Estrangeiros do Japão. E vou examinar Coréia-Japão história em fluxo do tempo com referências objetivas e confiáveis.

Em primeiro lugar, exceto o Comando Supremo das Forças Aliadas em 1946 (edição n º 677 Scapin, Scapin n º 1033) que têm objetividade e confiabilidade com garantia de assinaturas autênticas, O resto de datas indicadas não são objetivas e confiáveis. Por exemplo, um dos de referências sobre o território nacional é uma carta não-oficial e interindividual, ao invés de documento oficial compartilhada por Japão e Coréia. Ele não tem origem clara e proprietário da carta não é um deputado estadual. Além disso, a proposta "ilustrações de licença," que mostrou aprovação para mudar para outro país em vez de seu próprio país não é objetivo e confiável.

Assim, aponto repetidamente que as datas indicadas pelo Ministério dos Negócios Estrangeiros do Japão não podem distinguir entre coisa pública e individual. assim, absolutamente, não há objetividade e confiabilidade em tudo. Então, para afirmar a soberania sobre 'Dok-do', japão mencionou São Francisco Tratado. Mas quando se considera o processo de contrato podemos saber que sua ênfase é errado. Contudo, se eu reclamar 'Dok-do' como um território coreano só com as coisas mencionadas acima, isso significa fazer um mesmo erro como Japão. Daqui em diante, vou certificar 'Dok-do' como nosso território, verificando alguns materiais que são objetivos e confiáveis.

(1) O comando Tae-jung-gwan de 1877 tem alguns dados que indicam "Dok-do" ilha e Ulleung ilha como território coreano. Porque comando Tae-jung-gwan é idêntica à directiva do Primeiro-ministro japonês de hoje, por isso esse dado é objetivo e confiável. (ver referência 1)

(2) Em 1894, houve um incidente que as tropas japonesas invadiram o Gyeong-bokgung (Palácio da Coreia) e aprisionaram o rei e a rainha. Na sucessão, uma meia-noite, em outubro de 1895, eles invadiram o palácio de novo e assassinaram a rainha violentamente.

(3) Em 24 de outubro de 1900, durante o período imperial coreano, para esclarecer a posse de ilha 'Dok-do', Coréia incorporou-lhe para Kang-won-do(província da Coreia). Este fato foi especificado no boletim oficial do Dae-han império (Período Imperial da Coreia), (a data de 27 de outubro de 1900).

(4) logo após a Guerra Russo-Japonesa, em fevereiro de 1904, o Japão ameaçou o imperador e ministros e tomou poderes de financiamento.diplomacia e política da Coreia através do envio vereador japonês.

(5) Em Fevereiro de 1905, o Japão listou ilha 'Dok-do' no registro da terra da Shimane(prefeitura do Japão) e registrou esse fato em um jornal local secretamente.

(6) Em Novembro de 1905, por ameaçar o imperador e os ministérios da Coreia, Japão privou o poder de diplomacia da Coreia e estava no controle da administração pública com a constituição da Residência-Geral. Na verdade, o Japão colocou a Coreia sob o seu domínio colonial. Assim, ilha "Dok-do" é a terra roubada pelo Japão durante a ocupação japonesa com a eclosão da guerra russo-japonesa, depois de ameaçar o imperador e assassinar a Rainha.

(7) Em agosto de 1910, o país inteiro da Coréia tinha sido roubado por causa da Coreia-Japão anexação. E a história da Coreia haviam sido aniquilados por 36 anos em uma forma grande.

(8) Tem alguns fatos históricos. Durante a guerra de agressão do Japão. Declaração do Cairo de 1943 surgiu. Ele pede que Japão deve retornar "Dok-do" território, que foi roubado em 1905, para Coreia. Depois disso, em 1946, Comando Supremo da Força Aliada Expedicionária (Nota de instrução para comandante supremo da força Aliada, SCAPIN) fez pedidos especiais que ilha 'Dok-do' deve ser excluído do território japonês (SCAPIN Edição n º 677) e proibiu a aproximação de navios de pesca japoneses no prazo de 12 quilômetros de ilha "Dok-do" (SCAPIN Edição n º 1033).

(9) 'Dok-do' é o console ligado ao território coreano que tinha sido supervisionado pelos Comandante Supremo das Forças Aliadas após a independência em 15 de agosto de

1945. Este é o domínio que a Coréia levou a soberania do Governo Militar Exército dos EUA na Coréia, legitimamente, com a criação da República da Coréia, em 15 de agosto de 1948.

(10) 'Dok-do', a ilha reconhecida internacionalmente. Agora, ele tem um endereço de 1 a 37, dok-do-ri, Ulleng-Eup(cidade), Ulleng-Gun(distrito), Gyeongsangbuk-Do(província) e está guardado por moradores e guarnições. Assim, podemos perceber claramente que 'Dok-do' da Coreia não pode ser alvo de controvérsia mais, a partir de 15 agosto de 1948.

(11) Japão trouxe o Tratado de San Francisco em 1951 e carta de Dean Lusk como uma evidência. Mas isto não pode ser a prova verdadeira. Primeiro, o projecto de Tratado de San Francisco havia declarado "Dok-do" como um território coreano de projecto 1 a 5, e projecto 6 confirmou "Dok-do" como um território japonês por causa do lobby do Japão. Mas, o conteúdos de "Dok-do" ilha foram omitidos do projecto 7 a 9 devido as visões opostas na América e opostas de outros países, como Inglaterra, Austrailia e Nova Zelândia. Neste processo, os conteúdos sobre ilha "Dok-do" tinha sido deixado de fora, e falhou ao modificar. Com a ignorância do problema no processo, a alegação de que a coisa omitida pertence ao Japão é uma insistência absurda que ninguém pode aceitar.

Em segundo lugar, a carta enviado(em 19 de Julho de 1951) ao Yang-Yu-Chan(o embaixador dos Estados Unidos) e a carta de Dean Rusk(o vice-ministro do Departamento de Estado) são apenas cartas desconhecidos sem origem exata e privadas entre individuais sem assinaturas. Estes materiais não também são documentos oficiais. Por isso não há objetividade e confiabilidade.

(12) Em 25 de maio de 1952, editora japonesa Mayinijji publicou manual sobre 'tratado de são francisco' por receber ajuda do Ministério dos Negócios Estrangeiros do Japão. Quando ver o mapa da área japonesa no primeiro capítulo do manual aprovado pelo 'Tratado de Paz de San Francisco', claramente indicou a verdade que 'Dok-do' é o território coreano (ver referência 2).

(13) Relatório de Van Fleet missão para o Extremo Oriente (lançado em 1986) que foi escrito depois de visita do embaixador dos EUA(Van Fleet) em 1954, também não é um documento oficial e não foi partilhado entre Japão e Coreia. Ele começa com frase "A Ilha 'Dok-do' (também chamado Liancourt e Taka Shima).." Mas, 'Dok-do' é o nome principal e outras representações escritas são errados nas suas soletrações. Liancourt e Takeshima são as expressões corretas. Portanto, não há confiabilidade e objetividade nos dados do Relaório.

(14) Em 10 de agosto de 2010 que foi um ano de aniversário do centenário da Coreia-Japão anexação, o Japão prometeu devolver os tesouros culturais levados. reconhecendo os erros dos passados. como este, Japão admitiu a sua invasão. Coréia não tem força e capacidade para ocupar o território do Japão de forma ilegal e intenção de fazê-lo. Apenas, estamos guardando o nosso próprio território que se chama 'Dok-do'.

(15) Como sabemos através do caso de Acidente nuclear do Japão, se ocorrer um ataque armado, isso pode causar diferença na duração da vida, mas temos que saber tudo vai ser destruído. Eu não tenho certeza de que o Japão lembra claramente sobre o incidente que eles massacraram muitos coreano por causa de Gwan-dong grande terremoto em 1923, para recuperar o sentimento público deteriorado do Japão.

Como mencionado acima, os dados apresentados pelo Ministério dos Negócios Estrangeiros do Japão teimosamente persiste e não tem objetividade e confiabilidade. Além disso, o registro território exigido pelo direito internacional é "notificação internacional". Mas, apenas 'Dok-do' foi publicado no jornal da Shimane. Porque Diário Oficial da União vai ser conhecida aos legações coreanos no Japão, legações e embaixadas dos todos os paises no mundo, eles esconderam o fato. É claro que este é nulidade que não chega a um acordo sob a lei internacional. Além disso, a auto-reflexão do Japão é exigido na Coréia-Japão relacionamento quando examinar o fluxo da história. Assim, é muito engraçado que ainda há controvérsia sobre "Dok-do".

Apesar de desastre, comentário do Japão sobre a proteção de 'Dok-do' faz me chegar ao fim de paciência. Devem ser muitos japoneses que têm o conhecimento certo sobre a história entre Coreia e Japão, mas não podemos ouvir sua voz em forma adequada. E os japoneses que são educados, honestos e atenciosos com os outros estão mostrando atitude imoral e inescrupuloso somente na história entre Coreia e Japão. Além disso, eles criaram uma história falsa e até mesmo ensinar ao alunos, não pode deixar de sentir vergonha e tristeza. Simplesmente não posso acreditar porque eles estão incitando a hostilidade e tentando destruir a paz. Depois de tomar algum tempo para a introspecção, o Japão deve estabelecer uma política para inculcar consciência histórica correta. E ao mesmo tempo, exorto-os jogar fora manual falso da história.

<Referências>

– Parte de ‘Dok-do’ academia “Porque insistência japonês sobre ‘Dok-do’ soberania é errado?”

– Site do Ministério dos Negócios Estrangeiros japonês「Takeshima problema」

<Referências>

1. Taejunggwan (Directiva Primaria Japonês) respondeu que o Japão não tem nenhuma relação com “Dok-do” em 1877 sobre o inquérito de Shimane “Ilha Ulleng e ilha Dok-do tem que ser listados em Shimane registo predial?”

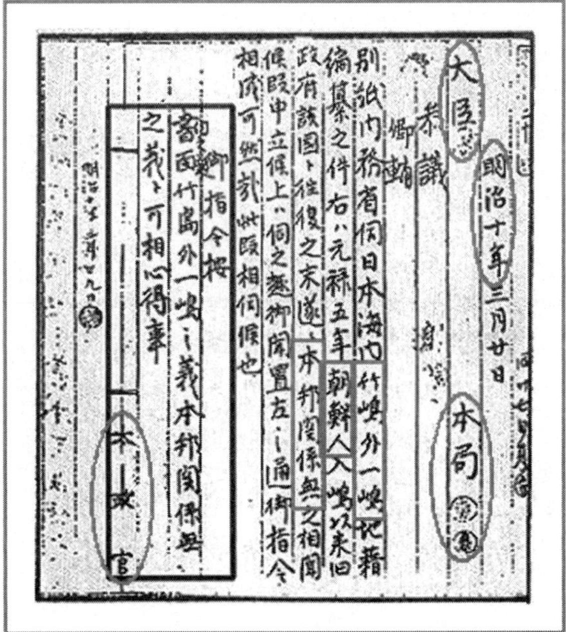

大臣

明治十年三月廿日

参議

本局

別紙内務省伺日本海内竹嶋外一嶋地籍編纂之件右ハ元禄五年朝鮮人入嶋以来旧政府該国ト往復之末遂ニ本邦関係無之相聞候段申立候上ハ伺之趣御聞置左之通御指令相成可然哉此段相伺候也

御指令按

伺之趣竹嶋外一嶋之義本邦関係無之義ト可相心得事

本官

(Fonte: citou dados de Instituto Nacional da historiografia japonesa e Dok-do academia da Coreia)

2. após assinar aliados-Japão tratado de paz em setembro de 1951 em São Francisco, Japão Editora, jornal Mayinijji, (jornal diário), apresentou 'Dok-do' como território coreano com comentários de total 616 páginas em 25 de maio de 1952.

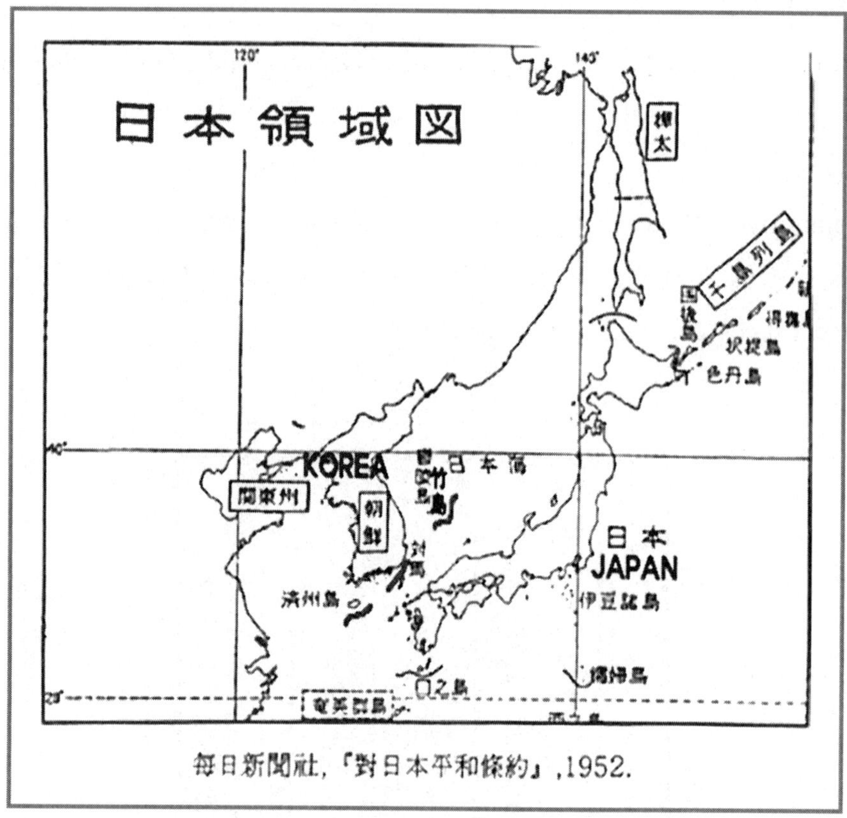

毎日新聞社,「對日本平和條約」,1952.

(citou dados de Dok-do academia da Coreia)

Em 17 de Abril de 2011

Yang-Young digital ensino medio.

Diretor Jeong Yoon Seong

Các hư cấu và các vấn đề trong tài liệu liên quan đến đảo Dokdo của trang web Bộ ngoại giao Nhật Bản.

Lịch sử Hàn – Nhật có trời đất chứng giám và tài liệu Bộ Ngoại Giao Nhật bản không có độ tin cậy và tính khách quan.

Vietnamese

Các hư cấu và các vấn đề trong tài liệu liên quan đến đảo Dokdo của trang web Bộ ngoại giao Nhật Bản.

Hòn đảo Dokdo của lãnh thổ Hàn Quốc trong tư liệu khoa học của Nhật Bản thì từ sau khi Thủ tướng Shinzo Abe ban hành luật giáo dục cơ bản " Tăng cường giáo dục tinh thần yêu nước", căn cứ vào luật đã được ban hành thì các sách hướng dẫn, sách ôn luyện năm 2008, 2009 , sách giáo khoa cấp 1 năm 2010, sách giáo khoa cấp 2 ngày 30 tháng 3 năm 2011, sách giáo khoa cấp ba ngày 27 tháng 3 năm 2012 đều chỉ ra nội dung Dokdo là lãnh thổ của Nhật Bản, và dự kiến năm 2014 các sách giáo khoa còn lại tất cả cũng sẽ được kiểm duyệt , thêm vào đó từ tháng 4 năm nay ở Tokyo – Nhật Bản tất cả các sách giáo khoa dạy học trong các trường quốc lập đều sẽ đưa nội dung Dokdo là lãnh thổ của Nhật Bản giáo dục. Vào ngày 11 tháng 4 Nhật Bản tổ chức buổi họp báo Tokyo tuyên bố Dokdo thuộc lãnh thổ Nhật Bản. Thông qua giáo dục lịch sử Hàn – Nhật mà chính phủ Nhật Bản bịa đặt lịch sử xuyên tạc như thật và đang muốn bành chướng xâm chiếm lãnh thổ Hàn Quốc.

Lịch sử mà bộ Ngoại giao Nhật Bản đưa ra trong sách giáo khoa lịch sử đều là sự thật bị bóp méo và không có căn cứ, không hề có độ tin cậy, không khách quan chút nào.

Nếu nhìn vào tài liệu liên quan đến Dokdo được đưa lên trang web của bộ ngoại giao Nhật Bản thì thấy có tài liệu văn bản được công nhận và tài liệu văn bản riêng mang tính cá nhân. Dù gì đi nữa căn cứ tranh cãi liên quan đến đến lãnh thổ quốc gia phải là tư liệu công văn nhà nước. Và cùng với trình tự thì công văn phải có chữ kí rõ ràng để thể hiện tính khách quan và tin cậy.

Thế nhưng nếu kiểm tra tài liệu liên quan Dokdo mà bộ ngoại giao Nhật bản đưa lên trang web thì có thể thấy được các vấn đề và các hư cấu trong tài liệu.

(1) Thông báo số 40 huyện Shimane tháng 2 năm 1905

Tháng 2 năm 1905, Sau khi Nhật Bản chiếm đoạt Dokdo đã thông báo sát nhập vào huyện Shimane. Thế nhưng việc thông báo sát nhập này thì Hàn Quốc cũng không hề biết và Nhật Bản cố tình phớt lờ đi thông báo quốc tế về việc sát nhập lãnh thổ. Thêm nữa, thông báo Huyện Shimanehyun không có dấu của huyện trưởng Shimanaehuyn. Vì vậy mà tư liệu này không có tính khách quan, không có độ tin cậy dùng làm căn cứ lập luận về lãnh thổ.

Thông báo số 40 Shimanaehyun: Không có dấu, phớt lờ thông báo quốc tế về sát nhập lãnh thổ, chiếm đoạt dấu diếm.

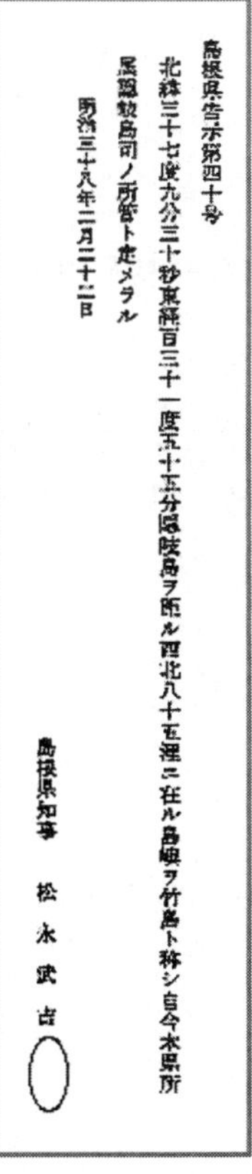

島根県告示第四十号

北緯三十七度九分三十秒東経百三十一度五十五分隠岐島ヲ距ル西北八十五浬ニ在ル島嶼ヲ竹島ト称シ自今本県所属隠岐島司ノ所管ト定メラル

明治三十八年二月二十二日

島根県知事　松永武吉

(2) (Tháng 1 năm 1946 . SCANPIN - 677) Quyết định của Tư lệnh tối cao Trụ sở các nước đồng minh

Tài liệu này chính xác có chữ kí, và là tài liệu được chấp nhận là tư liệu chính thức. Nội dung tài liệu này chỉ rõ ra rằng " Nước đồng minh Nhật Bản không có quyền chính trị và hành chính đến khu vực Ullungdo, Chechudo, Dokdo (Takeshima), Izu,Okasawoara".

SCAPIN – 677 (tài liệu được công nhận) được nhận định là tài liệu căn cứ xác thực.

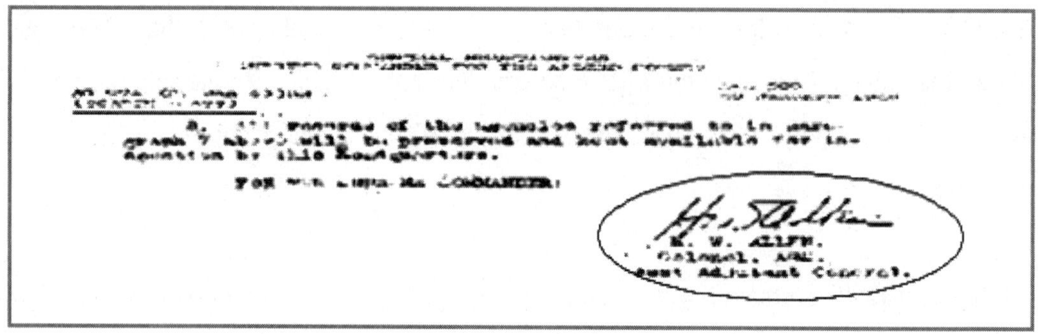

(3) Quyết định của Tư lệnh tối cao lực lượng đồng minh (Tháng 6 năm 1946. SCANPIN – 1033)

Tài liệu này có chữ kí chính xác nên được xem là tài liệu công văn chính thức có thể chấp nhận. "Quân đồng minh Trung úy ' Mac Arthur Line " quy định và tuyên bố cấm tàu thuyền cũng như người đi thuyền Nhật Bản tiếp cận vào trong khoảng cách 12 dặm tính từ Dokdo."

SCAPIN – 1033 (tài liệu được công nhận) được nhận định là tài liệu căn cứ xác thực.

GENERAL HEADQUARTERS
SUPREME COMMANDER FOR THE ALLIED POWERS

APO 500
22 June 1946

AG 800.217 (22 Jun 46)NR
(SCAPIN 1033)

5. The present authorization is not an expression of allied policy relative to ultimate determination of national jurisdiction, international boundaries or fishing rights in the area concerned or in any other area.

FOR THE SUPREME COMMANDER:

John B. Cooley
JOHN B. COOLEY,
Colonel, AGD,
Adjutant General.

(4) Bức thư của Đại sứ Hàn tại Mỹ Yang Yoo Chan gửi cho Ngoại trưởng Mỹ Acheson ngày 19/6/1951

Nội dung yêu cầu bao gồm cả "----, Dokdo và Pharangdo", bức thư này không phải là văn bản mà chỉ là bức thư cá nhân, không có căn cứ, không có chữ kí. Vì thế nó không thể là tài liệu có tư cách dùng làm tài liệu tranh luận về vấn đề lãnh thổ quốc gia.

You Chan Yang

His Excellency
Dean G. Acheson
Secretary of State
Washington D C

(5) Bộ trưởng ngoại giao khu vực viễn đông Dean Rusk gửi thư cho đại sứ quán Hàn tại mỹ yang yoo chan

Ngày 9/8/1951 không phải là văn bản chính thức, không có căn cứ, không có chữ kí. Rõ ràng tài liệu này không thể là tài liệu đem ra để bàn luận về vấn đề lãnh thổ quốc gia được. Nhưng Nhật Bản lại dùng nó là tư liệu căn cứ chứng minh Dokdo là của Nhật Bản.

Đặc biệt, tài liệu này phần chữ kí Dean Rusk lại là chữ đánh máy không phải kí tay. Vì thế rõ ràng chứng minh tư liệu này thiếu độ tin cậy và độ khách quan nhất nếu như nói về trình tự văn bản của người Mỹ.

Japanese nationals it would not seem appropriate that they obtain compensation for damage to their property as a result of the war.

Accept, Excellency, the renewed assurances of my highest consideration.

For the Secretary of State:

< Vấn đề >

Là bức thư của cá nhân vì thế không có giá trị là tài liệu căn cứ công khai chính thức mang tính quốc gia.

Chữ kí Dean Rusk phải là chữ kí khác kí bằng tay nhưng Dean Rusk ở đây lại được thể hiện như chữ kí, nếu theo quy phạm viết thư của người Mỹ thì nó hoàn toàn không thể được coi đó là chữ kí .

Nguồn gốc không xác minh

Vì thế đây không thể là tài liệu mang ra để lập luận về lãnh thổ quốc gia.

(6) Năm 1954 Báo cáo sau chuyến thăm Hàn Quốc về nước của đại sứ Van feet

Nếu xem báo cáo sau chuyến thăm Hàn quốc quay về nước của Đại sứ Van Feet cho rằng "Nếu coi rằng Takeshima là lãnh thổ Nhật bản, thì cần phải kiến nghị lên Tòa án quốc tế là hợp lý" Trong tài liệu Chủ của hòn đảo Dokto thì Dokto được thể hiện tên gọi là chính (Dokdo). Ngoài ra có có các tên gọi khác là Liancourt và Taka Shima. Điều này chứng tỏ đây là tài liệu chứng minh Dokdo là lãnh thổ của Hàn quốc.

Nếu trình tự gọi Dokto và Taka Shima sai thì phải yêu cầu gọi là Dokdo và Take Shima.

Tài liệu này không phải là văn bản đã gửi tới Hàn quốc và nhận bản. Thêm vào đó, tại sao báo cáo này lại công khai vào năm 1986 thì không thể biết được.

4. Ownership of Dokto Island

The Island of Dokto (otherwise called Liancourt and Taka Shima) is in the Sea of Japan approximately midway between Korea and Honshu (131.80E, 36.20N). This Island is, in fact, only a group of barren, uninhabited rocks. When the Treaty of Peace with Japan was being drafted, the Republic of Korea asserted its claims to Dokto but the United States concluded that they remained under Japanese sovereignty and the Island was not included among the

< Vấn đề >

Báo cáo sau chuyến thăm Hàn quốc về nước cửa đại sứ Van Feet (công khai năm 1986) viết về tài liệu Chủ của hòn đảo Dokto

Dokto (Dokdo) là tên gọi chính

Tên gọi này chứng mình rõ ràng nó là lãnh thổ Hàn quốc

Ngoài ra còn có tên gọi khác là Liancourt, Taka Shima. Tên gọi này chứng minh rõ ràng đó là lãnh thổ Hàn quốc.

Dokto và Tka Shima là trình tự sai, yêu cầu phải gọi là Dokdo và Take Shima

Xuất xứ của tài liệu không rõ ràng, không có chữ kí. Báo cáo này không có giá trị được coi là tư liệu căn cứ.

Vì thế báo cáo của đại sứ vừa không phải là tư liệu căn cứ tranh cãi về lãnh thổ quốc gia vừa không dúng với vị trí tranh cãi lãnh thổ quốc gia.

Các tư liệu trên là các tư liệu có thể thấy khi tìm kiếm trên trang web của Bộ ngoại giao Nhật Bản liên quan đến tài liệu Dokdo và ta có thể thấy các vấn đề nghi vấn và hư cấu. Trong các tài liệu trên chỉ có hai tài liệu có tính xác thục và có chữ kí (là SCANPIN – 677, SCANPIN – 1033) của Tư lệnh tối cao trụ sở nước đồng minh. Vì thế theo quyết định của Các nước đồng minh thì " Tàu thuyền , và người đi thuyền Nhật Bản không được can dự chính trị và hành chính và khu vực Ullungdo, Chechudo, Dokdo (TakeShima" trong phạm vi 12 dặm từ đảo Dokdo là sự thật , tài liệu này có hiệu lực và là nội dung chứng mình Dokdo là thuộc lãnh thổ Hàn quốc. Còn các tài liệu còn lại thì không phải là tài liệu chính thức của Quốc gia, chỉ là bức thư cá nhân, báo cáo, vừa không có chữ kí, không rõ ràng trình tự của một tài liệu có căn cứ. Vì vậy nó không thể là tài liệu công khai có thể bàn luận về lãnh thổ của quốc gia.

Nhật Bản lấy lập luận Dokdo thuộc sở hữu của Nhật tập trung vào bức thư của Dean Rusk , Bộ trưởng ngoại giao khu vực viễn đông , gửi cho Đại Sứ Hàn Quốc tại Mỹ là Yang Yoo Chan.. Tên Dean Rusk được thể hiện như chữ kí và cỡ chữ to thể hiện mỗi tên, không đúng với trình tự văn bản của người Mỹ. Thêm vào đó, đó không phải là tài liệu mà hai nước cùng có mà chỉ là bức thư cá nhân nên không thể là tài liệu mang ra lập luận làm căn cứ quyền sở hữu lãnh thể của quốc gia.

Chúng ta hãy cùng lật lại xem hai tài liệu dưới đây. Các tài liệu này đều có chữ kí, có ngày tháng năm ghi chép, nội dung, xuất xứ, đều là dữ liệu có trước năm 1900 và là tư liệu quốc gia Nhật Bản.

Thaejongkoan (Thủ tướng Nhật Bản, tài liệu của viện Nghiên cứu Dokdo, Viện trưởng viện quản lý văn bản quốc gia Nhật Bản)

Năm 1877, đối với tài liệu " Ullungdo và Dokdo có phải được đưa vào huyện Shimanae Nhật Bản hay không?, Thủ tướng Nhật Bản ThaeJongkoan tuyên bố Nhật Bản không có mối quan hệ với Dokdo. Tư liệu này là chứng cứ chính xác chứng minh Dokdo là lãnh thổ Hàn Quốc từ tài liệu căn cứ xác thức về vấn đề tranh cãi quá khứ và cận đại , tranh cãi về Dokdo trước và sau này.

Năm 1692 Sự kiện xung đột giữ ngư dân hai nước tại Ullungdo, tư liệu thể hiện Ullungdo và Dokdo không có mối quan hệ với Nhật bản.

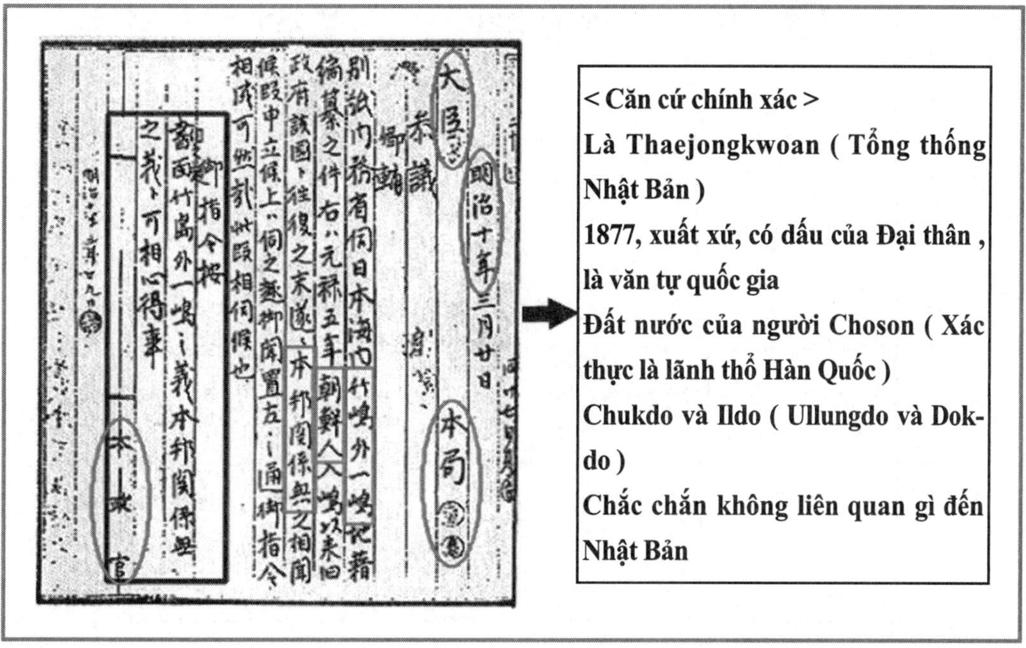

(Xuất xứ : Viện trưởng viện quản lý văn bản quốc gia Nhật Bản, Tài liệu sử dụng của viện nghiên cứu Dokdo)

(2) Khu vực lãnh đảo Nhật Bản

Tháng 9 năm 1951 Sau khi Các nước đồng minh kí hiệp ước hòa bình ở San Francisco, ở tài liệu đưa ra trong 616 trang ngày 26 tháng 5 năm 1952 tờ báo Mainichi Nhật Bản có nội dung “ Khu vực lãnh đảo Nhật Bản”. Ở đây Dokdo (Tên NHật Bản : 竹島) thể hiện rõ ràng là lãnh thổ Hàn Quốc, là chứng cứ thể hiện rõ Dokdo là lãnh thổ của Hàn quốc trước và sau 1951.

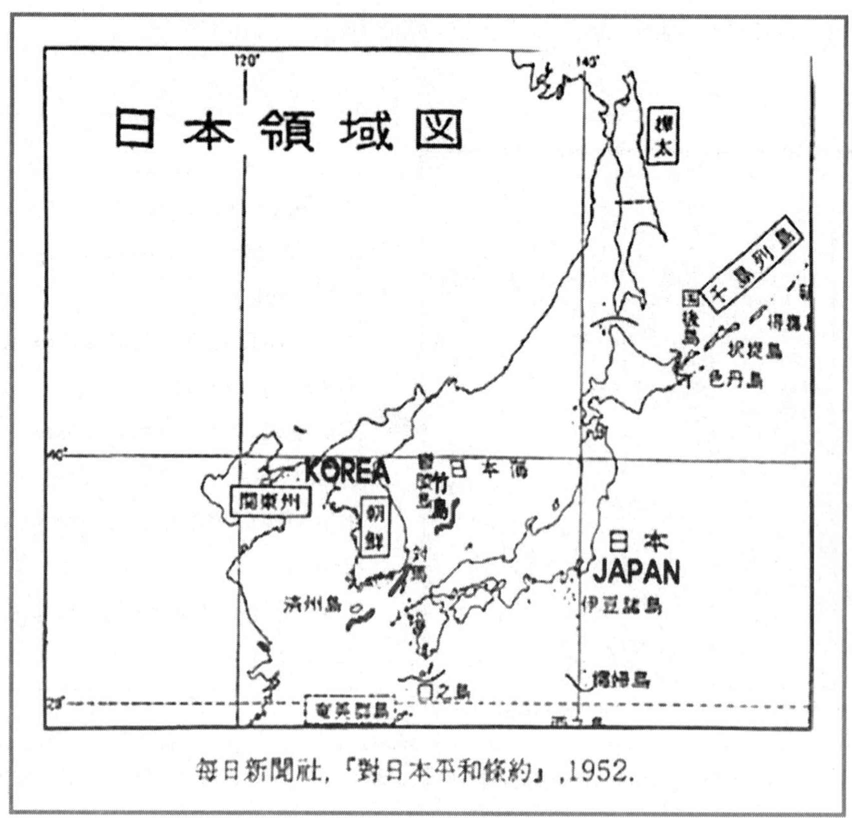

毎日新聞社,「對日本平和條約」,1952.

Nhưng banrghi chép chính thức của Thủ tướng NHật bản năm 1877 " Thaejongkoan" và ghi chép được nhận định là sự thật Dokdo Hàn Quốc trong tư liệu chính thức thì quên đi và đưa ra lập trường quyền sở hữu Dokdo và đưa ra tài liệu không có chữ kí, tên vi phạm tư liệu gốc cần phải có mà đó chỉ là một bức thư cá nhân. Đây rõ ràng là căn cứ lập trường với tư liệu hoàn toàn không có tính khách quan và không có độ tin cậy. Ghi chép " Thaejongkoan" này và " Khu vực lãnh đảo Nhật Bản " tranh cãi trước và sau năm 1877 và tranh cãi trước và sau 1951 về lãnh thổ Dokdo cho câu trả lời rõ ràng. Vì thế giống như lập luận của Nhật Bản thì Hàn Quốc không phải đi xâm chiếm bất hợp phát lãnh thổ của Nhật Bản mà vỗn dĩ Dokdo là lãnh thổ của người Hàn Quốc.

Trong những năm gần đây , Chính phủ Nhật Bản ngang nhiên bóp méo sự thật lịch sử Hàn – Nhật và phát động tới người dân kết hợp đào tạo lịch sử bịa đặt. Bây giờ các tài liệu liên quan Dokdo của chính phủ Nhật Bản bịa đặt đều đã hoàn thành và thực hiện giáo dục thực tế. Cũng giống như 1 lần làm nên nói dối là sẽ nói dối lần nữa, tài liệu móp méo sự thật của Bộ ngoại giao Nhật Bản được đưa vào sách giáo khoa lịch sử Nhật bản, chính là việc Nhật Bản biến mình thành đất nước nói dối. Nhật Bản phải biết việc này là hành vi xấu hổ và tự đào mồ chôn chính mình.

Trong vấn đề lịch sử Hàn – Nhật,nếu Nhật Bản không tự hối lỗi chân thành thì sẽ đơn độc trong cộng đồng thế giới. Hơn nữa, nếu số lượng và tầng lớp hoc sinh học sách giáo khoa bóp méo sự thật tăng lên thì hậu quả trong tương lai sẽ chỉ là phá hình tính nhân loại. Đó chính là vấn đề nghiêm trọng trong mối quan hệ Nhật – Hàn không thể bỏ qua.

Nếu Chính Phủ Nhật Bản chủ động làm xấu đi mối quan hệ Hàn – Nhật thì ta không thể coi Nhật Bản là hàng xóm tốt được, ngay bây giờ là lúc đất nước Hàn quốc yêu chuộng hòa bình tìm ra các đối sách đối ứng một cách lạnh lùng và điềm tĩnh. Dù là ngay gần kề nhưng vẫn là láng giềng xa. Nhật Bản!!!

Trên đây là những vấn đề mà ta thấy được hầu hết trong các tài liệu trên trang web của Bộ ngoại giao Nhật Bản không có tính chính xác và không có độ tin cậy. Nhật Bản đăng trên trang web tư liệu được công nhận như Khu vực lãnh đảo Nhật bản của hiệp ước hòa bình Nhật bản đã kí năm 1952 và ghi chép Theajongkwoan năm 1877 mà Thủ tướng nhật Bản ghi nhận Dokdo là lãnh thổ của Hàn quốc và phải gỡ bỏ ngày nào sớm ngày đó lập luận cố ý và vi phạm. Nhật Bản thực sự suy nghĩ mối quan hệ Hàn – Nhật thực sự là quan trọng thi phải bỏ đi hình ảnh xấu hiện tại và tìm lại hình ảnh cũ vốn có.

Tài liệu tham khảo (- Tập sách của học viện Dokdo Hàn Quốc “ Lập trường Nhật Bản về quyền sở hữu Dokdo tại sao lại sai ?”

Vấn đề “Takeshima” trang web Bộ Ngoại giao Nhật Bản.

2012. 5. 11

Trường cấp 3 Digital YangYong

Hiệu trưởng JeongYoonSeong

Lịch sử Hàn – Nhật có trời đất chứng giám và tài liệu Bộ Ngoại Giao Nhật bản không có độ tin cậy và tính khách quan.

Ngày 11 tháng 3 năm 2011 đã xảy ra thảm họa kép động đất và sóng thần ở phía Đông bắc Nhật Bản làm rò rỉ phóng xạ hoàn toàn! Lúc này tôi cũng không hiểu sao, nhìn thấy nước bạn đang phải đối mặt khó khăn trong lúc như thế này tình thương con người trong tôi lại trỗi dậy. Thậm chí trong hoàn cảnh khó khăn đến như vậy mà người dân Nhật Bản vẫn đứng xếp hàng có trật tự và giúp đỡ lẫn nhau, điều đó làm tôi cảm động vô cùng.

Thế nhưng trong hoàn cảnh khó khăn như vậy, chính sách xử lý của chính phủ Nhật Bản thật là đáng thất vọng. Bởi vì tôi thấy chính phủ Nhật Bản không có chính sách đối ứng nào thể hiện rằng chính phủ lo lắng hay suy nghĩ cho người dân. Không có bất cứ động thái quản lý nhanh chóng và hợp lý nào hết mà Chính phủ chỉ cho lệnh yêu cầu sơ tán với những người dân bị ảnh hưởng trong phạm vi 20, 30km mà thôi. Vì thế mà tình hình càng nghiêm trọng hơn và kéo dài hơn.

Người ta nói Nhật Bản là " Xã hội menual hoàn hảo ". Song với tình huống này, đối mặt với thảm họa động đất, sóng thần và rò rỉ phóng xạ thì menual đã được chuẩn bị sẵn hay chưa? Vì thế mà tôi nghĩ rằng dù bắt đầu từ bây giờ đi chăng nữa thì bây giờ là lúc Nhật Bản cần phải nỗ lực tập trung để khắc phục thiên tai. Thêm vào đó để giảm thiểu hóa thiệt hại của việc rò rỉ phóng xạ ra ngoài biên giới quốc gia cần phải vừa chia sẻ thông tin với các nước lân cận vừa phải hợp tác và đề nghị sự giúp đỡ của cộng đồng.

Tuy nhiên vào thời điểm này, chính phủ Nhật Bản lại tuyên bố quyết định không đâu vào đâu. Đó là ngày 31/3/2011 Bộ giáo dục, Văn hóa, Thể thao, Khoa học và Kĩ thuật Nhật Bản đã đưa nội dung quần đảo Dokdo nằm trên lãnh thổ Hàn Quốc là một phần lãnh thổ của Nhật Bản vào sách giáo khoa cấp 2. Hơn nữa ngày 1 tháng 4 Nội các Nhật Bản vừa phát biểu chính sách ngoại giao năm 2011 nhấn mạnh chủ quyền Dokdo là của Nhật Bản, và Bộ trưởng Ngoại giao Nhật Bản đã phát biểu về sách xanh ngoại giao như trò trẻ con " Dokdo là lãnh thổ của chúng ta, nếu như Dokdo bị bắn tên lửa thì chúng ta sẽ đáp trả lại "

Thay vì cố gắng để đối phó với tình hình khó khăn hiện tại thì cách thành viên nội các của chính phủ Nhật Bản lại nhận định rõ ràng và khẳng định mạnh mẽ về việc sẽ có bắn tên lửa nhằm vào Dokdo, hòn đảo vốn dĩ lại là của lãnh thổ Hàn Quốc. Dù đang gặp nhiều khó khăn nhưng chỉnh phủ Nhật Bản vẫn reo mầm vào người dân Nhật Bản thuần khiết những lý luận vô lý và làm cho họ tin và nghe theo. Nhìn thấy thái độ của chính phủ Nhật Bản làm những điều vô lý như vậy, một lần nữa tôi lại nhận ra rằng họ là láng giềng không tốt bụng.

Trong tình huống này thì nhận định ngớ ngẩn và không đúng sự thật về hòn đảo Dokdo của chính phủ Nhật Bản lại cho rằng cần phải giáo dục người Nhật về lịch sử Nhật – Hàn này. Song cần phải có thông tin chắc chắn và nhận thức rõ về hòn đảo Dokdo. Thế nhưng Bộ Ngoại giao Nhật Bản đưa ra tài liệu không khách quan và không có độ tin cậy, đó là " 10 điểm để hiểu được vấn đề Dokdo" làm cơ sở trong sách giáo khoa Nhật Bản. Vậy chúng ta cùng ngược dòng lịch sử để tìm hiểu tài liệu có độ tin cậy và khách quan lịch sử Nhật – Hàn mà cả trời, đất, láng giềng chúng ta đều biết.

Thứ nhất, ngoại trừ SCAPIN điều 677, điều 1033 của lệnh tối cao Trụ sở nước đồng minh vào năm 1946 cùng với chữ kí xác thực đảm bảo được độ tin cậy, khách quan. Còn đâu các tư liệu còn lại là không có độ tin cậy và không khách quan. Lý do là tại liệu liên quan đến lãnh thổ quốc gia không phải là di thư mà Hàn Quốc và Nhật Bản cùng sở hữu mà đó là di thư không chính chức của cá nhân, không rõ nguồn gốc, và cũng không phải của lạnh tụ tối cao quốc gia. Thêm vào đó " Giấy phép hải đảo " mà Nhật Bản đưa ra không phải là của quốc gia vậy mà lại xem đó là điều chứng minh liên quan đến quyền sở hữu lãnh thổ của nước khác, vì thế đây là tài liệu không có độ tin cậy và không khách quan.

Tài liệu mà Bộ ngoại giao Nhật Bản đưa ra không chứng minh được tài liệu đó là của cá nhân hay của quốc gia vì thế càng không có độ tin cậy và không khách quan.

Tiếp thêm vào đó để khẳng định quyền sở hữu lãnh thổ của Dokdo thì phía Nhật Bản lại đề cập đến hiệp ước San Francisco. Thế nhưng nếu xem xét quá trình kí của hiệu ước SanFrancisco thì rõ ràng lập trường của họ không đúng.

Chỉ căn cứ vào những dẫn chứng như vậy để nói Dokdo là lãnh thổ của Hàn Quốc chúng ta thì cũng không khác gì với cách lập luận của Nhật Bản, vì thế ta hãy cùng nhau tìm hiểu rõ về Dokdo, hòn đảo của chúng ta thông qua các tài liệu có độ tin cậy và khách quan.

(1) Tài liệu năm 1877 (明治10年, 高宗24年)chắc chắn về độ tin cậy và khách quan của chi lệnh ThaeJongKoan nói rõ Dokdo và Ullungdo(竹嶋外一嶋)không liên quan với Nhật bản (本邦關係無) . Chi lệnh ThaeJongKoan là tài liệu tương đương với mệnh lệnh của Thủ tướng Nhật Bản. (Xem tài liệu kham khảo số 1)

(2) Sự kiện trong chiến tranh Thanh – Nhật năm 1894 quân Nhật Bản đã xâm chiếm cung điện của Hàn Quốc, sau đó giam cầm Quốc vương và Hoàng hậu vào giữa một đêm tháng 10 năm 1895 và đã ra tay sát hại Hoàng hậu dã man.

(3) Ngày 12 tháng 10 năm 1900, để xác định rõ ràng Dokdo trực thuộc Hàn quốc thì Dokdo và Ullungdo được thiết lập ở Kangwondo. Có công báo ngày 27/10/1900.

(4) Sau chiến tranh Nga – Nhật tháng 2 năm 1094 quân đội Nhật Bản đã chiếm lĩnh Seoul, uy hiếp hoàng đế và các đại thần, đưa người Nhật Bản vào làm cố vấn, kiểm soát cảnh sát, ngoại giao, tài chính Hàn Quốc.

(5) Tháng 2 năm 1905 đã đăng kí Dokdo vào Huyện Simanae và đăng lên báo địa phương dấu diếm.

(6) Tháng 11 năm 1905 uy hiếp Nhà vua Hàn Quốc và các đại thần, tước bỏ quyền ngoại giao, thống trị quốc gia, trên thực tế thì là thống trị nhân dân.

Kết hợp sát hại Hoàng hậu, uy hiếp Nhà vua và các đại thần, trong lúc quân đội Nhật chiếm lĩnh Hàn Quốc trong chiến tranh Nga – Nhật và chiếm Dokdo.

(7) Tháng 8 năm 1910 Hàn quốc đã bị Nhật xâm chiếm toàn bộ và hợp thành một, kéo dài 36 năm xâm chiếm.

(8) Dựa vào tuyên bố Cairo năm 1943, trong thời gian chiến tranh xâm lược của Nhật Bản, Hàn Quốc đã giành lại được hòn đảo Dokdo bị xâm chấm năm 1905, vào năm 1946 Tư lệnh tối cao lực lượng đồng minh tuyên bố tách Dokdo ra khỏi lãnh thổ Nhật Bản (SCAPIN điều 677), trong phạm vi 12 dặm gianh giới với lãnh thổ Nhật Bản (SCAPIN điều 1033) và đây là sự thật.

(9) Dokdo sau khi giải phóng ngày 15 tháng 8 năm 1945 dựa vào quyết định của Tư lệnh tối cao lực lượng đồng minh, Dokdo chính thức là lãnh thổ chiếm đóng quân sự Mỹ cùng với quân đội Hàn Quốc.

(10) Dokdo được quôc tế công nhận và có địa chỉ hiện tại là Gyeongsangbuk-do Ul-lung –eup, Ullung-gun số 1-37, được người dân và vệ binh canh giữ đảo.

Như vậy hòn đảo Dokdo rõ ràng được quốc tế công nhận thuốc về Hàn Quốc từ ngày 15 tháng 8 năm 1948 và không còn gì phải tranh cãi hơn nữa.

(11) Đối với Hiệp ước hòa bình San Francisco và quyết định về các hòn đảo năm 1951, thứ nhất, Nhật Bản lập luận điều ước 1 đến điều ước 5 là chỉ rõ là lãnh thổ của Hàn Quốc

(Liancourt Rock. Takeshima), ranh giới Nhật được chỉ rõ ở điều 6 và căn cứ vào phản đối trong chính phủ Mỹ và các nước khác như Anh, Úc, Niu zi lân thì từ điều 7 đến điều 9 thì nội dung của Dokdo bị bỏ ngỏ. Nhật Bản kết luận đưa ra là Dokdo đã bị bỏ ngỏ, quá trình kí hiệp ước thất bại trong việc chỉnh sửa và đã phớt lờ Dokdo, đây là lập luận của Nhật bản mà không ai có thể chấp nhận được.

Thứ 2, bức thư gửi cho đại sứ (ngày 19/07/1951) và thứ trưởng Mỹ Dean Rusk 9 ngày 10/08/1951) không có chữ kí, không chứng minh được đó có phải là thư của đại diện của quân đồng minh hay không và cũng không công khai. Vì vậ đây rõ ràng là tài liệu văn tự không chính thức, không có độ tin cậy và không khách quan.

(12) Vào ngày 25/05/1952 Tờ báo Manichi Nhật Bản nhận được sự giúp đỡ của Bộ Ngoại Giao đã đưa bài báo trang đầu tiên với tựa đề " Hiệp ước hòa bình bản Tiếng Nhật", trong hiệp ước hòa bình San Francisco thì ranh giới bán đảo Nhật Bản đã có chữ kí và có thể hiện rõ ràng Dokdo là lãnh thổ Hàn Quốc đúng như sự thật (tham khảo tài liệu số 2).

(13) Năm 1954 , báo cáo sau khi đi thăm Hàn Quốc về của đại sứ Van Feet thì chứng tỏ Dokdo thuộc quyền sở hữu của Hàn Quốc chứ không phải Nhật Bản (Quyền sở hữu của đảo Dokdo). Được bắt đầu bằng bài viết là Hòn đảo Dokdo (cách gọi khác là Liancourt và Taka Shima). Dokdo là tên gọi chính, còn tên gọi khách là đản Liancourt, Taka Shima đúng ra không phải là tên thực của hòn đảo.

(14) Ngày 10 /08/2012 kỉ niệm 100 năm Hàn – Nhật sát nhập, Nhật Bản đã nhận định quá khứ sai lầm của mình và hứa sẽ trao trả lại các di sản văn hóa đã lấy đi trong suốt thời gian xâm chiếm. Nhật Bản khẳng định mình đã xâm lược Hàn Quốc. Hàn Quốc không có sức mạnh và năng lực để đi xâm chiếm đất Nhật bất hợp pháp, thêm vào đó Hàn Quốc cũng không có ý đồ đi xâm chiếm. Tuy nhiên, Dokdo là lãnh thổ của Hàn Quốc .

(15) Thông qua việc rò rỉ phóng xạ hiện nay của Nhật Bản, thì hơn ai hết Nhật Bản phải biết rằng nếu có tấn công vũ trang xảy ra thì chỉ là sự diệt vong con người mà thôi, điều đó khác với sự kéo dài sinh mệnh của bên nào hơn bên nào.

Như những điều nói trên, các dữ liệu mà bộ ngoại giao Nhật bản đưa ra đều là những dữ liệu không có tính khách quan và không có độ tin cậy. Thêm nữa theo yêu cầu luật pháp quốc tế thì đường biên giới lãnh thổ 'Ranh giới quốc tế', không chỉ Dokdo ngoại lệ được được đăng trên báo địa phương Hyonpo. Vì đây là thông tin cung cấp cho các tham tán và các lãnh sự quán các nước , tham tán lãnh sự Hàn quốc tại Nhật Bản nên thành ra sự thật lại trở thành điều bí mật. Điều này không được thiết lập theo luật pháp quốc tế nên rõ ràng nó không có hiệu lực. Thêm nữa theo dòng chảy lịch sử thì mối quan hệ Hàn - Nhật thì Nhật bản cần xem lại mình nhưng trên thực tế thì ngược lại, ngay khi lựa chọn chỉ đạo về Dokdo , vấn đề tranh cãi quyền lãnh thổ của Dokdo, thì sự thật có quá nhiều tranh cãi không đáng có.

Trong lúc thảm họa lớn xảy ra như thế mà Nhật bản tuyên bố công kích bằng tên lửa vào Dokdo mới cảm nhận được mức độ của sự nhẫn nại. Có rất nhiều người Nhật bản biết rõ về lịch sử Hàn- Nhật nhưng mà không ai có thể nghe thấy được tiếng nói của những người đó, một đất nước con người có tiếng là lễ giáo và thành thực, luôn giúp đỡ người khác vậy mà với vấn đề lịch sử Hàn- nhật thì người ta chỉ thấy vô đạo đức và vô lương tâm. Hơn thế nữa còn làm ra sách lịch sử không có thật để dạy cho học sinh đang lớn lên trong đất nước đó thì thật là đáng xấu hổ.Tôi không thể hiểu nổi tại sao Nhật bản lại lại trút hận thù vào nước láng giềng và phá hủy hòa bình như vậy. Nhật Bản cần phải tỏ ra hối lỗi trước sự thật mà trời đất làm chứng để không phải nhận lấy sự phẫn nộ của trời đất, đồng thời Nhật Bản cần có chính sách dạy dỗ kiến thức lịch sử cho người dân về lịch sử Hàn – Nhật cho đúng với sự thật vốn có của nó và thay đổi sách lịch sử sai sự thật đã làm ra.

<Tài liệu tham khảo>

- Sách Viện nghiên cứu Dokdo " Lập trường Nhật Bản đối với Quyền sở hữu Dokdo tại sao lại không đúng?
- Trang web của Bộ Ngoại Giao Nhật Bản「Vấn đề Takaeshima」

1. Thaejongkoan năm 1877 có bản " Ullungdo và Dokdo có phải được đưa vào Huyện Shimanae Nhật Bản hay không?" . Đây là chứng cứ cho thấy Nhật Bản không có liên quan đến Dokdo.

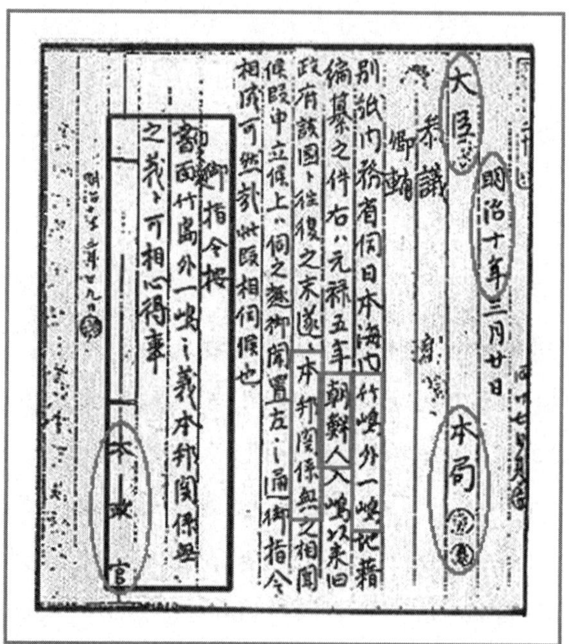

大臣
明治十年三月廿日
本局
参議
卿輔
別紙内務省伺日本海内竹嶋外一嶋地籍
編纂之件右ハ元禄五年朝鮮人入嶋以来旧
政府該国ト往復之末遂ニ本邦関係無之相聞
候段申立候上ハ伺之趣御聞置左之通御指令
相成可然哉此段相伺候也
御指令按
伺之趣竹島外一嶋之義本邦関係無之
義ト可相心得事

2. Tháng 9 năm 1951, sau khi Nhật bản thuộc các nước đồng minh đã kí Hiệp ước hòa bình tại Mỹ San Francisco thì vào ngày 25/5/952 Nhật Bản đã cho đăng bài giải thích trong tổng số 616 trang trên tờ báo hàng ngày Nhật Bản trong đó có tư liệu thể hiện rõ lãnh thổ Chukdo (tên Nhật Bản竹島) nằm trong lãnh thổ Nhật Bản biểu thị trên bản đồ là thuộc về lãnh thổ Hàn Quốc.

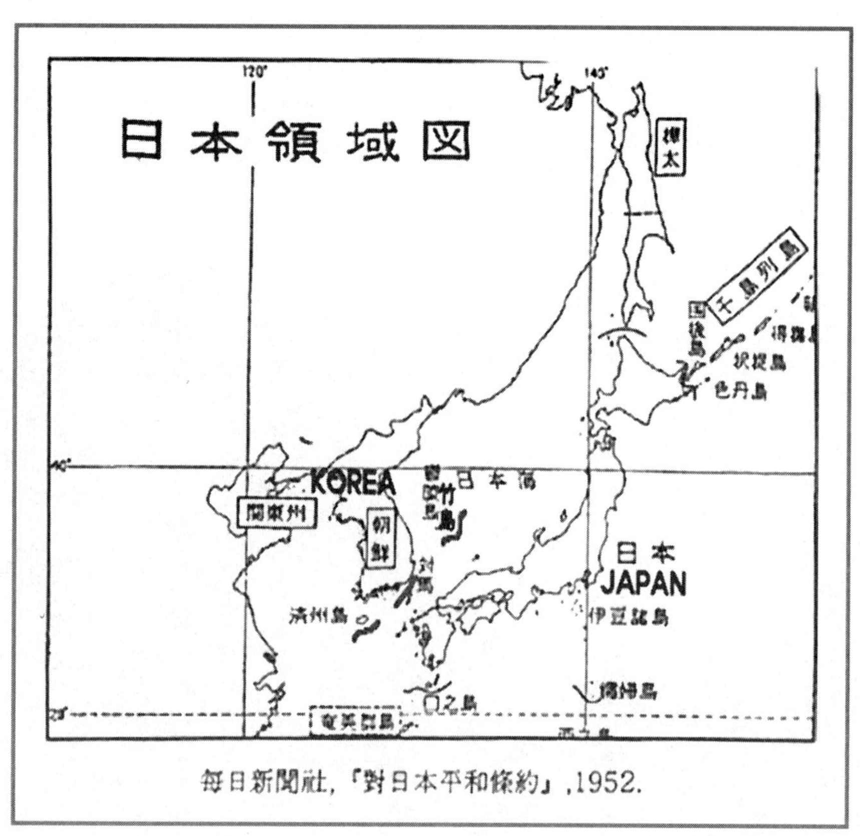

每日新聞社, 「對日本平和條約」,1952.

Ngày 17 tháng 4 năm 2011

Trường cấp 3 YangYong Digital

Hiệu trưởng Jeong Yoon Seong

Tài liệu tham khảo

번역자 소개

1. **정윤성** 양영디지털고등학교 교장(한국어, 일본어)
2. **최미영** 양영디지털고등학교 국어 교사
3. **기경숙** 양영디지털고등학교 영어 교사
4. **김영혜** 양영디지털고등학교 영어 교사
5. **노은경** 양영디지털고등학교 영어 교사
6. **오정림** 양영디지털고등학교 영어 교사
7. **유순자** 포곡고등학교 영어 교사
8. **데릭** (Derek Street) 전 양영디지털고등학교 영어 원어민 교사
9. **아오모리 쓰요시** (青森剛, AOMORI Tsuyoshi), 도호쿠(東北)대학 석·박사과정 수료, 현재 가톨릭대학 초빙교수(일본어)
10. **박성태** 장안대학교 관광일본어과 조교수
11. **정다현** 분당서현청소년수련관 중국어 교사
12. **임수영** 중국어 통번역
13. **박진형** 한국외국어대학교부속 용인외국어고등학교 프랑스어 교사
14. 용인외고 프랑스어 동아리 'French Honor Society' 멤버 2명
    손동신 / 정시헌

15. **민병필** 신흥대학교 외래교수 및 독일어 강사

16. **김남경** 서강대학교 독일어과 2학년 재학

17. **김주만** EPN 사장(러시아어)

18. **노순희** Svetlana M RO (EPN Kazakhstan 부사장)(러시아어)

19. **조경호** 한국외국어대학교부속 용인외국어고등학교 스페인어 교사

20. 용인외고 스페인어 동아리 'Spanish Honor Society' 멤버들

〈1학년〉

문다은 / 박서연 / 이웅기 / 문승민

〈2학년〉

김도연 / 김해슬 / 박의연 / 임화평 / 박기정 / 이호성 / 김유진

〈3학년〉

최성웅 / 김상엽 / 김혜연 / 이승윤 / 김재영 / 유재은 / 이신혜

21. **강민규** 아랍어 통번역, 킹사우디대학 재학

22. **강혜원** 한국외국어대학교 포르투갈어과 재학

23. **김동배** 베트남 법인장(VN P & TEL CO., LTD)

24. **LeThi Kim Anh**(Le Thi Kim Anh GA)(베트남어)

정윤성 (丁潤聲, YANG YOUNG DIGITAL HIGH SCHOOL Principal)
1950년 출생. 현재 양영디지털고등학교 교장(2012. 8. 10)
전남대학교 공과대학 섬유공학과 졸업(학사)
일본 쓰꾸바 대학원 경영·정책과학 연구과 졸업 (석사)
아주대학교 대학원 산업공학과 졸업(박사)

Jeong Yoon Seong
Born in 1950
Current position: Principal, Yang Young Digital High School
Education:
Ph. D. in Industrial Engineering, Ajou University, Korea
M.S. in Management Science and Public Policy Studies, Tsukuba University, Japan
B.S. in Textile Engineering, Chonnam National University, Korea

- 홈페이지 : www.y-y.hs.kr
- 블로그 : http://blog.daum.net/jys50075
- facebook : jys50075@hanmail.net
- 트위터 : jys50075

11개국 언어로 말하는
독도의 진실

초판 1쇄 발행일 2012년 8월 18일

지은이 정윤성
옮긴이 최미영 외 41인
펴낸이 박영희
편집 이은혜·김미선·정민혜·장은지·신지항
인쇄·제본 태광인쇄
펴낸곳 도서출판 어문학사
서울특별시 도봉구 쌍문동 523-21 나너울 카운티 1층
대표전화: 02-998-0094 / 편집부1: 02-998-2267, 편집부2: 02-998-2269
홈페이지: www.amhbook.com
트위터: @with_amhbook
블로그: 네이버 http://blog.naver.com/amhbook
다음 http://blog.daum.net/amhbook
e-mail: am@amhbook.com
등록: 2004년 4월 6일 제7-276호

ISBN 978-89-6184-275-4 93900
정가 13,000원

이 도서의 국립중앙도서관 출판시도서목록(CIP)은 e-CIP홈페이지(http://www.nl.go.kr/ecip)와
국가자료공동목록시스템(http://www.nl.go.kr/kolisnet)에서 이용하실 수 있습니다.
(CIP제어번호: CIP2012003574)